Blumenbeete

in meiner Lieblingsfarbe
von Januar bis Dezember

FALK-INGO KLEE

Blumenbeete

in meiner Lieblingsfarbe von Januar bis Dezember

Reader's Digest
Deutschland · Schweiz · Österreich

Was Sie in diesem Buch finden

Blühende Beete das ganze Jahr

Blühende Beete das ganze Jahr

Einführung

Um ein »Sklave« Ihres Gartens zu werden, müssen Sie kein Parkbesitzer sein. Schon drei-, vierhundert Quadratmeter oder auch ein Klein- oder Schrebergarten reichen aus, um alle anderen Freizeitaktivitäten unmöglich zu machen. Der Rasen will gemäht, getrimmt, vertikutiert, gedüngt und gewässert werden, Unkrautsamen soll möglichst schon im Anflug erkannt und Moos unterdrückt werden. Hecken und Rosen verlangen nach der Schere, Buchsbaum- und Eiben-Skulpturen müssen in Form gehalten werden. Büsche und Sträucher werden liebevoll nach Bonsaiart beschnitten, Bäume brauchen Erziehungs-, Erhaltungs-, Verjüngungs-, Auslichtungs-, Sommer- und Winterschnitt. Man muss schattieren, mit engmaschigen Netzen gegen Schädlinge schützen, mit weitmaschigen gegen gefräßige Vögel, mit Schneckenzäunen gegen Schnecken, mit Folien gegen Dauerregen und mit Vlies gegen frühe oder späte Fröste. Stiefmütterchen sollten beizeiten gegen Sommerastern ausgetauscht werden, Sommerastern wiederum wegen der gefürchteten Asternwelke gegen Löwenmäulchen. Geranien und Fuchsien beleben sommerliche Wegränder als alljährlich neu gepflanzter Wegwerfflor, Bartnelken und Ringelblumen bringen einen zur Raserei, weil sie sich selbst aussäen, und die als kletternd gekaufte Kapuzinerkresse will trotz aller Angaben auf der Samentüte partout nicht klettern und hält sich für einen Bodendecker.

Natürlich macht Gartenarbeit Spaß, aber sie darf nicht zum Selbstzweck werden. Die in diesem Buch vorgestellten Stauden und Gehölze bescheren jahrelange Blütenpracht, ohne dass Sie zum Leibeigenen Ihrer eigenen Scholle werden. Ganz ehrlich: Wer findet schon Vergnügen daran, bei Gluthitze im Beet herumzukriechen um Unkraut zu rupfen, anstatt mit einem kühlen Getränk in der Hand im Liegestuhl zu liegen und einfach den Blütenzauber auf sich wirken zu lassen? Falls Sie jetzt auf die Idee kommen, aus Ihrem ganzen Rasen ein pflegeleichtes Beet zu machen: Lassen Sie ein Fleckchen Grün übrig. Wo wollen Sie sonst Ihren Liegestuhl hinstellen, um die Pracht zu genießen? Halten wir es also mit dem bekannten Pflanzenzüchter und Gartenschriftsteller Karl Foerster (1874–1970), der schon vor vielen Jahren die Parole ausgab: »Ab sofort wird durchgeblüht!«

Bei der Planung, welche Pflanzen Platz in Ihrem Lieblingsbeet bekommen sollen, werden Sie wahrscheinlich in den entsprechenden Kapiteln nachschlagen und etliche vermissen, die in den einzelnen Plänen gar nicht aufgeführt sind. Das hat verschiedene Gründe.

Sie finden in diesem Buch Pflanzen, die unproblematisch sind: Sie sollen winterhart und ausdauernd sein. Nur in den wenigsten Fällen ist dann Winterschutz notwendig. Eisenhut *(Aconitum)* fehlt ebenso wie Rittersporn *(Delphinium)* und Stockrose *(Alcea)*, Pfingstrose *(Paeonia)* und Staudenmohn *(Papaver)*. Alle sind winterhart, teilweise handelt es sich sogar um Prachtstauden, und ausgerechnet von ihnen fehlt jede Beschreibung?

Ja, und zwar ganz bewusst. Eigentlich sind die meisten dieser Pflanzen für ein blühendes Beet unverzichtbar, aber sie haben gewisse Schönheitsfehler. Schnecken haben beispielsweise den Ritterspornaustrieb zum Fressen gern. Sollten die Stauden das überstehen, sind sie durch ihre Höhe oft wenig standfest und müssen an Stäbe angebunden werden – zusätzliche Arbeit. Und die Stockrose? Noch höher, also auch Stäbe. Außerdem ist sie teilweise kurzlebig und anfällig für Malvenrost. Eisenhut? Die giftigste Pflanze Europas.

Kommen wir zur Pfingstrose. Völlig unproblematisch, aber sie blüht nur kurze Zeit und nimmt durch ihr Volumen reichlich Platz weg, den wir mit anderen Blü-

Hier spürt man förmlich die lodernde Glut. Knallrote Montbretien, Taglilien und rotlaubige Dahlien sorgen zusammen für eine feurige Atmosphäre.

tenstauden wesentlich besser nutzen können. Schwertlilie? Siehe Pfingstrose. Bleibt noch der Mohn. Ebenfalls eine prächtige Staude und mit ähnlichem Platzbedarf wie die Pfingstrose, nur – er wird nach der Blüte unansehnlich und zieht ein.
Und was ist mit dem beliebten Pampasgras, das es weiß und rosa blühend gibt? Auch dies werden Sie vergebens suchen. Es stammt aus Südamerika, wie schon der Name es nahelegt, mag es warm, im Winter lieber trocken und benötigt in der kalten Jahreszeit entsprechenden Winterschutz – einschließlich des Zusammenbindens der langen, scharfkantigen Halme.
Für ein paar Fichtenreiser im Herbst ist selbst die Rose dankbar. Auch darüber wird bei den Farbenbeeten kein Wort verloren, denn viele Rosen sind nicht dafür geeignet und in einem bunten Beet oder in einem Rosenbeet besser aufgehoben als in einem Stauden-Farbbeet. Zugegeben, ihrer dauerhaften Blütenpracht haben die anderen Vertreter des Pflanzenreichs einfach nichts entgegenzusetzen – sie ist eben die Königin der Blumen.
Und problematisch ist ja auch noch die Kombination der Farbtöne, auch und gerade bei rot.
Ein- und zweijährige Blumen, frostempfindliche Sommerblüher wie Dahlien und nicht winterharte Blumenzwiebeln wie Gladiolen haben ausgepflanzt keinen Platz in einem Beet, in dem neben Stauden und Blumenzwiebeln auch noch Bodendecker zu Hause sind. In diesem Beet wird nicht gegraben. Nur anfangs, wenn der Boden offen und noch nicht überwachsen ist, wird vorsichtig geharkt.
Die Entscheidung, ob und was Sie anpflanzen, kann Ihnen niemand abnehmen – die Vorschläge in diesem Buch sollen es Ihnen so einfach und pflegeleicht wie möglich machen. Unter uns gesagt: Natürlich finden sich auch in meinem Garten Pfingstrosen und Mohn, Schwertlilien und Malven – und Rosen sowieso. Aber eben nicht in meinem Farben-Lieblingsbeet.

Die Auswahl in diesem Buch kann zudem nur ein Abriss dessen sein, was am Markt erhältlich ist. Es gibt Tausende verschiedener Stauden, manche Gehölze bringen es allein auf über hundert Arten und Sorten. Zwiebelgewächse wie die Tulpen kommen durch die Menge der Züchtungen und Farbschläge auf eine Fülle, die jene der Stauden weit übertrifft. Mit einem Wort: Wahnsinn!

Wie und wo finden Sie die richtigen Pflanzen?

Um die Anregungen, die Sie in diesem Buch finden, umzusetzen oder zu erweitern, benötigen Sie zusätzliche Informationen. Dazu ein Wort vorab: Sie werden in diesem Buch keine Exoten finden, die nur in wenigen Spezialgärtnereien erhältlich sind. Trotzdem ist Kreativität gefragt. Die Kataloge und Internetseiten der Versandgärtnereien bieten gerade im Spätsommer eine große Vielfalt an im Herbst und Frühjahr blühenden Zwiebelgewächsen an, dazu Stauden, Gehölze und Rosen. Eine ähnliche Vielfalt ist im Frühjahr im Angebot.

Kaufen beim Experten

Erste Wahl, was Auswahl und Vielfalt der Stauden angeht, sind natürlich Staudengärtnereien. Zwar sind auch die Staudenabteilungen der Gartencenter zur Pflanzzeit gut bestückt, allerdings werden Sie dort in der Regel nur die gängigsten Exemplare erhalten und nicht unbedingt die Arten und Sorten, die auf Ihrem Wunschzettel stehen.
Spezialisten wie die Staudengärtner sind auch die Baumschulen. Bekannte und häufig nachgefragte Gehölze werden auch im Gartencenter angeboten, doch wenn Sie etwas Besonderes suchen, müssen Sie einfach in den Gärtner-Fachbetrieb. Und das ist – trotz intensiver Beratung und großer Auswahl – nicht unbedingt mit einem höheren Preis verbunden.

Übrigens: Sogenannte Rosenschulen zählen ebenfalls zu den Baumschulen, da Rosen bekanntlich Gehölze sind. Sie haben sich eben ausschließlich auf Rosen spezialisiert. Die größte Flächendichte dieser Rosenschulen finden Sie übrigens in Steinfurth, einem Stadtteil von Bad Nauheim.

Botanische Pflanzennamen

Wie in etlichen Fachsprachen – denken Sie nur an die Medizin – dominieren lateinische Begriffe auch die Sprache der Gärtner und Pflanzenkundler und die wissenschaftliche Auseinandersetzung mit den Pflanzen (Botanik). Dass die Muttersprache dazu alleine nicht ausreicht, hat einen einfachen Grund: Es gibt rund eine Viertelmillion Pflanzen, und

Carl von Linné

Es ist das Verdienst des schwedischen Arztes und Botanikers Carl von Linné (1707–1778), der erstmals eine umfassende Systematik für die Pflanzenkunde erstellte. Er ist der Vater der binären Nomenklatur, für die er 1753 in seinem 1200 Seiten umfassenden, zweibändigen Werk »Species plantarium« den Grundstein legte. Alle damals bekannten Pflanzen bekamen einen Doppelnamen, die Einteilung erfolgte aufgrund bestimmter pflanzlicher Merkmale den Bau der Blüten betreffend.
Das war damals eine Revolution in der Botanik. Weitblick bewies er aber auch und vor allem dadurch, dass er sein Buch nicht in der Landessprache verfasste und das Werk demzufolge in andere Sprachen übersetzt werden musste, nein, er wählte das Idiom, das seit Jahrhunderten von allen Gelehrten gesprochen, geschrieben und verstanden wurde – Latein. So konnte sich sein System weltweit etablieren und hat bis heute seine Gültigkeit nicht verloren.

Blühende Beete das ganze Jahr

Seinen deutschen Namen Wiesen-Knöterich – hier die Sorte 'Superba' – hat er behalten, aber botanisch wurde er in den letzten Jahren mehrfach umgetauft.

die wenigsten kommen in unseren Breiten vor. Wie aber sollten wir die Unbekannten nennen, wenn wir sie gar nicht kennen? Aber es gibt doch ganz klare, eindeutige Begriffe, beispielsweise für urdeutsche Bäume wie die Eichen, werden Sie jetzt vielleicht einwenden. Nur: Sind sie wirklich so typisch für Deutschland? Weltweit gibt es nämlich mehr als vierhundert Eichen-Arten. Hätten Sie das gewusst? Und wie nennen wir die fremdländischen Eichen?

Von der Beschreibung zur Benennung

Wurden vor Jahrhunderten Pflanzen in Büchern aufgeführt, beschrieb man sie meist, anstatt sie wirklich zu benennen. Oft kam auch die Symbolik oder die Heilwirkung bei der Namensgebung zum Zug. Dafür gibt es unzählige Beispiele: Nehmen wir das Leberblümchen, es kam zu seinem Namen wegen der leberförmigen Blätter, galt deshalb als Leberheilpflanze und erhielt tatsächlich auch den botanischen Namen »Hepatica« (hepar = lat. Leber).

Augentrost, Herzgespann, Lungenkraut, Warzenkraut (= Schöllkraut) – der Name ist medizinisches Programm. Andere Pflanzen benannte man nach deren Vorkommen: Ackerveilchen = Stiefmütterchen, Waldbeere = Heidelbeere, nach ihrem Geschmack: Maggikraut = Liebstöckel, Pfefferkraut = Bohnenkraut oder nach der Verwendung: Weihrauchkraut = Rosmarin oder Zinnkraut = Ackerschachtelhalm.

Dazu kamen die vielen unterschiedlichen, oft nur regional benutzten Namen für ein und dieselbe Pflanze. Das ist und war nicht nur bei uns so, sondern ist ein weltweites Phänomen.

Bedeutung von Namen

Vielleicht ist Ihnen schon einmal eine Pflanze begegnet, die den Namensbestandteil »officinalis« trägt – *Calendula officinalis* (Ringelblume), *Salvia officinalis* (Salbei), *Rosmarinus officinalis* (Rosmarin), *Hyssopus officinalis* (Ysop) etc. »Officinalis« ist lateinisch und bedeutet in der Sprache der Ärzte »arzneilich«, also »Heilzwecken dienend«.

Ähnlich häufig wie »officinalis« taucht »vulgaris« oder »vulgare« als Zusatz auf. Es steht für »gemein«, »gewöhnlich«, nicht aber für gemein im Sinne von hinterhältig. *Primula vulgaris* (Kissenprimel), *Origanum vulgare* (Oregano), *Tanacetum vulgare* (Rainfarn), *Pulsatilla vulgaris* (Küchenschelle) usw.

Manche Namen sagen etwas über die Größe aus wie »nanus« (Zwerg) oder »gigas« (Riese), andere über die Gestalt der Pflanze wie »acualis« (stängellos), »fruticans« (strauchartig), wieder andere orientieren sich an der Form der Blätter, z. B. »cordatus« (herzblättrig) oder »microphyllus« (kleinblättrig). Das ließe sich jetzt nahezu endlos fortsetzen: Blütenform, Blattmuster, Duft, Geschmack, Lebensraum und, und, und.

Herkunft von Namen

Andere Begriffe wurden sprachlich aus dem Herkunftsland übernommen: Ananas (Sprache: Tupí-Guaraní aus Brasilien), Kakao oder cacao (Nahuatl: Aztekensprache), Cola (Westafrikanisch), Gingko (Japanisch), Litschi (Chinesisch). Etliche Namen dienen der Ehrung von Personen: Fuchsia (Fuchsie – benannt nach dem deutschen Botaniker Leonhard Fuchs, 1501–1566), Dahlia (Dahlie – nach dem schwedischen Botaniker Andreas Dahl (1751–1799), Magnolia (Magnolie – Pierre Magnol, französischer Arzt und Botaniker (1638–1715).

Sie können daraus ersehen, dass die botanische Namensgebung nicht einfach willkürlich erfolgte, sondern durchaus einen Bezug zur Flora hat.

Namenszusätze

Ganz praktisch und nachvollziehbar im wahrsten Sinne des Wortes wird Pflanzenkunde auch für Sie, wenn Sie Anhängsel lesen wie »Alba«, »Albus« = weiß. In der Regel fügt man diesen Zusatz Pflanzenzüchtungen an, wenn die ursprüngliche Art andersfarbig blüht: Ysop: *Hyssopus officinalis,* blau, *Hyssopus officinalis* 'Albus', weiß; Küchenschelle: *Pulsatilla vulgaris,* violett, *Pulsatilla vulgaris* 'Alba', weiß. Der Zusatz »Luteus«, »lutea« = gelbe Form bedeutet gelbe Blütenfarbe: Lerchensporn: *Corydalis,* purpurfarben, *Corydalis luteus* = Gelber Lerchensporn). »Rubra«, »ruber«, steht für rot. Erinnern Sie sich noch an den Namen der Küchenschelle: *Pulsatilla vulgaris.* Die rote Variante heißt – richtig – *Pulsatilla vulgaris* 'Rubra'. Und steht »flore pleno« hinter dem botanischen Namen, handelt es sich – anders als die einfach blühenden Verwandten – um ein gefüllt blühendes Exemplar.

Irrungen und Wirrungen

Wie Sie sicherlich festgestellt haben, muss Botanik also gar nicht so langweilig sein, wie es sich zunächst anhört, und eigentlich sind die Begriffe auch gar nicht so schwer zu lernen und zu behalten – wären da nicht die Taxonomen. Diese Wissenschaftler beschäftigen sich mit der Zuordnung einer Pflanze zu einer bestimmten Gattung, und auf diesem Gebiet streiten sich die Gelehrten oft und gerne. Leidtragende sind dann alle, die sich wie wir als Hobbygärtner betätigen oder beruflich mit Pflanzen zu tun haben – Profigärtner, Botaniker, Biologielehrer – und nicht zu vergessen Lektorinnen und Lektoren in den Verlagen.

Beispiel Knöterich

Knöterich wird Ihnen möglicherweise etwas sagen – botanisch ist es mit dieser Pflanze aber ziemlich schwierig. Ein renommiertes Nachschlagewerk aus dem Jahr 2000 führt die Art generell als »Persicaria« auf (»Bistorta«, »Aconogonon« und »Polygonum« mit dem Zusatz syn., also veraltet), während er in Fachkatalogen durchaus neueren Datums (2006) nicht als »Persicaria«, sondern noch als »Polygonum« firmiert, aber aufgesplittet wurde: Schecken-Knöterich, *Polygonum affine,* heißt dort jetzt *Bistorta affinis.* Der Kerzenknöterich, *Polygonum amplexicaule,* wird als *Bistorta amplexicaulus* geführt, und der Busch-Knöterich, *Polygonum polymorphum* hort. ist als *Aconogonon* spec. 'Johanniswolke' zu haben. Das scheint dann doch Gärtnerlatein zu sein, denn die aktuellen botanischen Namen sind wie die Buben beim Skat: Sie stechen einfach alles.

Beispiel Winteraster

Als ein Stück aus dem Tollhaus mutet auch an, was die Taxonomen mit unserer Winteraster getrieben haben, besser bekannt als Chrysantheme. Botanisch wird sie aktuell als *Dendranthema*-Indicum-Hybride geführt, davor als *Chrysanthemum hortum.* Nun heißt sie im Gartenkatalog *Chrysanthemum*-Indicum-Hybride, und die erwähnte Enzyklopädie spricht von *Dendranthema* und *Chrysanthemum* als »Syn.« Jetzt können Sie sich selbst Ihren Reim darauf machen.
Um Sie und die Gärtner nicht völlig zu verwirren, finden Sie in diesem Buch neben dem botanisch korrekten Zusatz »Syn.« (Synonym = veralteter Name) auch die vorher gültige, meist besser bekannte Bezeichnung, sofern eine Umbenennung stattgefunden hat. Dieser Namenswirrwarr ist natürlich alles andere als lustig, aber wenn alle Welt sich daran hält, müssen wir es notgedrungen auch tun.
Selbst wenn Ihnen nach diesen letzten Zeilen die Lust an der Botanik einstweilen abhanden gekommen sein sollte – übernehmen Sie bitte die in diesem Buch genannten botanischen Bezeichnungen, wenn Sie Ihren Pflanzenwunschzettel zusammenstellen. Sie tun damit nicht nur sich selbst einen Gefallen – weil damit eine Verwechslung nicht möglich ist –, sondern Sie helfen auch Ihrem Gärtner, bei dem Sie die Stauden kaufen oder bestellen.
Wenn Sie jetzt so verwirrt sein sollten, dass Sie Ihr wohlverdientes Feierabendbier mit einer gelben Limonade verwechseln, werden Sie den Unterschied sofort beim ersten Schluck bemerken – also jedenfalls schneller, als unsere Taxonomen mit ihren Spezifizierungen sind. Na dann, Prost!

Verwendete Symbole und Abkürzungen

In den Kapiteln finden Sie immer Angaben zum Blütenmonat (5 = Mai) oder zur Blütezeit (5–8 = Mai bis August). Diese Angaben basieren auf den in Deutschland herrschenden durchschnittlichen Klimawerten und gelten für normale Lagen. Ist z. B. das Frühjahr extrem mild, kann die angegebene Blütezeit 4 = April durchaus schon im März beginnen, umgekehrt kann sich die Zeit durchaus nach hinten verschieben (anstatt 4 also 5). Sinngemäß gilt das auch für Sommer, Herbst und Winter.
In den einzelnen Kapiteln sind die Pflanzen nach ihren Blütezeiten aufgeführt, d. h. zuerst werden Winter- und Frühjahrsblüher genannt. Das ist aus meiner Erfahrung sinnvoller als eine alphabetische Ordnung – egal, ob nach deutschen oder lateinischen Namen.
Die angegebenen Größen können innerhalb der genannten Höhen variieren, abhängig von den Boden- und Standortverhältnissen, von den örtlichen Gegebenheiten und der Bodenbeschaffenheit.
Die Symbole haben die folgenden Bedeutungen:
⬆ = Höhe in cm, ✿ = Blütezeit,
○ = sonniger Standort, ○–◑ = sonniger bis halbschattiger Standort,
◑ = Halbschatten, ◑–● = halbschattig bis schattig, ● = schattig.

Sonnige Blumenbeete

Sonnige Blumenbeete

Von Blütenstauden, Gräsern, Blumenzwiebeln und Bodendeckern in der Sonne

Im Prinzip könnte dieses Kapitel mit »Stauden und Blumenzwiebeln« überschrieben sein, zumal auch Gräser, Bodendecker und sogar manche Blumenzwiebeln zu den Stauden gehören, aber dieses Buch soll ja ein Ratgeber und kein Lehrbuch sein.
Was Bodendecker sind, wurde an dieser Stelle im wahrsten Sinne des Wortes frei interpretiert, denn auch 50 cm hoch werdende Pflanzen werden unter dieser Rubrik zusammengefasst. Natürlich eignen sie sich als Bodendecker – auch der Efeu –, aber darunter wächst dann nichts mehr. Bei den von mir aufgeführten Bodendeckern dagegen ist es selbst niedrigen Zwiebelblühern möglich, ans Licht zu kommen und uns mit ihren farbenfrohen Blüten zu erfreuen.

Die Überlegung, in welcher Reihenfolge die Auflistung der einzelnen Arten und Sorten erfolgen könnte, war bei den Gehölzen schnell klar. Eine alphabetische Sortierung nach botanischen Namen ist wenig hilfreich, eine nach deutschen Namen eher verwirrend.
Geordnet habe ich die Blumenzwiebeln und Stauden ebenfalls nach der Blütezeit, dem für Sie als Leser wohl wichtigsten Kriterium, und zwar in der Reihenfolge Blumenzwiebeln, Blütenstauden, Gräser, und zum Schluss die Bodendecker.
Verblüffend ist, wie rar sich manche Farben nicht nur bei Gehölzen, Stauden und Blumenzwiebeln machen, sondern auch zu bestimmten Zeiten im Jahr. Wer im rosa/roten Beet nicht zu rosafarben blühenden Frühjahrsblühern greifen will, kann die Zeit bis zum Erscheinen der ersten roten Wildtulpen eigentlich nur mit Christrosen *(Helleborus)* und Vorfrühlings-Alpenveilchen *(Cyclamen coum)* überbrücken. Blau und Gelb wird man bei Staudenwicken *(Lathyrus)* vergeblich suchen, Alba-Züchtungen, also weiße Farbschläge, sind gemessen an andersfarbigen dagegen recht häufig.

Vielfältige Zwiebelblumen

Dass bei den Ausführungen zu den Tulpen im rosa/roten Beet etwas ausführlicher auf Arten und Sorten eingegangen wird, ist eigentlich mehr als Hinweis darauf gedacht, wie vielfältig diese Frühjahrsblüher bezüglich der Wuchshöhen, Blütezeiten und -formen sind. Sie erhalten dieses Zwiebelgewächs – mit Ausnahme der Wildtulpen – in nahezu allen Farben. Unter ihnen werden Sie weiße und blaue Farbtöne vergeblich suchen.
Noch ein kleiner Tulpentipp: Bei vielen modernen Züchtungen sind die abenteuerlichsten Blütenformen im Angebot, schön anzusehen, aber oft nicht besonders langlebig. Sie verschwinden mit den Jahren ganz einfach aus dem Beet. Langlebige klassische oder einfache Sorten sind dagegen häufig viel robuster und bleiben Ihnen jahrelang erhalten, wie z. B. Triumphtulpen oder Darwin-Hybriden.
Zahlreiche Zwiebelblüher verwildern, wie der Gärtner sagt. Sie vermehren sich ohne menschliches Zutun durch Tochterzwiebeln und Samen und bilden so von Jahr zu Jahr größere und dichtere Bestände. Schneeglöckchen *(Nivalis)* gehören z. B. dazu, ebenso wie Krokusse *(Crocus)*,

Spätfrühling. Hier sorgt ein buntes, im Land locker verteiltes Tulpenvölkchen für heitere Stimmung im Staudenbeet.

Sommer, Sonne, Blütenpracht. Wie Eilande ragen die Blumeninseln aus dem wogenden Meer des strahlend gelben Sonnenhuts *(Rudbeckia)* hervor. Die Tuffs setzen farbige Akzente, die sich harmonisch einfügen, ohne ein buntes Durcheinander zu schaffen.

Winterlinge *(Eranthis)* und etliche Osterglocken *(Narcissus)*.
Sofern kein besonderer Hinweis auf der Verpackung erfolgt, ist die übliche Pflanzzeit für die Zwiebelblumen der Herbst.
Bitte wundern Sie sich nicht, wenn bei der Wuchshöhe etwa bei Gräsern wie Chinaschilf *(Miscanthus)* zu lesen ist: 140–200 cm. Die erste Angabe bezieht sich auf die Höhe der Pflanze, also der Blätter oder Halme, die zweite auf die Höhe des Blütenstands.
Es gibt aber auch die üblichen Schwankungsbreiten – bedingt durch klimatische Unterschiede, durch Standort und Bodenbeschaffenheit. Ist beispielsweise beim Wildkrokus eine Höhe von 8–10 cm angegeben, können es bei Ihnen im Garten auch 7,5 oder 12 cm sein. Es gibt eben keine genormten Lebewesen – seien es nun Menschen, Tiere oder Pflanzen. Nur Klone können identisch sein. Doch sind wir Gärtner in unserem Garten eigentlich ständig von unzähligen Klonen umgeben. Wie das? Ganz einfach.
Wann immer eine Pflanze durch einen Steckling vermehrt wird, durch einen Ableger oder durch Teilung, findet eine vegetative (ungeschlechtliche) Vermehrung statt, und das ergibt eine Pflanze, die mit der Mutterpflanze identisch ist. Das Gegenteil davon nennt man generative (geschlechtliche) Vermehrung, also die Vermehrung durch Samen. Hier können die Abkömmlinge durchaus sehr unterschiedlich ausfallen.

Wintergrün – Immergrün

Es wird Ihnen auffallen, dass in den nächsten Kapiteln häufiger der Begriff »wintergrün« auftaucht. Was bedeutet das nun im Gegensatz zu »immergrün«? Immergrüne Pflanzen wie Tanne, Fichte und Kiefer behalten ihre alten Nadeln fünf Jahre und länger und ersetzen sie nach dieser Zeit ständig, aber so unauffällig, dass man davon so gut wie nichts bemerkt. Übrigens hat eine 2 m hohe Tanne ca. 700 000 Nadeln.
Wintergrüne behalten ihre Blätter ebenfalls im Herbst und Winter, ersetzen das alte Laub dann aber im Frühjahr komplett durch einen frischen Neuaustrieb.

Sonnige Blumenbeete

Hochsommer im Staudenbeet: vorne der Sonnenhut 'Magnus' und die Schafgarbe *(Achillea Millefolium*-Hybride 'Cerise') einträchtig beisammen. Die Distel »vermittelt« zwischen den beiden Farbtönen.

Ein auffälliges Frühlingsbeet in unterschiedlichen Rot- und Rosatönen, in dem die weißrandigen Tulpen der Sorte 'Balade' zarte Akzente setzen. Hier wurden die Zwiebelblüher locker gepflanzt und nicht in Tuffs.

Hier dominiert ganz eindeutig der rote Purpur-Sonnenhut 'Rubinstern'. Derart großflächige Pflanzungen sind natürlich sehr beeindruckend, aber auch im kleineren Maßstab verfehlt ein solches Beet nicht seine Wirkung.

Der Frühling trumpft noch einmal mit einem satten Paukenschlag auf, bevor er den Stab allmählich an den Sommer übergibt. Tulpen 'Geuze' und Goldlack 'Ruby Gem' entfachen ein wahres Feuerwerk im Beet.

Sonnige Blumenbeete

Frühling

Der Frühling ist rosa – und setzt mit Paukenschlägen von Blaukissen, Teppichphlox und Tulpen rote Akzente. Der Duftschneeball in zartem Pastell verströmt sein Mandelaroma, und sein Verwandter hat sein wintergrünes Blätterkleid mit zahlreichen rosafarben überhauchten Blüten geschmückt.

Sommer

Der Sommer zeigt sich rot, glutvoll und leidenschaftlich, aber nicht aufwühlend und aggressiv. Rosa Bodendecker wie Seifenkraut und Zwergschleierkraut sowie Sommeraster und Feinstrahlaster als Stauden besänftigen durch sanftes Pastell, Chinaschilf und Zittergras bieten Auge und Geist Oasen der Ruhe.

Herbst

Der Herbst bleibt rot – wenn auch nicht mehr so knallig. Das Chinaschilf präsentiert rötliche Blütenfahnen, Raublattaster und Winteraster, die jetzt blühen, zeigen gedämpftere Rottöne als die Sommerstauden, und der Herbstkrokus steuert ein zartes Rosa bei. Jetzt stimmt das Beet den Betrachter milde.

Winter

In zarten Pastell kommt der Winter daher, duftig in Rosa. Die beiden Schneebälle tragen jetzt ihren Flor, stumm beobachtet von den wintergrünen Purpurglöckchen. Doch dann, im Februar, erscheinen die ersten Zwiebelblüher in kräftigen Rosa- und Pinktönen. Es wird wieder lauter im stillen Beet.

Pflanzen für das Blumenbeet in Rosa und Rot

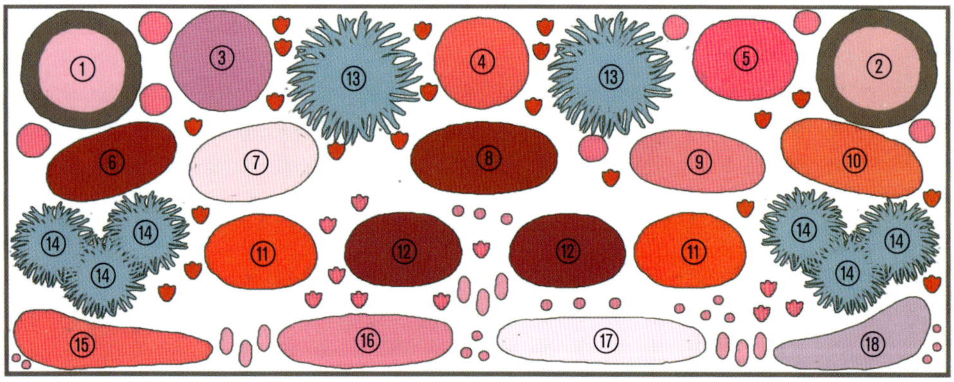

Maße des Blumenbeets: Länge 4 m, Breite 1,5 m

Pflanzenliste für das Blumenbeet in Rosa und Rot

Nr.		Pflanzenname
①	1 ×	Duftschneeball *(Virburnum × bodnantense* 'Dawn')
②	1 ×	Schneeball *(Viburnum tinus* 'Gwenllian')
③	3 ×	Aster (Glattblattaster – *Aster novi-belgii* 'Leuchtfeuer')
④	3 ×	Indianernessel *(Monarda fistulosa*-Hybride 'Gardenview Red')
⑤	3 ×	Aster (Raublattaster – *Aster novae-angliae* 'Rubinschatz')
⑥	3 ×	Sonnenbraut *(Helenium*-Hybride 'Rubinzwerg')
⑦	3 ×	Feinstrahlaster *(Erigon speciosus*-Hybride 'Rosa Triumph')
⑧	3 ×	Winteraster *(Dendranthema*-Indicum-Hybride 'Fellbacher Wein')
⑨	3 ×	Sommeraster *(Aster amellus* 'Lady Hindlip')
⑩	3 ×	Kokardenblume *(Galliarda* Hybride 'Burgunder')
⑪	6 ×	Nelkenwurz *(Geum chiloense)*
⑫	6 ×	Purpurglöckchen *(Heuchera sanguinea* 'Leuchtkäfer')
⑬	2 ×	Chinaschilf *(Miscanthus sinensis* 'Ferner Osten')
⑭	6 ×	Zittergras *(Briza media)*
⑮	5 ×	Blaukissen *(Aubrieta*-Hybride 'Bressingham Red')
⑯	5 ×	Seifenkraut *(Saponaria ocymoides)*
⑰	5 ×	Zwergschleierkraut *(Gypsophila repens* 'Rosea')
⑱	5 ×	Teppichphlox *(Phlox subulata* 'Scarlet Flame')
	18 ×	Vorfrühlingsalpenveilchen *(Cyclamen coum)*
	60 ×	Darwin-Hybrid-Tulpen rot *(Tulipa)*
	30 ×	Rote Fosteriana-Tulpen *(Tulipa)*
	60 ×	Schneeglanz *(Chionodoxa forbesii* 'Pink Giant')
	30 ×	Herbstkrokus *(Crocus serotinus* subsp. *salzmannii)*

GEHÖLZE

Schneeball

Viburnum tinus 'Gwenllian'

○–◑ ⬆ 200–250 ✿ 10–4

Beschreibung siehe Seite 176

Duftschneeball

Viburnum × bodnantense 'Dawn'

○ ⬆ 200–300 ✿ 11–4

Beschreibung siehe Seite 176

BLÜTENSTAUDEN

Nelkenwurz

Geum chiloense
(Syn.: *Geum coccineum)*

○ ⬆ 30–60 ✿ 5–8

Die Nelkenwurz gehört zu den ausdauernden Stauden im Beet und sie zeigt kaum Ausbreitungsdrang, sie wuchert also keineswegs. Ihre Blüten erinnern an die von Erdbeeren, aber ihre Blütenfarbe verrät sofort, dass sie mit der Naschfrucht nur die schalenförmigen Blüten gemein hat, obwohl auch das Laub eine entfernte Ähnlichkeit mit dem von Erdbeeren besitzt. Der sonnige Standort kann durch höhere Nachbarn durchaus auch mal kurzfristig schattiert sein, aber Licht und Sonne dürfen auf Dauer nicht fehlen. Ansonsten ist ihr ein durchschnittlicher Gartenboden recht.
Kräftig rote und große Blüten hat die Sorte 'Feuerball'. Sie ist ausgesprochen genügsam und gedeiht auf fast jedem nicht zu trockenen Gartenboden. Sie eignet sich zudem gut als Schnittblume.

Purpurglöckchen

Heuchera sanguinea 'Leuchtkäfer'

○–◑ ⬆25–60 ✿6–7

Die Purpurglöckchen gehören mit zu den unkompliziertesten Stauden im Garten, egal, ob man ihnen einen sonnigen oder halbschattigen Platz zuweist. Zudem punkten sie nicht nur mit ihren filigranen Blütenrispen, sondern auch mit ihrem aparten Blattschmuck, der je nach Art und Sorte ganz unterschiedlich gefärbt ist. Bei 'Leuchtkäfer', einer schon lange Zeit im Handel erhältlichen Züchtung, ist es ein sattes Grün, das in schönem Kontrast zu den feuerroten Blüten steht. Wie alle *Heuchera*-Sorten ist 'Leuchtkäfer' wintergrün, behält also sein Laub auch während der kalten Jahreszeit und bietet so selbst noch bei frostigen Temperaturen einen schönen Blickfang im Beet.

Feinstrahlaster

Erigon speciosus-Hybride 'Rosa Triumph'

○ ⬆60–70 ✿6–8

Sie sieht aus wie eine Aster, blüht wie eine Aster, hat die gleichen Ansprüche wie eine Aster, ist aber trotz ihres Namens keine Aster, sondern nur eine Asternartige – das sagen zumindest die Pflanzenkundler. Wie auch immer: Der Volksmund nennt sie so, und auch der professionelle Gärtner schließt sich der Bezeichnung an. Die Feinstrahlaster wächst buschig und blüht üppig, taugt für Sträuße und ist eine echte Bienenweide, die zudem sommerliche Pracht ins Beet bringt. Als Schnittblumen taugen nur geöffnete, voll erblühte Exemplare, weil sich noch geschlossene Knospen in der Vase nicht öffnen.

Meist wird das Purpurglöckchen als Blattschmuckstaude gepflanzt, dabei hat es durchaus auch Qualitäten als hübsche Blütenpflanze, wie hier bei der Sorte 'Leuchtkäfer' eindrucksvoll zu sehen ist.

Kokardenblume

Galliarda-Hybride 'Burgunder'

○ ⬆60–80 ✿6–9

Mit der Kokardenblume holt man sich einen echten Langzeitblüher ins Beet, der viele Wochen für prächtigen Flor sorgt. Auch Hummeln, Bienen sowie Schnittblumen-Fans schätzen die Staude. Gleich nach der Blüte sollte man die Pflanze zurückschneiden, damit sie vital bleibt und gut durch den Winter kommt. Mit ihren Ansprüchen bewegt sie sich im üblichen Rahmen für ein sonniges Beet mit normalem Boden und nicht zu trockenem Erdreich.

Indianernessel

Monarda fistulosa-Hybride 'Gardenview Red', 'Gardenview Scarlet'

○ ⬆120–140 ✿7–9

Anders als die nahezu identisch hohen Herbstastern ist die Indianernessel ziemlich standfest und kommt ohne stützende Hilfsmittel aus. Sie verträgt auch mal einen oder zwei trockene Tage, sollte dann

Sonnige Blumenbeete

Blütenstauden für sonnige Blumenbeete

Name	rot	rosa	Blüte	Höhe	Anmerkung
Pfingstnelke (*Dianthus gratianopolanus* Syn.: *D. caesius*)	x	x	5–6	15	polsterbildend
Bunte Margerite (*Tanacetum coccineum* Syn.: *Chrysanthemum coccineum*)	x	x	5–6	60–80	Schnittblume
Nelkenwurz (*Geum chiloense*)	x	x	5–8	30–60	wintergrün
Taglilie (*Hemerocallis*-Hybride)	x		5–9	50–90	mehrjährig
Federnelke (*Dianthus plumarius*)	x	x	6–7	25–30	polsterbildend
Purpurglöckchen (*Heuchera sanguinea* 'Leuchtkäfer')	x		6–7	25–60	wintergrün
Staudenlupine (*Lupinus*-Hybride)	x		6–8	80–100	–
Heidenelke (*Dianthus deltoides*)	x		6–8	15–20	saurer Boden
Pupurglöckchen rotlaubig (*Heuchera micrantha* 'Palace Purple') weiße Blütchen			6–8	30–60	wintergrün
Sonnenröschen (*Helianthemum*-Hybride 'Red Orient')	x		6–8	10–20	*
Rosa Flockenblume (*Centaurea dealbata*)	x		6–8	70	–
Feinstrahlaster (*Erigon speciosus*-Hybride 'Rosa Triumph')	x		6–8	60–70	Schnittblume
Brennende Liebe (*Lychnis chalcedonica*)	x		6–8	80–100	mehrjährig
Kokardenblume (*Gaillardia*-Hybride 'Burgunder')	x		6–9	60–80	Schnittblume
Spornblume (*Centranthus ruber*)	x		6–9	80	–
Ysop (*Hyssopus officinalis* 'Rosea')	x		6–9	90	#
Sonnenbraut (*Helenium*-Hybride 'Rubinzwerg')	x		7–9	80–100	–
Indianernessel (*Monarda fistulosa*-Hybride 'Gardenview Red')	x		7–9	120–140	–
Bartfaden (*Penstemon*-Hybride 'Andenken an Hahn')	x		7–9	70	*
Fetthenne (*Sedum telephium*-Hybride 'Herbstfreude')	x		7–9	50	robust
Sommeraster (*Aster amellus* 'Lady Hindlip')	x	x	7–9	60	Kalkboden
Aster (*Aster novi-belgii* 'Rosen-ponpon', Rosa, 'Leuchtfeuer', Rot)	x	x	8–10	100–120	–
Aster (*Aster novae-angliae* 'Alma Pötschke', Rosa, 'Rubinschatz', Rot)	x	x	9–10	100–130	–
Winteraster (*Dendranthema*-Indicum-Hybride Syn.: *Chrysanthemun*-Indicum-Hybride 'Fellbacher Wein')	x		9–11	60	*
Christrose (*Helleborus*-Hybride 'Rubra')	x		12–3	25–30	giftig!

* Leichter Winterschutz empfehlenswert (Tannenzweige/Pflanzkörbe).
\# Zwergstrauch, wird als Staude gehandelt, trockener Standort.

aber unbedingt gegossen werden, um Mehltaubefall vorzubeugen. Die buschige Staude, die aus Nordamerika stammt, bildet kurze Ausläufer, sodass sie mit der Zeit immer stattlicher wird. Die Blüten sind sowohl im Beet als auch in der Vase lange haltbar.
Alternative rosa Sorten: 'Croftway Pink' oder 'Fishes'. Höhe und Blütezeit wie zuvor beschrieben.

Sommeraster

Aster amellus 'Lady Hindlip'

○ ⬆60 ✿7–9

Die Sommerastern sind wesentlich anspruchsloser als ihre hohen Verwandten und stecken auch schon mal ein paar – die Betonung liegt auf »paar« – trockene Tage weg. Mit ihrem horstigen Wuchs kommen sie auch ihren Beetnachbarn nicht in die Quere. Von der Blütezeit her schließen sie nahtlos an die Rau- und Glattblattastern an, was die Floristen und die Nektar sammelnden Insekten gleichermaßen freut.

Sonnenbraut

Helenium-Hybride 'Rubinzwerg'

○ ⬆80–100 ✿7–9

Der Name 'Rubinzwerg' mag bei der Höhe, die die Pflanze erreicht, zwar ziemlich verniedlichend wirken, tatsächlich gibt es aber unter den Hybriden durchaus Züchtungen, die mit einem Gardemaß von 1,50 m aufwarten. Diese sollten allerdings gestützt werden. 'Rubinzwerg' kann darauf verzichten. Sie wächst buschig, gehört aber nicht zu den Spezies, die ihren Nachbarn allmählich auf die Pelle rücken und sie bedrängen. Auch sonst ist sie eher bescheiden: Sonne und ein guter Gartenboden genügen vollkommen, um ihre Ansprüche zu befriedigen – und so ganz nebenbei gibt sie auch noch eine gute Schnittblume ab.

Sie gehören nicht zu den Asterngiganten, dennoch sind die Sommer-Astern, hier die Sorte 'Lady Hindlip', im Beet nicht zu übersehen.

Aster (Glattblattaster)

Aster novi-belgii 'Leuchtfeuer'

○ ⬆100–120 ✿ 8–10

Wie die Raublattaster gehört sie zu den hohen Herbstastern, die den Garten mit ihrem Flor bis zum Oktober schmücken. Wie es der Name verrät, ist der Stängel der Glattblattaster kahl und bestenfalls flaumig, Raublattastern sind mit steifen Haaren bestückt. Bienen, Hummeln und Schmetterlinge nutzen sie gern als späte Nektar-Tankstellen. Die Glattblattaster wächst buschig und nimmt mit den Jahren nach und nach an Umfang zu. Eine Stütze ist in jedem Fall sinnvoll. Trockene Phasen verträgt die Pflanze nicht gut und reagiert dann genauso mit Mehltaubefall wie auf eine zu enge Pflanzung. Ansonsten stellt sie wenig Ansprüche: Ein sonniger Platz und normaler Gartenboden, der wie gesagt nicht austrocknen sollte, genügen ihr völlig.

Aster (Raublattaster)

Aster novae-angliae 'Rubinschatz'

○ ⬆100–130 ✿ 9–10

Raublattastern haben ähnliche Ansprüche wie Glattblattastern, sind aber nicht anfällig für Mehltau und verlangen bei kurzfristiger Trockenheit auch nicht gleich den Einsatz des Gartenschlauchs. Allerdings sollten ihre buschigen Horste ebenfalls gestützt werden. Anders als Glattblattastern schließen die Raublattastern bei bedecktem Himmel ihre Blüten, neueren Sorten hat man diese Eigenart mehr oder weniger erfolgreich weggezüchtet. Dessen ungeachtet, werden die geöffneten Blüten dieser Herbstblüher gerne von Bienen, Hummeln und Schmetterlingen besucht. Wie nahezu alle Astern macht sie auch in der Vase eine gute Figur.

Winteraster

Dendranthema-Indicum-Hybride (Syn.: *Chrysanthemum*-Indicum-Hybriden 'Fellbacher Wein')

○ ⬆60 ✿ 9–11

Im Spätsommer werden Chrysanthemen häufig in Supermärkten oder Gartencentern angeboten als Bepflanzung für Gräber, Kübel oder Balkonkästen. Diese einjährigen Sorten sollten nicht ins Beet gepflanzt werden, da sie winterlichen Temperaturen nicht gewachsen sind. An dieser Stelle ist die Rede von den Winter-

Wie Feuerräder leuchten die knallig roten Blüten im Beet – ein unübersehbarer Blickfang. Und bei einer Höhe von fast einem Meter klingt der Name 'Rubinzwerg' für diese Sorte ziemlich untertrieben.

astern, die für den Garten taugen, also von mehrjährigen Stauden. Wenn man einige Punkte beachtet, kommen sie unangefochten durch die kalte Jahreszeit und werden von Jahr zu Jahr schöner und üppiger. Punkt 1: Die Pflanze wird erst im Frühjahr zurückgeschnitten. Punkt 2: Als Schutz vor Frost und vor allem vor der Winternässe umsteckt man die Staude zeltförmig mit Tannenreisig. Gönnt man ihr dann noch einen sonnigen Standort und guten Gartenboden, sind schon alle Voraussetzungen für ein prächtiges Gedeihen der Winteraster gegeben.
Weitere rote Sorten: 'Schwabenstolz, gefüllte Blüten; 'Red Velvet', gefüllte Blüten.

GRÄSER

Zittergras
Briza media
○ ⬆30–50 ✿5–7

Das Zittergras gehört zu den Frühblühern unter den Gräsern und schmückt sich schon ab Mai mit zierlichen, herzförmigen Ährchen in eher unauffälligem Gelbgrün. Da schon der kleinste Windhauch mit den zarten Rispen spielt, gewinnt man den Eindruck, als würde die Pflanze nahezu ununterbrochen »zittern«. Die horstig wachsende Staude ist hier heimisch, also ausgesprochen winterhart, dazu robust und kommt mit Trockenheitsphasen ausgezeichnet zurecht. Als floristisches Beiwerk, egal ob frisch geschnitten oder in Trockensträußen, ist das Zittergras auch in der Vase attraktiv. Der Rückschnitt erfolgt wie stets bei Gräsern erst im Frühjahr.

Chinaschilf
Miscanthus sinensis 'Ferner Osten'
○ ⬆160–200 ✿8–10

Für dieses imposante Gras sollte man den Platz nicht zu knapp bemessen. Im Laufe eines Jahrzehnts kann diese Sorte schon einen knappen Quadratmeter im Beet beanspruchen, dafür bietet das Chinaschilf allerdings auch zu allen Jahreszeiten einen unübersehbaren Blickfang im Beet. Diese schmalblättrige Sorte blüht in auffälligem Rot, die Rispen werden von weißen Spitzen geziert. Im Herbst verfärben sich die Halme rötlich. Wie alle Gräser wird es erst im Frühjahr geschnitten.
Andere Sorten: 'Ghana', Blüte 9–10, rötlich braun, beeindruckende Herbstfärbung mit Tönungen zwischen dunkelrot und braun; 'Malepartus', Blüte 8–10, silbrig-rote Blüte, rotbraune Laubfärbung im Herbst. Ansprüche und Größe beider Sorten wie zuvor beschrieben.

Gräser für sonnige Blumenbeete

Name	Blüte	Höhe	Anmerkung
Zittergras *(Briza media)*	5–7	30–50	trockener Standort *
Fuchsrote Segge *(Carex buchananii)*	7	40–60	mag es feucht
Kupferhirse *(Panicum virgatum)*	7–8	120	im Herbst kupferrot
Chinaschilf *(Miscanthus sinensis* 'Malepartus')	7–10	140–200	Blüte rotbraun-silbrig
Chinaschilf *(Miccanthus sinensis* 'Rotsilber')	7–10	140–200	Blüte bräunlich-silbrig
Indianergras *(Imperata cylindrica* 'Red Baron')	8	70	blutrote Färbung ##
Chinaschilf *(Miscanthus sinensis* 'Ferner Osten')	8–10	160–200	Blüte dunkelrot
Lampenputzergras *(Pennisetum alopecuroides* 'Hameln')	8–10	50–70	Blüte bräunlich-rosa #
Goldbartgras *(Sorghastum nutas)*	8–10	80–140	Blüte rot-braun

* Anmutige, lockere Blüten, frisch oder getrocknet hübsch im Blumenstrauß.
# Blüten wie weiche Flaschenbürsten, sehr schöne Wirkung im Winter.
Färbung von Frühjahr bis Herbst, Winterschutz erforderlich.

BODENDECKER

Blaukissen
Aubrieta-Hybride 'Bressingham Red'
○ ⬆10–15 ✿4–5

Das Blaukissen gehört zu den Stauden, die schon im Frühjahr Farbe bekennen, im ansonsten vom Flor der Zwiebelblumen dominierten Beet. Ein sonniger Platz ist für die ausdauernde Polsterpflanze unabdinglich, an den Boden stellt sie keine besonderen Ansprüche. Dank ihrer frühen Blüte wird sie auch von Bienen und Hummeln sehr geschätzt. Wie viele flach wachsende Stauden ist das Blaukissen ein vorzüglicher Bodendecker.
Weitere Sorte: 'Havelberg' mit gefüllen rosa Blüten, Höhe und Blütezeit wie zuvor beschrieben.

Teppichphlox
Phlox subulata 'Scarlet Flame'
○ ⬆10 ✿4–5

Die Gattung der aus Nordamerika stammenden Phloxe ist so vielfältig, dass von 5 cm hohen Zwergen bis zu 1,50 m hohen Riesen alles vertreten ist. Selbst unter den niedrigen Phlox-Vertretern zählt der Teppichphlox eher zu den Winzlingen, aber das tut seiner Beliebtheit bei Gartenfreunden keinen Abbruch. Die reich blühende Polsterstaude präsentiert sich als verträg-

licher, früh blühender Bodendecker, der einen sonnigen Standort und einen durchlässigen Boden schätzt, also etwas Kies oder Sand im Pflanzloch ist genau richtig.
Weitere Sorte: 'Mc Daniels Cushion', Blüte intensiv rosa.

Das Seifenkraut ist ein hübscher Bodendecker, der schöne Polster bildet. Die rosafarbenen Blütenrädchen stehen dabei in einem harmonischen Kontrast zu dem dunkelgrünen Blattwerk.

Seifenkraut

Saponaria ocymoides

○ ⬆20 ✿ 5–8

Der ungewöhnliche deutsche Name ist leicht erklärt: Gibt man die zerkleinerte Wurzel des Seifenkrauts in eine Schüssel mit Wasser, entsteht eine seifenartige Lauge, die man in früheren Jahrhunderten dazu benutzte, um frisch gewebte Tücher zu reinigen. Da es heutzutage weit bessere und wirksamere Waschsubstanzen gibt als den in der Pflanze enthaltenen Wirkstoff Saponin, lässt man die polsterbildende Staude mitsamt ihren Wurzeln lieber im Beet und erfreut sich an ihren hübschen Blüten. Der Bodendecker ist auch bei den Nektar sammelnden Insekten sehr beliebt. Er benötigt einen sonnigen Platz und als Dränage eine Handschaufel voll Kies oder Sand im Pflanzloch.

Bodendecker für sonnige Blumenbeete

Name	Blüte	Farbe	Höhe	Anmerkung
Blaukissen (*Aubrieta*-Hybriden)	4–5	rot	10–15	polsterbildend
Zwergpolsterphlox (*Phlox douglasii* 'Ochsenblut')	4–5	rot	5	rasenartiger Wuchs
Teppichphlox (*Phlox subulata* 'Scarlet Flame')	4–5	rot	10	Blüten intensiv gefärbt
Moossteinbrech (*Saxifraga arendsii*-Hybride 'Pixie')	4–5	rot	15	karminrot
Seifenkraut (*Saponaria ocymoides*)	5–8	rosa	20	rasenartiger Wuchs
Zwergschleierkraut (*Gypsophila repens* 'Rosea')	5–8	rosa	10	reiche Blüte
Rotmoossedum (*Sedum album* 'Murale')	6–8	rosa	5	rasenartiger Wuchs
Teppich-Sedum (*Sedum spurium* 'Fuldaglut')	7–8	rot	10	Blatt kupferrot
Teppich-Sedum (*Sedum spurium* 'Schorbuser Blut')	7–8	rosa	10	Blatt grün mit Purpurrand

Zwergschleierkraut

Gypsophila repens 'Rosea'

○ ⬆10 ✿ 5–8

Es gibt wohl kaum eine Staude, deren Blütenschmuck so häufig als Beiwerk für duftige Sträuße eingesetzt wird wie das filigrane Schleierkraut. Dabei handelt es sich aber nicht um den Flor der niedrigen Arten und Sorten, sondern um Züchtungen des hohen Schleierkrauts, *Gypsophila paniculata,* das es in Weiß und Rosa, gefüllt und ungefüllt gibt. Das Zwergschleierkraut, auch als Teppich-Schleierkraut bekannt, bildet durch seinen kriechenden Wuchs zartlaubige Teppiche mit hüb-

Im umgebenden Gras geht der auffällige rosa Ton der Schneeglanz-Sorte 'Pink Giant' leider etwas unter. Im Beet, von Rasen unbedrängt, kann es seine Farbintensität deutlich besser ausspielen.

schen Blüten. Es will unbedingt sonnig stehen und mag es, wenn etwas Sand oder Kies ins Pflanzloch gegeben wird.

Weitere Sorte: 'Rosa Schönheit' mit kräftigerem Rosa als die eher pastellfarbene Sorte 'Rosea'.

BLUMENZWIEBELN

Vorfrühlings-Alpenveilchen

Cyclamen coum

◑ ⬆10 ✿2–3

Was hat eine Pflanze, die es halbschattig mag, im sonnigen Beet zu suchen? Eigentlich nichts, aber der Pflanzplatz unter einem Gehölz ist ideal. Zur Blütezeit erwärmen die ersten Strahlen der Sonne wie von der Pflanze gewünscht Blätter und Mini-Alpenveilchen-Blüten, später wölbt sich ein schützendes Laubdach über die Knollenpflanze. Und für die nötige Sommertrockenheit sorgen die Wurzeln des Schatten spendenden Strauchs, die während der Vegetationsperiode jeden Tropfen Wasser aus dem Boden wegsaugen. Nach der Blüte ziehen die herzförmigen, marmorierten Blätter der Pflanze ein, sodass sie den Sommer über regelrecht von der Bildfläche verschwindet. Dafür taucht sie in den Folgejahren vermehrt wieder auf, denn am idealen Standort versamt sie sich. Und ist der Winter mild, erscheinen die zierlichen Blüten schon im Januar zeitgleich mit den Schneeglöckchen. Das Vorfrühlings-Alpenveilchen wird sowohl in Form loser Knollen als auch getopft und bewurzelt beim Staudengärtner angeboten. Dabei kosten drei Knollen etwa so viel wie eine Containerpflanze.

Schneeglanz

Chionodoxa forbesii 'Pink Giant'
(Syn.: *Chionodoxa luciliae*)

○–◑ ⬆15 ✿2–4

Selbst gestandene Gärtner können sich oft nicht vorstellen, um was für ein Gewächs es sich handelt. Ein Exot? Gewissermaßen ja, denn entdeckt wurde der Schneeglanz in den Bergen Anatoliens, aber was die Haltungsbedingungen angeht, ist die Zwiebelblume so robust, anspruchslos und winterhart, als wäre sie in unseren Breiten schon immer zu Hause gewesen. Sie vermehrt sich gut und mit den Jahren wachsen die früh blühenden rosa Schönheiten zu regelrechten Blütenbüscheln heran, die von Hummeln und Bienen gerne besucht werden.

Tulpe

Tulipa, Klasse: Fosteriana-Tulpe

○–◑ ⬆30 ✿3–4

Im Prinzip gilt das, was unten zur Darwin-Hybrid-Tulpe gesagt wird, auch für die Fosteriana-Tulpe. Sie ist ebenfalls sehr vital und recht langlebig. Wahrscheinlich ist sie keine Anschaffung fürs Leben wie eine Pfingstrose, die an ein und demselben Platz gut dreißig Jahre und mehr alt wird, aber auch sie verabschiedet sich nicht schon nach drei, vier oder fünf Jahren aus dem Garten. Natürlich muss die gewünschte Sorte im rosa/roten Beet rot blühen – oder eben rosa, aber welche Sorte der Fosteriana-Tulpe das im Fall seines Beets ist, bleibt jedem Gartenfreund selbst überlassen.

Tulpe

Tulipa, Klasse: Darwin-Hybrid-Tulpen

○ ⬆60 ✿4–5

Keine Sortenempfehlung, sondern eine Züchtungsreihe wird hier vorgestellt. Warum das? Es gibt Tulpenfamilien, die sehen schön aus. Im ersten Jahr, vielleicht auch noch im zweiten Jahr, aber im dritten Jahr sind sie aus dem Beet verschwunden. Aha, da waren Wühlmäuse am Werk. Nein, denn der gewitzte Gärtner hat sie in Körbe aus Drahtgeflecht gepflanzt. Was war es dann? Eine kurzlebige, auf Schönheit gezüchtete Sorte. Ganz anders die Darwin-Hybrid-Tulpe. Sie ist im Garten ausdauernd, vermehrt sich stetig und bringt viele Jahre zuverlässig immer mehr Blütenstiele hervor.

Blumenzwiebeln für sonnige Blumenbeete

Name	rosa	rot	pink	Blüte	Höhe
Wildkrokus (*Crocus chrysantus* 'Fire Fly')	x			2–3	8–10
Vorfrühlings-Alpenveilchen (*Cyclamen coum*)	x	x		2–3	10
Schneeglanz (*Chionodoxa forbesii* 'Pink Giant')	x			2–4	15
Wildtulpe (*Tulipa orphanides*)	x			3	10
Hundszahn (*Erythronium dens-canis* 'Rosa Queen')	x			3–4	10–15
Lerchensporn (*Corydalis solida*)	x			3–4	15–20
Wildtulpe (*Tulipa pulchella*)	x			3–4	10
Rote Fosteriana-Tulpe (*Tulipa fosteriana*)	x			3–4	30
Hyazinthen (*Hyacinthus*)	x	x	x	4	20
Tulpe, Darwin-Hybrid-Tulpen	x			4–5	60
Kaiserkrone (*Frittilaria imperialis* 'Rubra')	x			4–5	80–100
Cottage-Tulpe 'Königsblut'	x			5	50
Spanische Scilla (*Scilla hispanica*)	x			5	20
Zierlauch (*Allium ostrowskianum*)	x			5	15
Zierlauch (*Allium roseum*)	x			5	15
Asiatische Lilie (*Lilium*-Hybride)	x	x		6–7	80 #
Türkenbundlilie (*Lilium Martagon*)	x			6–7	100 #
Hängelauch (*Allium carinatum* 'Tubergen')	x			7–8	30–60
Montbretie (*Crocosmia* 'Luzifer')	x			7–10	70
Herbstkrokus (*Crocus zonatus*)	x			8–10	10
Herbstzeitlose (*Colchicum* 'The Giant'), giftig!	x			9–10	15
Herbstzeitlose (*Colchicum* 'Waterlily'), giftig!	x			9–10	15
Herbstkrokus (*Crocus serotinus* subsp. *salzmannii*)	x			10–11	20

\# Pflanzstelle durch Mulch oder Bodendecker schattieren.

Ob die Sorte nun die rot blühende 'Deutschland' ist, eine andere rote Zwiebelschönheit oder eine rosafarbene, spielt keine Rolle. Wer lange an den Tulpen Freude haben will, achtet auf die Bezeichnung 'Darwin-Hybrid-Tulpe'.

Herbstkrokus

Crocus serotinus subsp. *salzmannii* (Syn.: *Crocus byzanthinus*)

○–◑ ⬆10 ✿10–11

Die im Frühjahr blühenden Krokusse kennt jeder, herbstblühende Krokusse wie diese Art mit rosafarbigem Flor sind dagegen relativ unbekannt. Das ist eigentlich schade, denn zum Saisonausklang wird der Garten ja nicht mehr von bunten Tupfern im Beet verwöhnt. Und da kommen die kleinen Zwiebelgewächse gerade recht, um noch ein paar Akzente zu setzen. Sie sind robust und sie vermehren sich zudem an geeigneten Standorten. Grund genug also, sie im eigenen Garten dauerhaft anzusiedeln, zumal sie recht genügsam sind und keine besonderen Ansprüche stellen.

Sonnige Blumenbeete

An einem solch idyllischem Fleckchen verharrt man gerne. Schneeglanz, Tulpen und Silberling (auch Mondviole genannt) im Hintergrund sorgen für ein harmonisches Bild. Hier kann man die Seele baumeln lassen.

Zwei Blaublüher, die einander offensichtlich mögen. Hier umschmeichelt die dunkelviolette Clematis 'Etoile Violette' die schlanken Blütenstände der Strauchveronika 'Midsummer Beauty'.

Der erste Eindruck täuscht: Auch wenn das hübsche, über und über mit Blüten übersäte Stämmchen im Beet steht – das Wandelröschen, hier die zweifarbig blühende Sorte 'Fabiola', verträgt keine Temperaturen unter 10 °C.

Wer sich hier wie auf einem Passfoto im Bild präsentiert, ist die Clematis 'Vyvyan Pennell'. Die großblumige Hybride wird zwischen zwei und drei Meter hoch. Im Mai/Juni zeigt sie gefüllte und im August/September einfache Blüten.

Sonnige Blumenbeete

Frühling

Aus dem Meer der »Blaublütler«, bestehend aus Blumenzwiebeln und niedrigen Bodendeckern, stechen natürlich die hohen Tulpen besonders hervor. Auch die Christrosen zeigen noch ihren Flor, während der Persische Flieder bereits den kommenden Sommer ankündigt.

Sommer

Ein Traum in Blau – Stauden und niedrige Glockenblumen als Bodendecker haben die Frühjahrsblüher abgelöst. Daneben präsentieren sich Zierlauch und Gräser in voller Pracht, während der Flor des Flieders allmählich verblasst.

Herbst

Keine Spur von Herbst-Blues – Kissenastern und hohe Astern setzen den Farbenrausch des Sommers nahtlos fort, und Prachtkrokus und Herbstkrokus zaubern schon einen Hauch des kommenden Frühlings ins Beet, während der Liebesperlenstrauch in seinem einzigartigen Fruchtschmuck prangt.

Winter

Von wegen Winter-Tristesse ... Die Herbstkrokusse sorgen bis zum Jahresausklang für Farbe, ab Februar sind es die Wildkrokusse und auch die Christrosen zeigen sich jetzt von ihrer schönsten Seite, unterstützt vom Liebesperlenstrauch. Schöne Akzente setzen auch die wintergrünen Gräser im Beet.

Sonnige Blumenbeete

Pflanzen für das Blumenbeet in Blau und Violett

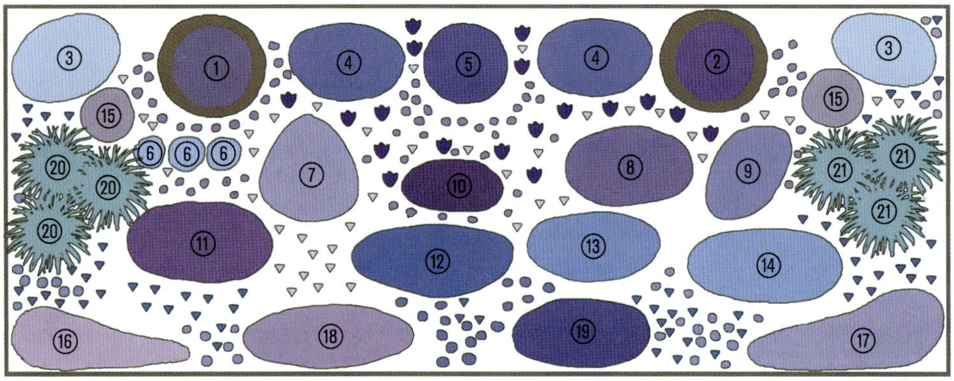

Maße des Blumenbeets: Länge 4 m, Breite 1,5 m

Pflanzenliste für das Blumenbeet in Blau und Violett

Nr.		Pflanzenname
①	1 ×	Persischer Flieder *(Syringa × persica)*
②	1 ×	Liebesperlenstrauch *(Callicarpa bodinierii* 'Profusion')
③	6 ×	Myrtenaster *(Aster ericoides* 'Blue Star')
④	6 ×	Herbstaster (Glattblattaster *Aster novi-belgii* 'Dauerblau')
⑤	3 ×	Kugeldistel *(Echinops ritro)*
⑥	3 ×	Lupine *(Lupinus*-Hybride)
⑦	3 ×	Skabiose *(Scabiosa caucasica)*
⑧	3 ×	Ysop *(Hyssopus officinalis)*
⑨	9 ×	Prachtscharte *(Liatris spicata)*
⑩	10 ×	Zierlauch *(Allium sphaerocephalon)*
⑪	3 ×	Kissenaster *(Aster dumosus* 'Augenweide')
⑫	3 ×	Salbei *(Salvia nemorosa)*
⑬	3 ×	Ballonblume *(Platycodon grandiflorus)*
⑭	3 ×	Kissenaster *(Aster dumosus* 'Lady in Blue')
⑮	2 ×	Christrose *(Helleborus*-Hybride 'Philipp Ballard')
⑯	5 ×	Blaukissen *(Aubrieta*-Hybride 'Hamburger Stadtpark')
⑰	5 ×	Teppichphlox *(Phlox subulata* 'Emerald Cushion Blue')
⑱	5 ×	Polsterglockenblume *(Campanula gargancia)*
⑲	5 ×	Karpaten-Glockenblume *(Campanula carpatica* 'Blaue Chips')
⑳	3 ×	Blauschwingel *(Festuca cinera)*
㉑	3 ×	Schillergras *(Koeleria glauca)*
●	60 ×	Prachtkrokus *(Crocus speciosus)*
●	30 ×	Herbstkrokus *(Crocus speciosus* 'Conqueror')
▽	60 ×	Wildkrokus *(Crocus chrysanthus)*
▼	60 ×	Traubenhyazinthe *(Muscari armeniacum)*
🌷	30 ×	Tulpe *(Tulipa)*
▼	60 ×	Blausternchen *(Scilla sibirica)*

GEHÖLZE

Persischer Flieder

Syringa × persica

○ ⬆180 ✿ 5–7

Beschreibung siehe Seite 181

Liebesperlenstrauch

Callicarpa bodinierii 'Profusion'

○ ⬆200 ✿ 7–8

Beschreibung siehe Seite 181

BLÜTENSTAUDEN

Lupine

Lupinus-Hybride

○ ⬆80 ✿ 5–6

Früher war die Lupine eine typische Bauerngartenpflanze, aber leider gerät die anspruchslose Staude immer mehr in Vergessenheit. Das ist schade, denn mit ihren schönen Blütenkerzen überbrückt sie die Zeit zwischen den Frühjahrs- und den Sommerblühern. Gedüngt werden muss sie nicht, denn als Schmetterlingsblütler, wie auch Erbsen und Bohnen, lebt sie in Symbiose mit Knöllchenbakterien an ihren Wurzeln, die sie mit Stickstoff versorgen. Bei reichlichem Schnitt für die Vase lässt sich die Samenbildung (sie sind giftig) unterbinden und die Dauer der Blütezeit verlängern. Die Lupine gibt es in allen Farben, im blauen/violetten Beet kommt natürlich nur eine dieser beiden Varianten infrage. Ob der Ton nun lieber pastellfarben sein soll oder eine farbkräftige Sorte, muss jeder selbst entscheiden.

Frühlingsaster
Aster tongolensis

○ ⬆40–50 ✿5–7

Neben den deutlich kleineren Alpenastern gehört diese Art zu den am frühesten blühenden Astern im Garten. Anders als die buschigen, hohen Herbstastern wächst diese Staude eher kissen- bis polsterförmig und taugt wie ihre großen Verwandten gut zum Schnitt. Auch die Nektar sammelnden Insekten schätzen die zeitigen Blüten. Besondere Ansprüche stellt die Frühlingsaster nicht. Ein sonniger Standort und ein normaler Gartenboden reichen zum Gedeihen aus.

Skabiose
Scabiosa caucasica

○ ⬆80 ✿6–9

Die schönen Schalenblüten auf den langen, schlanken Stielen bieten sich zum Schnitt förmlich an, Bienen und Hummeln schätzen dagegen andere Eigenschaften an der Skabiose, nämlich Nektar und Pollen. Wird Verblühtes regelmäßig entfernt und bleibt der Herbst mild, zeigt die Staude ihren eleganten Flor bis in den Oktober, teilweise sogar bis in den November hinein. Die Pflanze wuchert nicht, will einen sonnigen Standort und einen ganz normalen Gartenboden.
Sorten: 'Kompliment', Hellblau; 'Perfecta', Blau; 'Stäfa', Blauviolett.

Salbei
Salvia nemorosa

○ ⬆40–60 ✿6–9

Dieser Salbei taugt weder als Küchenkraut noch als Heilpflanze, sondern ist eine reine Zierform. Die Staude wächst buschig und hat ährenartig wirkende Blütenkerzen, mit denen die Pflanze nicht kleckert, sondern klotzt. Das wissen auch Insekten und Schmetterlinge zu schätzen, doch bei dieser Fülle sind durchaus auch mal ein paar Stängel für die Vase drin. Hauptblütezeit ist von Frühsommer bis Sommer, bei einem Rückschnitt gleich danach remontiert die Pflanze, d. h., sie blüht dann noch einmal im September, Oktober. Sonne ist ein Muss, etwas Sand oder Kies im Pflanzloch ebenfalls.
Sorten: 'Blauhügel', Reinblau; 'Caradonna', Dunkelviolett; 'Ostfriedland', Violettblau; 'Schwellenburg', Violettrot.

Ysop
Hyssopus officinalis

○ ⬆90 ✿6–9

Diese Pflanze mit dem merkwürdigen Namen ist beim Staudengärtner erhältlich, dabei ist sie von Haus aus eigentlich ein Halbstrauch. Die tiefblauen, ährenförmig angeordneten Blüten werden von Bienen, Schmetterlingen und Hummeln stark umschwärmt, sind aber auch eine Zierde in der Vase. Neben dem ästhetischen Anblick taugt der Ysop mit seinen Blättern aber auch als Heil- und Küchenkraut, bietet also einen doppelten Nutzen. Ein sonniger Platz ist zum Gedeihen ebenso Voraussetzung wie ein durchlässiges Pflanzbett, d. h. eine Handschaufel voll Kies oder Sand ins Pflanzloch. Falls ein Rückschnitt gewünscht wird oder erforderlich ist, sollte er erst im Frühjahr erfolgen.

Ballonblume
Platycodon grandiflorus

○–◑ ⬆50 ✿7–8

So mancher Gartenbesitzer macht sich Sorgen, wenn er im Frühjahr nach seiner Ballonblume Ausschau hält und anstatt auf frisches Grün auf eine kahle Stelle im Beet blickt. Ist die Pflanze erfroren? Keine Sorge, die aus Ostasien stammende Staude treibt recht spät aus und nimmt

Sie ist dem Blau des Enzians völlig ebenbürtig, die Skabiose.

dabei sogar von Jahr zu Jahr langsam an Umfang zu. Ihren Namen erhielt sie wegen ihrer ballonartigen Knospen, während die Blüten eher flachen Glockenblumen ähneln. Insekten und Floristen mögen die Pflanze gleichermaßen.

Kugeldistel
Echinops ritro

○ ⬆120 ✿7–9

Diese Art gehört wohl mit zu den größten und schönsten Disteln in unseren Gärten. Sie schmückt aber nicht nur die Beete, sondern auch Vasen und Trockensträuße. Sie ist eine ausgezeichnete Bienenweide und Vögel wie der Stieglitz, der auch den zutreffenden Namen Distelfink hat, schätzen die reifen Samen als Nahrung. Völlig trocken, wie man immer denkt, wenn von Disteln die Rede ist, mag sie es nicht. Zwar steckt sie Trockenperioden gut weg,

Sonnige Blumenbeete

Blütenstauden für sonnige Blumenbeete

Name	blau	violett	Blüte	Höhe
Küchenschelle *(Pulsatilla vulgaris)*	x		3–4	20–25
Alpenaster *(Aster alpinus)*		x	5–6	20
Lupine *(Lupinus*-Hybride)	x		5–6	80
Frühlingsaster *(Aster tongolensis)*	x		5–7	40–50
Strandflieder *(Linonium latifolium)*		x	5–7	60
Feinstrahlaster *(Erigon speciosus*-Hybride 'Dunkelste Aller', 'Adria')	x		6–8	60–70
Skabiose *(Scabiosa caucasica)*	x		6–9	80
Salbei *(Salvia nemorosa* in Sorten)	x	x	6–9	40–60
Ysop *(Hyssopus officinalis)*	x		6–9	90 *
Ballonblume *(Platycodon grandiflorus)*	x		7–8	50
Edeldistel *(Eryngium planum)*	x		7–9	70–80
Kugeldistel *(Echinops ritro)*	x		7–9	120
Prachtscharte *(Liatris spicata)*	x		7–9	60–80
Sommeraster *(Aster amellus* 'Dr. Otto Petscheck', Blau, 'Veilchenkönigin', Violett)	x	x	7–9	60
Kissenaster *(Aster dumosus* 'Lady in Blue', Blau, 'Augenweide', Violett)	x	x	8–10	30–50
Herbstaster *(Aster novi-belgii* 'Dauerblau')	x		9–10	140
Herbstaster *(Aster novae-angliae* 'Purple Dom')	x		9–11	60
Myrtenaster *(Aster ericoides* 'Blue Star')	x		10–11	100
Christrose *(Helleborus*-Hybride 'Pluto', violett, 'Philipp Ballard', blau)	x	x	12–3	25

schätzt aber ansonsten einen normalen Gartenboden. Die robuste Staude kommt gut ohne Stützen aus und ist mit ihren stahlblauen Blütenbällen ein echter Hingucker im Beet.

Prachtscharte

Liatris spicata

○ ⬆60–80 ✿7–9

Die Prachtscharte weist einen ähnlichen Blütenstand auf wie der Ysop, ist aber eine reinrassige Staude mit grasähnlichem Laub. Anders als das sonst meist der Fall ist, erblühen die violetten Ähren von oben nach unten. Die schlanken Pflanzen sollte man nie einzeln, sondern mindestens in Dreiergruppen pflanzen, damit sie auch gut zur Geltung kommen. Es gibt eine weitere Parallele zum Ysop: Auch die Prachtscharte ist eine Bienen- und Schmetterlingsweide, taugt aber genauso gut zum Schnitt. Besondere Ansprüche werden nicht gestellt: Sonne und ein normaler Gartenboden.

Kissenaster

Aster dumosus 'Augenweide'

○ ⬆30–50 ✿8–10

Der deutsche Name sagt schon alles über die Wuchsform der Pflanze. Mit ihrer Blütezeit überbrückt sie quasi die Spanne zwischen dem Flor der Frühlingsaster und den hohen Herbstastern. Die unkomplizierte Staude, die nur Sonne und einen guten Gartenboden wünscht, gehört zu den Vertretern aus der Asternfamilie, die besonders gerne im Garten gepflanzt werden. Dessen haben sich die Züchter ange-

Bei der Kissenaster 'Augenweide' muss ein begnadeter Künstler den Pinsel geführt haben.

nommen und eine große Anzahl von Sorten geschaffen. Weitere Sorten: 'Blaue Lagune', Zartblau; 'Lady in Blue', Hellblau; 'Prof. A. Kippenberg', Violettblau.

Herbstaster (Glattblattaster)

Aster novi-belgii 'Dauerblau'

○ ⬆140 ✿ 9–10

Bei Glattblattastern sollte immer darauf geachtet werden, dass der Boden ausreichend feucht ist und nicht austrocknet. Zwar bringt ein kurzfristiger Wassermangel von einem oder zwei Tagen die Staude nicht gleich um, macht sie aber anfällig für Mehltau. Diese weit verbreitete Pilzerkrankung lauert praktisch überall und sie kann vom robusten kleinen Wildkraut bis zu hohen Bäumen nahezu alle Gewächse befallen. Die buschigen Herbstastern werden durch kurze Ausläufer zu immer größeren Horsten, die hochgebunden werden sollten, um einen sicheren Stand zu haben.
Weitere Sorten: 'Marie Ballard', hellblau gefüllt, Höhe 100 cm; 'Schöne von Dietlikon', Violett, 120 cm hoch. Beide blühen von August, September bis Oktober.

Myrtenaster

Aster ericoides 'Blue Star'

○ ⬆100 ✿ 10–11

Unter den hohen Herbstastern gehört die Myrtenaster zu den trockenheitsverträglichsten und spät blühenden Arten. Die gut verzweigte, reichblütige Pflanze verlangt förmlich nach der Schere, um zumindest einige Zweige für die Vase zu schneiden. Zwar mögen das die Schmetterlinge und die letzten Nektar sammelnden Insekten nicht so sehr, aber angesichts des üppigen Blütenschmucks bleibt auch für sie genug übrig. Obwohl die Myrtenaster trockene Perioden toleriert, ist sie kein Gewächs für den Steingarten, sondern für normalen Gartenboden.

Sie trotzen Eis und Schnee, behalten ihr Laub auch im Winter und öffnen ihre anmutigen Blüten zur Weihnachtszeit – die Christrosen. Hier die Sorte 'Gewitterwolke'.

Christrose

Helleborus-Hybride 'Philipp Ballard'

○–◑ ⬆25 ✿ 12–3

Christrosen beeindrucken nicht nur dadurch, dass sie ausgerechnet im Winter blühen, sondern auch damit, dass sie ihr schönes dunkelgrünes Laub selbst in den frostigen Monaten behalten und so das ganze Jahr über attraktiv sind. Zudem sind sie praktisch eine Anschaffung fürs ganze Leben. Fühlt sich die Staude an ihrem Standort wohl, kann sie Jahrzehnte alt werden, ohne dass man sie umpflanzen, teilen oder verjüngen muss. Diese Methusalems können dann durchaus schon mal einen halben Quadratmeter Fläche oder sogar noch etwas mehr bedecken. Das geschieht aber nicht einfach durch eine simple Laubvermehrung, sondern geht einher mit immer zahlreicher werdenden Blüten. Gerade etwas ältere Exemplare bieten so in der kalten Jahreszeit einen herrlichen Anblick.

GRÄSER

Blauschwingel

Festuca cinera

○ ⬆20–40 ✿ 6–7

Welch ein Anblick! Stahlblaue Halme, filigran wie von Goldschmieden einzeln in Handarbeit hergestellt, dazu so starr, als seien sie aus stabilem Eisen. Nur die gelblichen, im starken Kontrast dazu stehenden rispigen Ähren schwanken leicht im Wind. Genug der gärtnerischen Poesie. Der Blauschwingel bildet buschige, fast halbkugelige Horste und behält auch im Winter sein Laub, ist also wintergrün. Man kann ihn im Frühjahr zurückschneiden, oft reicht es aber aus, einfach braune oder vertrocknete Halme auszuzupfen. Die Staude ist ein Sonnen- und Trockenheitsfanatiker. Sie will als Dränage reichlich Kies oder Sand ins Pflanzloch und auch der Aushub, der anschließend wieder zum Verfüllen verwendet wird, sollte 1 : 1 mit diesem Material gemischt werden, also halb Erde, halb Sand oder Kies.

Schillergras

Koeleria glauca

○ ⬆30 ✿ 6–7

Von der Laubfärbung her ist das Schillergras vielleicht nicht ganz so auffällig wie der Blauschwingel, aber auch seine Halme sind unter Gräsern recht ungewöhnlich und auffällig gefärbt. Je nach Sonneneinfall schimmern sie zwischen blaugrün und blau-grün-grau. Die anfangs grünlichen Blütenrispen verfärben sich später gelblich beige. Auch dieses Gras bildet halbkugelige Horste, die wintergrün sind. Die Standortansprüche sind identisch mit denen des Blauschwingels: Sonne, reichlich Kies oder Sand ins Pflanzloch und die Aushub- bzw. Pflanzerde wird zur Hälfte mit Sand oder Kies gemischt.

Der große Dichter hat sicherlich nicht Pate gestanden, der Name rührt eher daher, dass die Halme dieser Staude je nach Sonnenlicht blaugrün oder blaugrau »schillern«.

Gräser für sonnige Blumenbeete

Name	Blüte	Höhe	Anmerkung
Blauschwingel *(Festuca cinera)*	6–7	20–40	stahlblaue Halme *
Schaf-Schwingel *(Festuca ovina)*	6–7	15–25	stahlblaue Halme * #
Schillergras *(Koeleria glauca)*	6–7	30	blaugrüne Halme * 1
Blaustrahlhafer *(Helictothrichon sempervirens)*	7–8	35–110	blaugrau * 2

* wintergrün, mag trockene Böden # blaugrüne Rispen, 1 Blüte braungrün, 2 Blüte hellbraun

BODENDECKER

Blaukissen

Aubrieta-Hybride 'Hamburger Stadtpark'

○ ⬆10 ✿ 4–5

Wer als Staude so früh blüht, muss ganz einfach von Bienen und Hummeln gemocht werden. Und natürlich von den Menschen, die im Frühling nach jedem bunten Farbtupfer im Garten lechzen. Die langlebige Staude bildet Polster, die sie zu einem idealen Bodendecker machen. Das Blattwerk ist während der Blütezeit kaum zu sehen, so dicht- und reichblühend ist die Pflanze. Ihre Ansprüche sind dagegen eher bescheiden: ein sonniger Platz und ein normaler Gartenboden. Weitere Sorten: 'Bressingham Red', Rotviolett; 'Blaumeise', Blauviolett.

Teppichphlox

Phlox subulata 'Emerald Cushion Blue'

○ ⬆15 ✿ 4–5

Der Teppichphlox schätzt Sonne und etwas Sand oder Kies im Pflanzloch, dann fühlt er sich im Garten wohl und zeigt sich von seiner besten Seite. Wie der Name schon verrät, bildet die niedrige Staude Teppiche oder Polster und fungiert so als Bodendecker, der auch dazu taugt, unschöne Beetkanten zu verdecken. Die Pflanze wuchert nicht und ist mit ihrem feinen Blattwerk auch nach der Blüte ein hübscher Anblick. Weitere Sorten: 'G. F. Wilson', helles Blau; 'Violet Seedling', Rotviolett.

Polsterglockenblume

Campanula garganica

◑ ⬆15 ✿ 6–8

Es ist eigentlich schade, dass diese Art in den Gärten relativ selten gepflanzt wird, denn sie ist recht robust, völlig winterhart und kommt auch gut mit Trockenperioden zurecht. Von Juni bis August schmückt sich die Polsterglockenblume für viele Wochen mit regelrechten Trauben aus sternförmigen Blüten. Das zierliche, herz- bis nierenförmige Laub bildet schöne Polster, die recht kompakt bleiben und nicht wuchern. Die Standortansprüche sind einfach zu erfüllen: Sonne und etwas Sand oder Kies ins Pflanzloch.

Karpaten-Glockenblume

Campanula carpatica 'Blaue Chips'

○ ⬆20 ✿ 6–8

Diese Glockenblume wächst eher buschig, zeigt sich aber gleichzeitig als verträglicher Bodendecker. Gemessen an dem niedrigen Wuchs bildet sie im Verhältnis dazu recht große glockenförmige Blüten aus, die sich den ganzen Sommer über zeigen. Die Karpaten-Glockenblume gehört sicherlich mit zu der am häufigsten verkauften Art ihrer Gattung und wird

Mit ihren wunderschönen Glocken in reinem Blau ist die Karpaten-Glockenblume 'Blaue Chips' den ganzen Sommer über ein richtiger Hingucker.

Bodendecker für sonnige Blumenbeete

Name	blau	violett	Blüte	Höhe	Anmerkung
Blaukissen (*Aubrieta*-Hybride, auch violette 'Hamburger Stadtpark', 'Royal Blue')	x		4–5	10	Sorten
Teppichphlox (*Phlox subulata*)	x		4–5	15	wüchsig
Ehrenpreis (*Veronica prostrata* 'Blaufuchs', 'Nana Blauteppich')	x		6–8	10–30	reiche Blüte
Polsterglockenblume (*Campanula gargancia*)	x		6–8	15	kompakter Wuchs
Karpaten-Glockenblume (*Campanula carpatica* 'Blaue Clips')	x		6–8	20	robust
Zwergglockenblume (*Campanula chochleariifolia*)	x		6–8	10	rasenartiger Wuchs
Dalmatiner-Glockenblume (*Campanula portenschlagiana*)	x		6–9	15	reiche Blüte
Hängepolster-Glockenblume (*Campanula poscharskyana* 'Stella'*, 'Blue Gown')	x	x	6–9	15	*violett

nicht nur von Staudengärtnern und Gartencentern angeboten, sondern oft auch auf Wochenmärkten. Der Grund dafür ist sicherlich neben ihrer Unkompliziertheit die hübsche Erscheinung, das schöne und nicht sehr häufig anzutreffende Himmelblau der Glöckchen und die ungewöhnlich lange Blühdauer.

BLUMENZWIEBELN

Wildkrokus

Crocus chrysanthus

○–◑ ⬆10 ✿ 2–3

Der Wildkrokus gehört mit zu den frühesten Blühern im Garten und ist fast zeitgleich mit den Schneeglöckchen zur Stelle. Allein das beweist, um was für ein robustes Gewächs es sich bei dieser Zwiebelpflanze handelt. Mit der Zeit bildet der Wildkrokus größere Bestände, sodass man sich um seinen Erhalt im Beet keine Sorgen machen muss. Wie bei allen Zwiebelblühern gilt: An und um seinen Standort herum wird weder gehackt noch gegraben. Eine zeitgleich blühende Art in ähnlichen Farbtönen ist der gleich hohe Elfenkrokus (*Crocus tommasinianus*). Er ist schlanker und zierlicher, verbreitet sich ebenfalls recht gut und ist genauso robust. Größere Blüten als die beiden genannten Arten hat der Gartenkrokus (*Crocus vernus*). Er wird 15 cm hoch und blüht von März bis April.

Schneeglanz

Chionodoxa luciliae 'Blaustern'

○–◑ ⬆15 ✿ 3–4

Auch der Schneeglanz gehört zu den Zwiebelblühern, der selbst dafür sorgt, dass sich sein Bestand allmählich vergrößert. Dazu ist er ausgesprochen robust und winterhart und fühlt sich im normalen Gartenboden wohl.

Das hübsche Blausternchen macht seinem Namen alle Ehre – mehr Blau geht eigentlich nicht. Und das zeigt es schon im März, egal, wie garstig das Wetter ist.

Das schöne an diesen Knollengewächsen ist, dass sie ausgesprochen anspruchslos sind und trotz ihrer geringen Größe für einen farbenfrohen, unübersehbaren Tuff im Frühlingsbeet sorgen – zu einer Zeit, in der von üppigen Prachtstauden weit und breit noch nichts zu sehen ist.

Blausternchen

Scilla sibirica

○–◑ ⬆10 ✿3–4

Wer sie nicht nebeneinander, sondern an verschiedenen Stellen im Garten sieht, der muss schon genau hinsehen, um Blausternchen und Schneeglanz nicht zu verwechseln. Sie blühen etwa zeitgleich, haben fast die gleiche Höhe, und sie zeigen eine gewisse Ähnlichkeit in ihrer Blütenform, obwohl sie nicht im geringsten miteinander verwandt sind. Was ihre Anspruchslosigkeit, Winterhärte und Robustheit angeht, stehen sich beide in nichts nach, und auch in ihrem Bestreben, ihre Bestände zu vergrößern, sind sie sich sehr ähnlich. Geht es aber darum, das kräftigste und leuchtendste Blau zu präsentieren, geht das Blausternchen eindeutig als Sieger ins Ziel.

Traubenhyanzinthe

Muscari armeniacum

○–◑ ⬆15 ✿4

Von diesem hübschen blauen Zwiebelblüher gibt es mittlerweile verschiedene Farbschläge, die von Azurblau über Mittelblau bis zu Dunkelblau reichen. Welcher Farbton auch immer: Allesamt sind sie unkompliziert, vermehren sich recht gut und sie sind schöne, mit ihren traubenartigen Blüten auch recht auffällige Hingucker im Frühlingsgarten. Hummeln und Bienen mögen sie und auch als Schnittblumen für ein Väschen taugen sie gut. Verblühtes muss nicht unbedingt abgeschnitten werden. Man kann es entfernen, wenn das Laub eingetrocknet ist.

Tulpe

Tulipa

○–◑ ⬆40–60 ✿4–5

Welche Farbe die Tulpe im blau/violetten Beet haben muss, ist eindeutig – Blau oder Violett. Nun ist das mit den blauen Tulpen wie bei den blauen Rosen: Richtiges Blau, wie man es von Vergissmeinnicht oder Enzian kennt, gibt es weder bei Tulpen noch bei Rosen. Die Züchter haben sich der Farbe Blau angenähert, aber rötliche Spuren oder Schattierungen sind noch immer unübersehbar. Der Grund ist einfach: Das Erbgut beider Pflanzen enthält keine Anlagen für die Farbe Blau. So muss man sich also mit Kompromissen begnügen: Entweder mit violetten oder mit blauvioletten Tulpen. Dessen ungeachtet wirken diese Tulpen sowohl im Beet als auch in der Vase ungemein elegant, edel und verbreiten einen Hauch von Extravaganz. Kein Wunder, dass im 17. Jahrhundert halb Europa verrückt nach ihnen war und jeden Preis zahlte.

Zierlauch
Allium sphaerocephalon
○ ⬆60 ✿6–8

In den letzten Jahren ist der Bekanntheitsgrad dieser Zwiebelblumen geradezu raketenhaft in die Höhe geschossen, und da ist von wenige Zentimeter großen Zwergen bis zu eineinhalb Meter großen Riesen und Züchtungen mit kindskopfgroßen Blüten mittlerweile alles im Angebot. *Allium* diente aber jahrtausendelang nicht als Ziergewächs, sondern wurde als Küchengewürz und Heilpflanze in die Gärten geholt, und schon die alten Ägypter kannten und verwendeten sie, die vulgäre Verwandtschaft des Zierlauchs: Zwiebel und Knoblauch, botanisch genauso *Allium* wie Schnittlauch und Porree. Bis auf wenige Ausnahmen möchte der Zierlauch wie die hier genannte Art einen gut dränierten Boden, also etwas Sand oder Kies ins Pflanzloch geben. Dann schaut man nur noch beim Wachsen zu.

Blumenzwiebeln für sonnige Blumenbeete

Name	blau	violett	Blüte	Höhe
Wildkrokus *(Crocus chrysanthus)*	x		2–3	10
Wildkrokus *(Crocus tommasinianus* 'Ruby Giant')	x		2–3	10
Gartenkrokus *(Crocus vernus)*	x		3	10
Schneeglanz *(Chionodoxa luciliae* 'Blaustern')	x		3–4	15
Blausternchen *(Scilla sibirica)*	x		3–4	10
Frühlingssternblume *(Triteleia uniflora)*	x		3–4	30
Anemone *(Anemone blanda)* blau	x		3–4	15
Traubenhyanzinthe *(Muscari armeniacum)*	x		4	15
Tulpe *(Tulipa)*	x	x	4–5	40–60
Blaulilie *(Ixolirion tataricum* Syn. *I. montanum)*	x		5	80
Glockenblaustern *(Scilla non-scipta)*	x		5	20
Anemone *(Anemone coronaria* 'De Cain')	x		5–6	25
Anemone *(Anemone coronaria* 'St. Brigid')	x		6–7	25
Zierlauch *(Allium sphaerocephalon)*	x		6–8	60
Prachtkrokus *(Crocus speciosus)*	x		9–10	10
Herbstkrokus *(Crocus speciosus* 'Conqueror')	x		10–12	10

Prachtkrokus
Crocus speciosus
○–◑ ⬆10 ✿9–10

Der Prachtkrokus gehört zu der gar nicht so kleinen, aber viel zu wenig bekannten Gruppe der herbstblühenden Krokusse. Im Prinzip haben sie die gleichen Ansprüche wie ihre im Frühjahr blühenden Verwandten. Auch der Prachtkrokus ist ausgesprochen robust und winterhart, und er versamt sich willig, sodass sich im Laufe der Jahre immer größere Bestände entwickeln. Alternativ kann der Safran-Krokus *(Crocus savatus)* gepflanzt werden, dessen rote Blütennarben tatsächlich das begehrte Gewürz liefern. Er mag einen gut durchlässigen, mit Sand oder Kies dränierten Boden und er möchte von der Sonne verwöhnt werden. Zwar ist er auch absolut winterhart, versamt sich allerdings nicht. Das muss aber nicht unbedingt von Nachteil sein.

Herbstkrokus
Crocus speciosus 'Conqueror'
○–◑ ⬆10 ✿10–12

Noch ein Herbstkrokus, und ein sehr spät blühender dazu. Er knüpft nahtlos an die Vegetationszeit vom Prachtkrokus an und kann fast als winterblühender Krokus bezeichnet werden, der beinahe schon einen Bogen zu seinen ab Februar blühenden Verwandten schlägt. Wie alle – und gerade die kleinen Zwiebelblüher – wirkt er nur, wenn er in größeren Gruppen gepflanzt wird. Und bitte nicht mit dem Zollstock den Abstand messen und dann die Zwiebelchen im Quadrat oder Rechteck auslegen. Das mag in einem Barockgarten gut aussehen, im Beet hat diese Art der Symmetrie nichts zu suchen.

Auf den ersten Blick wirken die einzelnen Blüten der Traubenhyazinthe wie Perlen, doch bei näherem Hinsehen erkennt man die kleinen geöffneten Glöckchen.

Sonnige Blumenbeete

In diesem Beet unter dem Baum dominieren im Frühling ganz klar die Narzissen in ihrem leuchtenden Gelb. Angesichts dieser Fülle fällt es nicht ins Gewicht, wenn da auch mal ein Strauß für die Vase geschnitten wird.

Ein Traum in Gelb mit einem blauen Akzent durch die Kugeldisteln im Hintergrund. Hauptlieferant für die warmtonige Nuance ist das Sonnenauge im Bildvordergrund, welches die »Sonne« schon im Namen trägt

Zwei, die sich gesucht und gefunden haben: Der Sonnenhut mit seiner auffälligen Blütenmitte und die Fackellilie 'Painted Lady'. Deutlicher als hier wird kaum, woher der Name kommt: unten die gelbe Fackel, oben die orangerote Flamme.

Sonnige Blumenbeete

Frühling

Das erwärmt im Frühjahr Herz und Gemüt – hunderte kleiner Sonnen von Zwiebelblühern, Steinkraut und Gemswurz bringen das Beet zum Leuchten. Und die duftende Winterblüte, die schützend über den Wildkrokussen thront, verströmt ihr intensives Frühlings-Parfüm.

Sommer

Sonnenwärme, Sonnenstrahlen, Sonnenleuchten – Stauden von niedrig bis hoch wetteifern mit dem Himmelsgestirn um Farbintensität und Glanz, Taglilie, Sonnenbraut, Fingerkraut, Schöterich und Montbretie in leuchtendem Orange lodern wie flammende Protuberanzen durchs warme Sonnengelb.

Herbst

Kalendarisch ist der Sommer zu Ende, im Beet noch nicht. Hier geht das Blühen weiter, verstärkt durch die Winterastern, die bis zum November durchhalten. Das schafft bei moderaten Temperaturen auch die hübsche Goldaster.

Winter

Zaubernuss und Winterblüte blasen ab Dezember zum Blüten-Halali, und zeitig im Februar eröffnen Mini-Narzisse, Winterling und Wildkrokus zusammen mit den beiden Gehölzen die Treibjagd auf den Frühling. Den grünen Loden tragen dabei die wintergrünen Goldfetthenne und Nelkenwurz.

Pflanzen für das Blumenbeet in Gelb und Orange

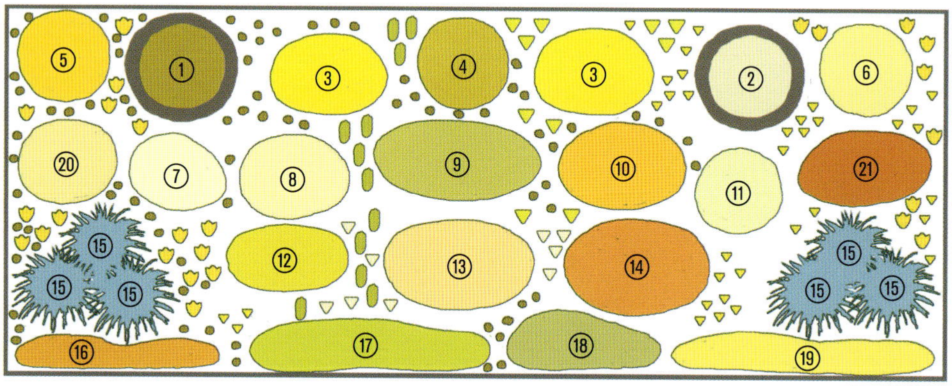

Maße des Blumenbeets: Länge 4 m, Breite 1,5 m

Pflanzenliste für das Blumenbeet in Gelb und Orange

Nr.		Pflanzenname
①	1 ×	Zaubernuss *(Hamamelis × intermedia* 'Diane')
②	1 ×	Winterblüte *(Chimonanthus praecox)*
③	6 ×	Staudensonnenblume *(Helianthus decapetalus* 'Triomphe de Gand')
④	3 ×	Sonnenbraut *(Helenium*-Hybride)
⑤	3 ×	Sonnenhut *(Rudbeckia laciniata* 'Goldquelle')
⑥	3 ×	Goldaster *(Chrysopsis speciosa* 'Sunnyshine')
⑦	3 ×	Mädchenauge *(Coreopsis grandiflora)*
⑧	3 ×	Taglilie *(Hemerocallis)*, orange
⑨	3 ×	Färberkamille *(Anthemis tinctoria)*
⑩	3 ×	Sonnenbraut *(Helenium hoopesii)*, orange
⑪	3 ×	Winteraster *(Dendranthema*-Indicum-Hybride)
⑫	3 ×	Gemswurz *(Doronicum orientale)*
⑬	3 ×	Nelkenwurz *(Geum)*
⑭	3 ×	Fingerkraut *(Potentilla × cultorum* 'Aurora Plena'), orange
⑮	6 ×	Moskitogras *(Bouteloua gracilis)*
⑯	5 ×	Schöterich *(Erysimum*-Hybride 'Orange Flame'), orange
⑰	5 ×	Nachtkerze *(Oenothera macrocarpa)*
⑱	5 ×	Steinkraut *(Aurinia saxatile* 'Compactum')
⑲	5 ×	Goldfetthenne *(Sedum floriferum* 'Weihenstephaner Gold')
⑳	9 ×	Asiatische Lilie *(Lilium)*
㉑	12 ×	Montbretie *(Crocosmia* 'Emily McKenzie'), orange
▽	45 ×	Mini-Narzisse *(Narcissus* 'Tête-à-Tête')
🌷	30 ×	Tulpen *(Tulipa)*
⬮	15 ×	Hyazinthe *(Hyacinthus)*
▼	30 ×	Osterglocken *(Narcissus)*
●	30 ×	Winterling *(Eranthis hyemalis)*
▾	30 ×	Wildkrokus *(Crocus chrysanthus)*

GEHÖLZE

Zaubernuss

Hamamelis × intermedia 'Diane'

○–◑ ⬆ bis 400 ✿ 12–2

Beschreibung siehe Seite 183

Winterblüte

Chimonanthus praecox

○ ⬆ 200–300 ✿ 12–3

Beschreibung siehe Seite 183

BLÜTENSTAUDEN

Gemswurz

Doronicum orientale

○–◑ ⬆ 40–70 ✿ 3–6

Vertragen wird der halbschattige Standort, aber ein Platz an der Sonne in normalem Gartenboden ist dem Frühjahrsblüher weitaus lieber. Bienen und Hummeln lieben ihn, man sollte sich daher überlegen, ob man die Gemswurz für die Vase schneidet, denn auch dort macht sie eine gute Figur. Beide Sorten blühen sattgelb. **Sorten:** 'Little Leo', der Zwerg in dieser Riege, wird nur rund 30 cm hoch. Mit 50 cm ist 'Magnificum' deutlich höher.

Sonnenbraut

Helenium hoopesii

○ ⬆ 60 ✿ 5–6

Sie kam ursprünglich aus Nordamerika zu uns in die Gärten und hat sich den Charme und auch die Robustheit ihrer

Schon im Frühjahr erfreut die Gemswurz 'Finesse' den Gärtner mit ihren Strahlenblüten, die mit der Sonne wetteifern.

wild lebenden Verwandten bewahrt. Ihre Ansprüche sind gering: Ein sonniges Plätzchen in normalem Gartenboden – das ist alles. Sogar gelegentliche, kurzfristige Trockenheit wird vertragen. Sie gehört zu den Sonnenbräuten, die am frühesten im Jahr ihren Flor zeigen, taugt für die Vase und neigt auch nicht zum Wuchern. Mit ihren gut verzweigten Blütenständen in Gelborange ist sie ein echter Hingucker im Beet.

Schöterich

Erysimum-Hybride 'Orange Flame'

○ ⬆10 ✿ 5–7

Der Name »Schöterich« wird vielen Gartenfreunden doch etwas merkwürdig vorkommen, deshalb zur Erklärung: Es handelt sich um eine ausdauernde Form des zweijährigen, frostempfindlichen Goldlacks, den man aus den Bauerngärten kennt. Der Schöterich bildet schöne Polster, die sich mit der Zeit ausbreiten, aber nicht wuchern. Bietet man ihm ein sonniges Plätzchen und eine Handschaufel voll Kies oder Sand ins Pflanzloch, ist er absolut winterhart, denn nicht der Frost macht ihm zu schaffen, sondern zu viel Nässe. Eine Alternative für alle, die die Farbe Orange nicht mögen, ist 'Jubilee Gold' mit goldgelben Blüten. Diese Züchtung wird 30 cm hoch, Ansprüche und Blütezeit wie zuvor beschrieben.

Fingerkraut

Potentilla × cultorum 'Aurora Plena'

○ ⬆40 ✿ 5–7

Diese Kreuzung gehört mit zu den schönsten Blühern unter den Fingerkräutern, dazu kommen erdbeerähnliche, an den Unterseiten silbrige Blätter. Ein sonniger Platz und ein normaler Gartenboden reichen aus, damit sich die robuste Staude im Beet wohlfühlt. Sie wird gerne von Bienen und Hummeln besucht. Die leuchtend orangerote Blüte ist halb gefüllt. Anders als Neuzüchtungen, die erst noch beweisen müssen, ob sie den Ansprüchen der Gartenbesitzer genügen, handelt es sich bei 'Aurora Plena' um eine Pflanze, die sich schon seit vielen Jahren in unzähligen Gärten bewährt hat.

Nelkenwurz

Geum

○–◑ ⬆30–60 ✿ 5–8

Wer die Pflanze nicht kennt, wundert sich darüber, dass diese »Erdbeere« gelb oder orange blüht. Damit ist die horstig wachsende Staude auch schon annähernd be-

Die Nelkenwurz 'Werner Arends' blüht in knalligem Orange und hat Blätter, die an Erdbeerlaub erinnern.

Blütenstauden für sonnige Blumenbeete

Name	Blüte	Höhe	Anmerkung
Gemswurz *(Doronicum orientale)*	3–6	40–70	
Sonnenbraut *(Helenium hoopesii)*	5–6	60	Orange
Schöterich *(Erysimum*-Hybride 'Orange Flame')	5–7	10	Orange, auch als Bodendecker
Fingerkraut *(Potentilla × cultorum* 'Aurora Plena')	5–7	40	Orange
Nelkenwurz *(Geum)* in Sorten, gelb und orange	5–8	30–60	wintergrün
Lupine *(Lupinus*-Hybride, gelb)	6–8	80–100	–
Mädchenauge *(Coreopsis grandiflora)*	6–9	60	–
Mädchenauge *(Coreopsis lanceolata)*	6–9	30–50	–
Mädchenauge *(Coreopsis verticillata)*	6–9	60	–
Färberkamille *(Anthemis tinctoria)*	6–9	30–70	versch. Sorten
Taglilie *(Hemerocallis)*	6–9	50–90	gelbe, orangefarbene Sorten
Riesenflockenblume *(Centaurea macrocephala)*	7–9	150	
Sonnenbraut *(Helenium*-Hybride)	7–9	80–120	gelbe Sorten
Sonnenauge *(Heliopsis helanthoides* subsp. *scabra)*	7–9	80–120	versch. Sorten *
Sonnenhut *(Echinacea*-Hybriden 'Arts' Pride, Sundown')	7–9	70–80	Orange
Sonnenhut *(Rudbeckia laciniata* 'Goldquelle')	7–9	80–100	versch. Sorten
Sonnenhut *(Rudbeckia nitida)*	7–9	200	versch. Sorten
Sonnenhut *(Rudbeckia fulgida)*	7–10	70–80	–
Staudensonnenblume *(Helianthus microcephalus)*	8–10	140–160	#
Staudensonnenblume *(Helianthus decapelatus)*	8–10	100–150	#
Goldaster *(Chrysopsis speciosa)*	8–10	90–130	##
Staudensonnenblume *(Helianthus decapetalus* 'Triomphe de Gand')	8–10	100–150	#**
Winteraster *(Dendranthema*-Indicum-Hybriden Syn.: *Chrysanthemum*-Indicum-Hybriden)	9–11	60–80	gelbe, orangefarbene Sorten

* subsp. = botanische Abkürzung für Unterart,
# Staudensonnenblumen sind winterhart, viel kleinere Blüten als einjährige Sonnenblume.
#** Winterhart wie oben, aber sehr große Blüten.
Es gibt keine gelben Herbstastern-Sorten. Der botanische Name sagt das schon, allerdings handelt es sich bei der Goldaster um eine Asternverwandte, die Raublattastern fast zum Verwechseln ähnelt. Überraschen Sie mal Ihre Nachbarn mit gelben »Raublattastern«.

schrieben. Trocknet der Boden nicht aus, kommt sie ganz gut mit einem sonnigen Platz in normalem Gartenboden zurecht. Sie taugt als Schnittblume, aufgrund ihrer relativ frühen Blütezeit sollte man den Flor aber lieber an der Pflanze belassen, denn Insekten schätzen sie als Nektarquelle.

Sorten: *Geum coccineum* 'Werner Arends', Orangerot, 30 cm; *Geum coccinieum* 'Borisii', orangefarben, 30 cm; *Geum × heldreichii* 'Georgenberg', Orangegelb, 30 cm; *Geum montana* 'Diana', Sattgelb, 30 cm.

Färberkamille

Anthemis tinctoria

○ ⬆70 ✿6–9

Die Färberkamille trägt ihren Namen nicht zu unrecht, denn sie liefert einen gelben Farbstoff, der früher tatsächlich zum Färben von Stoffen verwendet wurde. Ihre Standortansprüche sind auf einen einfachen Nenner zu bringen: Sonne, Sonne und nochmals Sonne, und dazu ein Boden, der durchlässig, um nicht zu sagen trocken ist; geben Sie also eine Handschaufel voll Kies oder Sand ins Pflanzloch. Fertig. Die Färberkamille ist eine ausgezeichnete Bienenweide und ein guter Schnittblumenlieferant. Sie wächst buschig und bildet Horste, die unmittelbar nach der Blüte zurückgeschnitten werden sollten, also schon im September und nicht erst im Spätherbst oder im folgenden Frühjahr.

Sorten: 'Grallagh Gold', Goldgelb, Höhe 80 cm; 'Dwarf Form', Dottergelb, Höhe 40 cm; 'E. C. Buxton', Zitronengelb, Höhe 50 cm; 'Lemon Ice', Hellgelb, Höhe 50 cm.

Mädchenauge

Coreopsis grandiflora

○ ⬆60 ✿6–9

Sie gehören wirklich zu den Dauerblühern unter den Stauden, die Mädchenaugen, die teilweise sogar bis zum November durchhalten. Besser ist es aber, schon im Oktober zur Schere zu greifen und die Pflanze zurückzuschneiden, damit sich noch Überwinterungsorgane bilden können. Der Standort sollte sonnig sein und der Boden ausreichend Nährstoffe bieten, mehr Ansprüche hat das Mädchenauge nicht. Insekten schätzen die Blütenstaude ebenso wie Floristen.

Sorten: 'Rising Sun', Goldgelb mit rotem Auge, halb gefüllt; 'Schnittgold', einfache sattgelbe Blüte; 'Christchurch', leuchtendes Orangegelb; 'Early Sunrise', Dottergelb, halb gefüllt, blüht bis November.

Taglilie

Hemerocallis

○–◑ ⬆50–90 ✿6–9

Neben den verschiedenen Arten tummeln sich bei den Taglilien unzählige Züchtungen und Hybriden in den Beeten und auf den Katalogseiten von Staudengärtnern und Versandgärtnereien, dabei ist von klein- bis großblütig alles vertreten. Taglilienfans und Züchter, vor allem in den USA, scheinen sich gegenseitig darin überbieten zu wollen, immer neue Spezies auf den Markt zu bringen und dabei ist das Sortiment mit vielen Tausend Sorten schon jetzt unübersichtlich genug. Hier kann es daher nur darum gehen, eine kleine Auswahl vorzustellen – als Hingucker im gelben Beet mit orangefarbenen Blüten. Wem diese Farbe missfällt, kann durchaus auf die reiche Auswahl an gelbblütigen Hybriden zurückgreifen. Die Blüten der Taglilien öffnen sich tatsächlich nur für einen Tag, dann sind sie verblüht. Das tut der Freude an den langlebigen Stauden aber keinen Abbruch, denn stattliche Exemplare produzieren in einer Saison bis zu fünfhundert Blüten, sodass die Pflanzen über einen Zeitraum von vier bis sechs Wochen durchblühen. Besondere Ansprüche haben die Taglilien nicht: Normaler Gartenboden reicht aus und an einem sonnigen Standort sind sie blühfreudiger als im Halbschatten, der aber vertragen wird.

Sorten: 'Aten', große Blüten, intensives Orange, Höhe 90 cm, Blüte 7–8; 'Burning Daylight', Orangegelb, große Blüten, Höhe 60 cm, Blüte 8–9; 'Mc Pick', kleinblütig, reines Orange, Höhe 60 cm, Blüte 6–9.

Die Sonnenbraut-Hybride 'Goldrausch' verwöhnt Sie mit einem wahren Rausch goldgelber Blüten.

Sonnenbraut

Helenium-Hybride

○ ⬆80–120 ✿7–9

Die Sonnenbraut hat einen buschigen Wuchs und fühlt sich an einem Platz an der Sonne im ganz normalen Gartenboden wohl. Sie taugt gut als Schnittblume. Typisch ist der »Knubbel« in der Blütenmitte, wie man ihn ähnlich von der Kamille kennt.

Gerne bildet sie zweifarbige Blüten, bei denen es so aussieht, als würden die

Tönungen ineinanderfließen, aber nie als schreiende Farbkontraste, sondern in eher verhaltenen Abstufungen von Gelb, Rot und Braun.

Sorten: 'Kanaria', Sattgelb; 'Blütentisch', Goldgelb; 'El Dorado', Gelb mit braunroter Unterseite; 'Waltraud', Gelb mit kupferfarbenem Verlauf.

Hohe, reingelbe Sorten: 'Rauchtopas', Bernsteinfarben, Höhe 120–140 cm; 'Goldrausch', Goldgelb, Höhe 150 cm; 'Kugelsonne', Buttergelb, Höhe 170 cm. Alle Sorten sollten abgestützt werden.

Sonnenhut

Rudbeckia laciniata 'Goldquelle'

○ ⬆ 80–100 ✿ 7–9

Dieser Sonnenhut besticht dadurch, dass er alle Vorzüge seiner Gattung aufweist: Er wächst kompakt, ist äußerst standfest, dazu robust, und er zeigt lang anhaltenden Flor. Die goldgelben Blüten sind sehr ausdauernd, denn sie sind gefüllt und können daher nicht befruchtet werden. Auch zum Schnitt sind sie gut geeignet und in der Vase lange haltbar. Sonnenhüte wollen sonnig stehen, dazu in einem guten Gartenboden, der nicht austrocknet, denn Trockenheit wird nur sehr schlecht oder gar nicht vertragen.

Goldaster

Chrysopsis speciosa 'Sunnyshine'

○ ⬆ 90–130 ✿ 8–10

Man merkt es schon am botanischen Namen, denn die Aster heißt auch botanisch Aster. Segelt die Goldaster also unter falschem Namen? Nur scheinbar, denn so ziemlich alles an der Pflanze erinnert an eine Raublattaster: Blüten, Blätter und Statur, Höhe und Blütezeit, die Qualifikation als Bienenweide und das Verlangen nach einem sonnigen Standort. Zusätzlich punktet sie damit, dass sie ohne Stützen auskommt, ihre Blüten bei trübem Wetter nicht schließt und auch mal einen oder zwei Tage Trockenheit wegsteckt, man also nicht stehenden Fußes mit der Gießkanne nachhelfen muss. Normaler Gartenboden reicht ihr vollkommen aus. Welch eine Staude!

Stauden-Sonnenblume

Helianthus decapetalus 'Triomphe de Gand'

○ ⬆ 100–150 ✿ 8–10

Mancher Gartenfreund staunt, wenn er hört, dass es winterharte Sonnenblumen gibt. Von der Größe der Blüten können sie zwar mit den einjährigen Riesensonnenblumen nicht mithalten, aber die genannte Sorte bringt es immerhin auf die Größe eines guten Handtellers. Die Art *Helianthus decapetalus* besticht durch ihre Langlebigkeit, den horstigen Wuchs, ihre Standfestigkeit und auch durch ihre

Die Goldaster sieht zwar aus wie eine Aster, ist aber nicht mit ihr verwandt.

Sie hat die wohl größten Blüten aller winterharten Stauden-Sonnenblumen, *Helianthus decapetalus* 'Triomphe de Gand'.

Robustheit gegenüber gelegentlichen Trockenperioden. Wie bei ihren einjährigen Vettern ist ein sonniger Standort in nahrhaftem, nicht zu Staunässe neigendem Boden unabdingbar. Wird Verblühtes regelmäßig entfernt, erscheinen von August bis Oktober unablässig neue Blüten. Staudensonnenblumen sind eine echte Bienenweide und machen auch in der Vase eine gute Figur.
Weitere Sorten: 'Soleil d' Or', gefüllt, Goldgelb, äußerst ausdauernde Einzelblüten, Höhe 120–160 cm; 'Capenoch Star', einfache buttergelbe Blüten (kleiner als bei 'Triomphe de Gand'), Höhe 130 cm.

Winteraster

Dendranthema-Indicum-Hybride (Syn.: *Chrysanthemum*-Indicum-Hybride)

○ ⬆ 60–80 ✿ 9–11

Durch ihre späte Blütezeit macht der Winteraster im Garten kaum noch eine andere Staude Konkurrenz. Allenfalls Knollenpflanzen wie z. B. die nicht winterharte Pompondahlie halten da noch mit, doch auch hinsichtlich der Blütenform ist *Chrysanthemum* eine echte Alternative: Es gibt Hybriden, die pomponähnliche Blüten haben, andere blühen einfach, gefüllt oder halb gefüllt. Sonne und ein nährstoffreicher Gartenboden reichen der Winteraster, nur in Sachen Winterschutz verlangt sie etwas Aufmerksamkeit. Man schneidet sie erst im Frühjahr zurück, lässt also das Laub im Winter stehen und steckt um sie herum ein paar Tannenzweige als Schutz vor Frost und Winternässe zeltartig in den Boden. Natürlich werden ins gelbe Beet nur gelbe Sorten bzw. Hybriden gepflanzt.
Sorten: 'Bienchen', goldgelbe, pomponartige Blüten, Mitte orangefarben; 'Citronella', Zitronengelb, gefüllt; 'Golden Orfe', Dottergelb, gefüllt; 'Ordensstern', Goldbronze, gefüllt.

GRÄSER

Moskitogras

Bouteloua gracilis

○ ⬆ 20–50 ✿ 7–9

Das Moskitogras trägt das Attribut »gracilis«, das für »schlank« steht, in seinem botanischen Namen völlig zu Recht. Es ist tatsächlich ein sehr graziles, horstig wachsendes Gras. Geradezu kurios sind die braunen, bis 5 mm langen Samenschoten: Sie hängen nicht und recken sich nicht steil nach oben, sondern stehen waagrecht von der Pflanze ab. Die Ansprüche der Pflanze sind bescheiden: Sonne und eine Dränage aus Kies oder Sand ins Pflanzloch, das ist alles. Wie alle anderen Gräser wird das Moskitogras nicht im Herbst heruntergeschnitten, sondern erst im Frühjahr.

Gräser für sonnige Blumenbeete

Name	Blüte	Höhe	Anmerkungen
Gartensandrohr *(Calamagrostis acutiflora* 'Karl Foerster')	7	80–180	Blüte gelblich-beige
Moskitogras *(Bouteloua gracillis)*	7–9	20–50	trockener Standort
Plattährengras *(Chasmanthium latifolium)*	8–10	80	im Herbst gelb, Ähren beige
Chinaschilf *(Miscanthus sinensis* 'Pünktchen')	8–10	140	gelb gepunktet
Lampenputzergras *(Pennisetum alopecuroides* 'Compressum')	8–11	70–90	*
Chinaschilf *(Miscanthus sinensis* 'Strictus')	9–10	150–180	#

* gelbliche Blüte, auffällige gelbe Herbstfärbung,
\# Blüte selten, gelb gestreifte Halme (Stachelschweingras)

BODENDECKER

Steinkraut
Aurinia saxatile 'Compactum Goldkugel' (Syn.: *Alyssum saxatile)*
○ ⬆ 20 ✿ 4–5

Wenn die meisten Stauden gerade einmal anfangen durchzutreiben und lediglich Tulpen und Narzissen Flor zeigen, steht das Steinkraut bereits in voller Blüte. Kein Wunder, dass es von Bienen und Hummeln umschwärmt wird, zumal es auch noch zart duftet. Die Pflanze ist in Europa heimisch und wird auch gerne in Steingärten eingesetzt. Dementsprechend möchte das Steinkraut gerne sonnig stehen und etwas Sand oder Kies im Pflanzloch finden. Schneidet man sie gleich nach der Blüte zurück, bleiben die Polster schön kompakt.

Diese polsterförmige Nachtkerze 'Gelber Zwerg' blüht unermüdlich von Juni bis September.

Nachtkerze
Oenothera macrocarpa (Syn.: *Oenothera missouriensis)*
○ ⬆ 15 ✿ 6–9

Im Allgemeinen kennt man Nachtkerzen als höhere Pflanzen, die genannte Art ist dagegen eine polsterbildende Nachtkerze, die auch durch ihre lange Blütendauer besticht. Ihre hellgelben hübschen Schalenblüten sind eine nicht zu übersehende Einladung an unsere Honig und Nektar sammelnden Insekten. Die Ansprüche der ursprünglich aus Nordamerika stammenden Staude sind leicht zu erfüllen: Sonnig soll der Standort sein und der Boden gut durchlässig, also auch hier wieder eine Handvoll Sand bzw. Kies ins Pflanzloch geben.

Goldfetthenne
Sedum floriferum 'Weihenstephaner Gold'
○ ⬆ 15 ✿ 6–8

Die Fetthennen, insbesondere die niedrigen Fetthennen wie 'Weihenstephaner Gold', sind sowohl für ihre Anspruchslosigkeit bekannt als auch für ihre Eigenschaft, Teppiche zu weben, sprich: Sie sind ideale Bodendecker. Da macht die beschriebene Sorte keine Ausnahme, und sie ist wie die meisten ihrer Verwandten zudem wintergrün. Das muss man in diesem Fall nicht wörtlich nehmen, denn die ansonsten sattgrünen Blätter verfärben sich unter Frosteinwirkung bräunlich. Die Ansprüche der Pflanze lassen sich kurz und knapp auf einen Nenner bringen: ganz viel Sonne. Ideal für fast alle Plätze im Garten, sie taugt sogar zur Dachbegrünung.

Die Goldfetthenne sieht mit ihren saftig grünen Blättern auch vor und nach der Blüte hübsch aus. Sie behält ihr Laub auch im Winter, das dann allerdings eine bräunliche Färbung annimmt.

Bodendecker für sonnige Blumenbeete

Name	Blüte	Höhe	Anmerkungen
Steinkraut *(Aurinia saxatile* 'Compactum')	4–5	20	Blüte duftet
Zwergfingerkraut *(Potentilla neumanniana)*	4–7	10	sandiger Boden
Steinkraut *(Alyssum montanum* 'Berggold')	5–6	20	goldgelbe Blüte
Mauerpfeffer *(Sedum acre)*	6–7	5	rasenartiger Wuchs
Nachtkerze *(Oenothera macrocarpa)*	6–9	15	große Blüten
Goldfetthenne *(Sedum florifeum* 'Weihenstephaner Gold')	6–8	15	immergrün

spätestens aber im September. Nach dem Kauf werden sie über Nacht gewässert und gleich eingepflanzt. Ganz sicher gelingt die Ansiedlung im Beet, wenn man im Frühjahr beim Gärtner, auf dem Markt oder im Gartencenter getopfte Exemplare kauft, die durchaus schon blühen können. Der Pflanzcontainer wird gut gewässert, und dann wird gleich an die vorgesehene Stelle im Beet gepflanzt. So siedelt man das Zwiebelgewächs auf Dauer zuverlässig im Garten an.

BLUMENZWIEBELN

Wildkrokus

Crocus chrysanthus

○–◑ ⬆10 ✿ 2–3

Welches Kriterium muss der Wildkrokus im gelben Beet erfüllen? Klar, er muss gelb sein. Ungeachtet der Farbe ist er fast zeitgleich mit Schneeglöckchen und Winterling zur Stelle und sorgt für zusätzliche Farbtupfer im noch winterlichen Beet. Wer so früh schon Flagge zeigt, muss hart im Nehmen sein, und das trifft auf diesen Zwiebelblüher durchaus zu. Trotz der rauen Witterung zur Blütezeit versamt er sich und sorgt so zur Freude des Gärtners langsam aber stetig für immer größere Bestände. Wer größere Blüten mag, greift zum Gartenkrokus *(Crocus vernus)*. Der wird 15 cm hoch, blüht aber später, nämlich erst ab März, dann aber bis April.

Winterling

Eranthis hyemalis

◑ ⬆10 ✿ 2–3

Ein Winterling in einem sonnigen Beet ist eigentlich ein Unding, und trotzdem ist er hier aufgeführt. Warum? Er wächst zu Füßen eines Gehölzes, wird also vom späten Frühjahr bis zum Herbst beschattet. Das bekommt ihm, denn Sonne zur Blütezeit wird gerne akzeptiert. Im Prinzip ersetzt der Winterling im gelben Beet das Schneeglöckchen, da er zur selben Zeit blüht. Das ist aber nicht die einzige Gemeinsamkeit, denn seine Knollen reagieren ebenso empfindlich auf Trockenheit wie der weiße Frühlingsbote. Winterlinge vertragen keine längere Lagerung, also kauft man die Zwiebeln möglichst früh,

Mini-Narzisse

Narcissus 'Tête-à-Tête'

○–◑ ⬆15–20 ✿ 2–4

Sie gehören nicht nur zu den kleinsten, sondern auch zu den frühesten Blühern unter den Trompeten-Narzissen und wirken wie die Kinder der großen goldgelben Osterglocken, die ihren Auftritt erst im April haben. Wie ihre hochgewachsenen Verwandten beeindrucken sie durch ihre

Dieses Bild zeigt deutlich, wie hart im Nehmen der Winterling ist. Er ist ein Muss im gelben Beet.

Im Gegensatz zu Tulpen und Narzissen werden die herrlich duftenden Hyazinthen viel zu selten im Garten gepflanzt, dabei sind sie absolut winterhart und kommen jedes Jahr wieder. Hier die Sorte 'Gipsy Princess'.

Robustheit, auch und gerade gegenüber Wind und Wetter, diese Witterungsbedingungen sind ja zu dieser Jahreszeit alles andere als pflanzenfreundlich. In milden Wintern schon im Februar, sonst aber spätestens im März sind diese mehrblütigen Zwiebelgewächse im Garten zuverlässig zur Stelle.

Hyazinthe
Hyacinthus

○–◑ ⬆15 ✿4

Es gibt wohl kaum jemanden, der diese Zwiebelgewächse nicht kennt. Man kann sie vorgetrieben im Gartencenter kaufen oder selbst in sogenannten Hyazinthengläsern antreiben, und so erfüllen sie schon zur Weihnachtszeit die Zimmer mit ihrem Duft. Empfindliche Menschen können auf den Duft allerdings mit Kopfschmerzen reagieren, sodass in diesem Fall die Hyazinthen im Beet besser aufgehoben sind. Dort verbreiten sie zwar auch ihr Parfüm, es wird aber nicht so stark wahrgenommen wie in geschlossenen Räumen. An und für sich vollkommen unproblematisch und winterhart, schätzen Hyazinthen wie Tulpen eine Dränage aus Sand oder Kies im Pflanzloch. Es ist wohl unnötig zu sagen, dass es im gelben Beet gelbe Sorten sein müssen. Es bleibt allerdings dem Geschmack des Gärtners überlassen, ob er zarte Pastelltöne wählt oder farbintensive Exemplare setzt.

Osterglocken
Narcissus

○–◑ ⬆35–55 ✿4–5

Vielleicht wäre Narzisse der bessere Ausdruck, denn etlichen Sorten hat man die Glocken regelrecht weggezüchtet. Sie zeigen sich gefüllt, halb gefüllt, mit Krönchen oder gar mit regelrechten Blütenbüscheln. Egal, Hauptsache sie sind in diesem Fall gelb. Wollte man einem Zwiebelblüher die Goldmedaille für Unkompliziertheit verleihen, wäre die Osterglocke einer der heißesten Anwärter darauf. Zuverlässig ist sie jedes Jahr wieder zur Stelle, vermehrt sogar oft im Laufe der Jahre ihre Bestände und bleibt unangetastet von den gefräßigen Wühlmäusen. Wie bei allen Zwiebelpflanzen belässt man die Blätter, bis sie verwelkt sind, mit dieser Pflege können Narzissen Freunde fürs Leben werden.

Tulpen
Tulipa

○–◑ ⬆30–50 ✿4–5

Bei Tulpen hat der Gartenfreund natürlich die Qual der Wahl – nicht bei der Farbe, denn die ist in diesem Fall natür-

Blumenzwiebeln für sonnige Blumenbeete

Name	Blüte	Höhe	Anmerkung
Wildkrokus *(Crocus chrysanthus)*	2–3	10	gelbe Sorten
Winterling *(Eranthis hyemalis)*	2–3	10	giftig!
Mini-Narzisse *(Narcissus* 'Tête à Tête')	2–4	15–20	in Gruppen pflanzen
Zwergnarzisse *(Narcissus asturiensis)*	3	8–10	saurer Boden
Reifrocknarzisse *(Narcissus* 'Golden Bells')	3	15	hübsche Blüte
Gartenkrokus *(Crocus vernus)*	3–4	12	gelbe Sorten
Miniaturnarzisse *(Narcissus* 'Rip van Winkle')	4	10	grünlicher Hauch
Waldtulpe *(Tulipa sylvestris* Syn. *T. australis)*	4	25	sternförmige Blüte
Hyazinthe *(Hyacinthus)*	4	15	Gelb, Orange
Narzissen, Osterglocken *(Narcissus)*	4–5	35–55	viele Sorten #
Kaiserkrone *(Frittilaria imperialis* 'Lutea')	4–5	90	als 'Aurora' orange
Tulpen *(Tulipa)*	4–5	30–50	gelbe, orangefarbene Sorten
Hundszahn *(Erythronium revolutum)*	4–5	30–40	gelbe Sorten
Zierlauch *(Allium moly)*	5	15	–
Asiatische Lilie *(Lilium)*	6–7	60–100	auch orangefarben
Lilie *(Lilium speciosum* 'Citronella')	6–7	120	bis zu 20 Trauben-blüten
Hängelauch *(Allium flavum)*	7–8	30–60	gelbe Sorten
Montbretie *(Crocosmia* 'Emily McKenzie')	7–10	60	Orange
Goldkrokus *(Sternbergia lutea)*	10	10	*

* trockener Standort, Schutz im Winter vor Frost und Nässe
# alternativ gelbe Narzissen mit orangefarbener Trompete

lich Gelb – aber bei der Sorte. Breit- oder schmalblütig, gefüllt oder ungefüllt, hoch oder niedrig wachsend, früh oder spät blühend. Da heißt es dann: Gepflanzt wird, was gefällt. Die Ansprüche der Gartensorten entsprechen sich, auch wenn das Aussehen noch so unterschiedlich ist. Normaler Gartenboden und etwas Sand als Dränage ins Pflanzloch erfüllen alle Ansprüche der Zwiebelblüher. Verblühtes wird abgeschnitten, denn die Samenbildung kostet die Pflanze unnötige Kraft. Die Blätter werden erst entfernt, wenn sie welk geworden sind. Damit Tulpen in der Vase nicht endlos weiterwachsen, stellen Sie sie an einen sonnigen Platz. Bremsend wirkt auch, nur so viel Wasser einzufüllen, dass die Stielenden eben bedeckt sind. Nachfüllen nicht vergessen.

Asiatische Lilie

Lilium

○ ⬆60–100 ✿6–7

Viele asiatische Liliensorten werden als Hybriden in zahlreichen Farben angeboten, im gelben Beet zählt natürlich nur die Farbe Gelb. Asiatische Lilien sind relativ robust und bieten auch dem mit diesem Zwiebelgewächs nicht vertrauten Gärtner die Möglichkeit, solch exotische Schönheiten in seinen Beeten zu pflegen. Am sonnigen Standort, in gutem Gartenboden und mit einer Handvoll Sand als Dränage im Pflanzloch zeigen die im Herbst gepflanzten, winterharten Knollen schon im nächsten Sommer ihren prachtvollen Flor. Verblühtes wird abgeschnitten, um die kräftezehrende Samenbildung zu unterbinden, der beblätterte Stängel bleibt bis zum Herbst stehen.

Montbretie

Crocosmia 'Emily McKenzie'

○ ⬆60 ✿7–10

Nicht nur der Name klingt exotisch, auch die ganze Pflanze und vor allem die Blüten wirken so. Mit den schwertförmigen Blättern kann das Zwiebelgewächs seine Verwandtschaft zur frostempfindlichen Gladiole nicht leugnen, ist selbst aber soweit winterhart, dass es mit einer Abdeckung aus Laub, Fichtenreisern o. Ä. im Allgemeinen die kalte Jahreszeit gut übersteht. In ungünstigen Gegenden mit strengen Wintern ist es allerdings sicherer, die Knollen im November auszugraben und wie Gladiolen und Dahlien kühl und trocken im Keller zu lagern und im April wieder ins Beet zu pflanzen.

Gilt die Rose als Königin der Blumen, so hat die Lilie zumindest die Fürstenkrone verdient, hier *Lilium asiaticum* 'Golden Pixie'.

Hier lässt sich gut entspannen. Die Mauern im Hintergrund vermitteln Geborgenheit und sorgen für Sichtschutz, das Grün der Blätter wirkt beruhigend, und die weißen Blüten verbreiten heitere Gelassenheit.

Klar und rein ist die Farbe Weiß, wie frisch gewaschen wirken Blätter und Blüten. Kontraste prägen die unterschiedlichen Blütenformen, aber sie rivalisieren nicht, sondern harmonieren miteinander.

Eine Komposition in Weiß, mit weiß blühenden Solisten und einem grünen Orchester an der Seite. Jeder spielt seinen Part in diesem Pflanzenkonzert, und kein Misston stört den Wohlklang im Beet.

Dieser Standort wird nicht gerade von der Sonne verwöhnt, und trotzdem ist diese Rabatte hell, freundlich und erfüllt vom Licht unzähliger weißer Blüten, die für ein sanftes Leuchten sorgen.

Sonnige Blumenbeete

Frühling

Blütenweiß im wahrsten Sinne des Wortes präsentiert sich der Lenz. Wohlwollend betrachten Duft-Schneeball und Schneeforsythie, beide in unschuldig weißen Flor gewandet, das muntere Zwiebelvölkchen zu ihren Füßen, das von blühenden Bodendeckern wie Gänsekresse und Silberwurz flankiert wird.

Sommer

Vornehm distanziert, fast majestätisch thronen die weißen Stauden im Beet, zu ihren Füßen Thymian und Leimkraut als Bodendecker, Zitter- und Federgras als Staffage. Sie lassen sich von den weißen Blütenwedeln des Chinaschilfs huldvoll etwas Kühlung zufächeln.

Herbst

Das helle Leuchten im Beet setzt sich fort – die Herbstastern halten die Stellung ebenso wie Salbei und Fetthenne. Die Winteraster stößt dazu, und vorne zwischen den verblühten Bodendeckern setzt der Prachtkrokus makellos weiße Akzente. Im Hintergrund steht bereits der Duft-Schneeball in den Startlöchern.

Winter

Sie ist da, die kalte Jahreszeit, aber Duft-Schneeball und Schneeforsythie trotzen ihr. Beide tragen ja schon in ihrem Namen, dass ihnen die weiße Pracht nichts anhaben kann, im Gegenteil, sie blühen jetzt im Winter in makellosem Weiß. Und ab Februar werden sie von Zwiebelblütern begleitet.

Pflanzen für das Blumenbeet in Weißtönen

Maße des Blumenbeets: Länge 4 m, Breite 1,5 m

Pflanzenliste für das Blumenbeet in Weißtönen

Nr.		**Pflanzenname**
①	1 ×	Duft-Schneeball *(Viburnum farreri)*
②	1 ×	Schneeforsythie *(Abeliophyllum distichum)*
③	1 ×	Chinaschilf *(Miscanthus sinensis* 'Kleine Fontäne')
④	3 ×	Zittergras *(Briza media)*
⑤	3 ×	Federgras *(Stipa capillata)*
⑥	3 ×	Herbstaster (Glattblattaster – *Aster novi-belgii* 'Weißes Wunder')
⑦	3 ×	Herbstaster (Raublattaster – *Aster novae-angliae* 'Herbstschnee')
⑧	3 ×	Lupine *(Lupinus*-Hybride 'Fräulein')
⑨	3 ×	Sonnenhut *(Echinacea purpurea* 'Alba')
⑩	3 ×	Indianernessel *(Monarda fistulosa*-Hybride 'Schneewolke')
⑪	3 ×	Knäuelglockenblume *(Campanula glomerata* 'Alba')
⑫	3 ×	Fetthenne *(Sedum spectabile* 'Star Dust')
⑬	3 ×	Salbei *(Salvia nemorosa* 'Schneehügel')
⑭	3 ×	Perlkörbchen *(Anaphalis triplinervis)*
⑮	3 ×	Winteraster *(Dendranthema*-Indicum-Hybride)
⑯	3 ×	Federnelke *(Dianthus plumarius* 'Albus')
⑰	3 ×	Heidenelke *(Dianthus deltoides* 'Albus')
⑱	5 ×	Gänsekresse *(Arabis caucasica)*
⑲	5 ×	Silberwurz *(Dryas × sundermanii)*
⑳	5 ×	Thymian *(Thymus serpyllum* 'Albus')
㉑	5 ×	Leimkraut *(Silene uniflora* 'Weißkehlchen')
○	60 ×	Prachtkrokus *(Crocus speciosus* 'Albus')
♡	30 ×	Tulpe *(Tulipa)*
▼	30 ×	Osterglocken *(Narcissus)*
0	30 ×	Schneeglöckchen *(Galanthus nivalis)*
▽	30 ×	Wildkrokus *(Crocus chrysanthus)*

GEHÖLZE

Schneeforsythie

Abeliophyllum distichum

○ ⬆ 150 ✿ 1–4

Beschreibung siehe Seite 186

Duftschneeball

Viburnum farreri (Syn.: *V. fragans*)

○ ⬆ 250–300 ✿ 11–4

Beschreibung siehe Seite 186

BLÜTENSTAUDEN

Federnelke

Dianthus plumarius 'Albus'

○ ⬆ 20–30 ✿ 5–7

Die Federnelke bildet dichte Polster, die mit den Jahren immer üppiger werden, aber nicht wuchern oder andere Stauden verdrängen. Alle Federnelken duften, schmeicheln also Auge und Nase gleichermaßen. Sie lieben einen sonnigen Platz und wachsen in jedem normalen Gartenboden.
Weitere Sorten: 'Maischnee' und 'Alba Plena' zeigen gefüllte Blüten.

Salbei

Salvia nemorosa 'Schneehügel'

○ ⬆ 40 ✿ 5–9

Als Heil- und Küchenkraut taugt dieser Salbei nicht, er ist eine reine Zierpflanze mit buschigem Wuchs. Seine aufrechten kerzenartigen Blüten zeigen sich von Mai

Sie wirken wahrlich wie zarter Vogelflaum, die duftenden Blüten der Federnelke, die über dem grünen Polster zu schweben scheinen.

bis Juli. Wird die Pflanze danach zurückgeschnitten, präsentiert sie ihren Flor auch noch ein zweites Mal im September – sehr zur Freude von Biene, Schmetterling & Co. *Salvia nemorosa* kommt recht gut mit trockenen Standorten zurecht, Staunässe bekommt ihm gar nicht. Etwas Sand oder Kies ins Pflanzloch ist hilfreich. Eine andere weiße Sorte ist 'Adrian' – Größe, Ansprüche und Blütezeit sind die gleichen wie bei der Sorte 'Schneehügel'.

Perlkörbchen

Anaphalis triplinervis

○ ↑ 30–40 ✿ 6–8

Je nach Standpunkt des Betrachters spricht man bei dem kompakt wachsenden, horstigen Perlkörbchen vom weißfilzigen oder vom silberfarbigen Laub, aber wie auch immer: Allein die dekorativen Blätter sind es schon wert, diese unkomplizierte Staude in seinem Beet zu pflanzen.
Die weißen Blüten, die durchaus einen silbrigen Schimmer zeigen können, erinnern an Strohblumen, sind prima zum Schnitt geeignet und machen sich auch als Trockensträuße sehr dekorativ.
Sorten: 'Sommerschnee', 'Silberregen'.

Heidenelke

Dianthus deltoides 'Albus'

○ ↑ 15–20 ✿ 6–8

Man könnte meinen, Nelke ist Nelke, aber weit gefehlt. Auch Heidenelken wollen einen Platz an der Sonne, aber dazu auch einen trockenen Standort. Man gibt eine Handschaufel voll Kies oder Sand ins Pflanzloch, um die richtigen Bedingungen zu schaffen. Heidenelken duften nicht und sie wachsen teppichartig, taugen also auch als zahmer Bodendecker. Sinnvollerweise schneidet man die Blüten nicht ab, sondern lässt die Pflanze aussamen.
Da die Staude nicht besonders langlebig ist, sorgt sie so selbst für ihre Arterhaltung, d. h., man muss dann nicht alle paar Jahre nachpflanzen und neue Heidenelken kaufen. Überflüssige Sämlinge zupft man einfach aus.

Lupine

Lupinus-Hybride 'Fräulein'

○ ↑ 80–100 ✿ 6–8

Eigentlich kennt sie jeder, die Kerzenblüten der Lupinen, obwohl sie in den letzten Jahren nicht mehr so häufig in den Gärten anzutreffen sind. Das ist eigentlich schade, denn die Pflanze taugt als Schnittblume, ist pflegeleicht und blüht sogar ein zweites Mal im Juli/August nach, wenn sie gleich nach der Blüte zurückgeschnitten wird – aber keinesfalls unter Handhöhe.

Viel zu selten in den Gärten: das völlig unkomplizierte Perlkörbchen.

Sonnige Blumenbeete

Blütenstauden für sonnige Blumenbeete

Name	Blüte	Höhe	Anmerkung
Frühlingsmargarete *(Leucanthemum vulgare)*	5–6	50	anspruchslos
Federnelke *(Dianthus plumarius* 'Albus')	5–7	20–30	duftet
Margerite *(Leucanthemum maximum)*	5–8	60–80	auch gefüllte Sorten
Salbei *(Salvia nemorosa* 'Schneehügel')	5–9	40	Schnittblume
Perlkörbchen *(Anaphalis triplinervis)*	6–8	30–40	silbergraues Laub
Heidenelke *(Dianthus deltoides* 'Albus')	6–8	15–20	Teppich bildend
Lupine *(Lupinus*-Hybride 'Fräulein')	6–8	80–100	weiße Sorten
Sonnenhut *(Echinacea pupurea* 'Alba')	6–9	80–100	–
Knäuelglockenblume *(Campanula glomerata* 'Alba')	7–8	60	Schnittblume
Indianernessel *(Monarda fistulosa*-Hybride 'Schneewittchen', 'Schneewolke')	7–9	80–100	weiße Sorten
Fetthenne *(Sedum spectabile* 'Star Dust', 'Iceberg')	8–9	50	ausdauernd
Kissenaster *(Aster dumosis)*	8–9	30–40	
Herbstaster *(Aster novae-angliae* 'Herbstschnee')	8–10	120	weiße Sorten
Herbstaster *(Aster novi-belgii* 'Weißes Wunder')	8–10	120	weiße Sorten
Winteraster *(Dendranthema*-Indicum-Hybriden Syn.: *Chrysanthemum*-Indicum-Hybriden)	8–11	60–80	weiße Sorten
Christrose *(Helleborus niger)*	12–3	25–30	Winterblüte, giftig!

Als Schmetterlingsblütler lebt die Lupine in Symbiose mit sogenannten Knöllchenbakterien an ihren Wurzeln (wie z. B. auch Erbsen und Bohnen), d. h., sie versorgt sich selbst mit Stickstoff. Düngen ist also überflüssig.

Sonnenhut

Echinacea purpurea 'Alba'

○ ⬆80–100 ✿6–9

Der Sonnenhut war in unseren Gärten ursprünglich ein Zuwanderer, der aus den Prärien Nordamerikas stammt. Normaler Gartenboden mit entsprechendem Nährstoffangebot und ein sonniger Platz sagen der Pflanze zu. Sie wächst horstig, straff aufrecht, ist standfest und taugt ganz vorzüglich als Schnittblume. Auch Insekten lieben sie, ganz besonders die Schmetterlinge.
Mittlerweile scheinen sich die Züchter darin zu überbieten, die ausgefallensten Farben und die absonderlichsten Formen zu präsentieren und alljährlich als Neuheiten auf den Markt zu bringen. Dazu gehört auch die Sorte 'Kim's Mophead', sie blüht cremeweiß mit grüner Mitte. Sie ist reich blühend und wird nur maximal 50 cm hoch.

Knäuelglockenblume

Campanula glomerata 'Alba'

○ ⬆60 ✿7–8

Glockenblumen kennt sicherlich jeder, umso verblüffter wird man aber sein, wenn man vor dieser Pflanze steht und erfährt, dass diese Blütenknäuel zu einer *Campanula* gehören – von Glocken ist auch nicht das Geringste zu sehen. Das tut ihrer Beliebtheit aber keinen Abbruch, denn sie wuchs schon in den Bauerngär-

Fast noch beeindruckender als der Strahlenkranz des Sonnenhutes 'Alba' ist die kuppelförmige Blütenmitte.

Erst bei genauem Hinsehen bemerkt man, dass es sich um die Knäuel-Glockenblume 'Alba' handelt.

ten unserer Vorfahren und ist bis heute ein beliebter Vasenschmuck. Normaler Gartenboden, Sonne und etwas Sand oder Kies im Pflanzloch genügen der Knäuelglockenblume. Das spornt sie allerdings auch an, die nähere Umgebung zu erkunden, sprich, sie breitet sich gerne aus. Wer das nicht mag, sticht den Wurzelballen von Zeit zu Zeit einfach ab.

Indianernessel

Monarda fistulosa-Hybride 'Schneewolke'

○ ⬆80–100 ✿7–9

Auch die Indianernessel ist ein Einwanderer aus den nordamerikanischen Prärien, der ähnliche Ansprüche hat wie der Sonnenhut. Sie kommt aber auch ab und zu mit ein paar Tagen Trockenheit zurecht. Die Betonung liegt auf »ab und zu« und »ein paar Tage«, denn länger dauernden trockenen Stand quittiert sie mit Mehltaubefall. Monarden sind wüchsig, d. h., die Pflanzen wachsen durch kurze Ausläufer im Laufe der Zeit zu imposanten buschigen Stauden heran. Die Blüten der Indianernessel sind essbar, dauerhafter als auf dem Teller präsentiert sie sich aber in der Vase.

'Schneewolke' zeigt cremeweißen Flor; reinweiß blüht die 120 cm hohe Sorte 'Schneewittchen'. Ansprüche und Blütezeit sind bei beiden Sorten gleich.

Fetthenne

Sedum spectabile 'Star Dust'

○ ⬆50 ✿8–9

Fetthennen gelten als Wunder an Genügsamkeit im Bezug auf Wasser und Dünger, doch möchten es *Sedum spectabile* nicht ganz so trocken wie andere Arten. Sie mögen allerdings weder feuchte noch nasse Füße, also etwas Splitt oder Sand ins Pflanzloch. Die Spätsommerblüher ziehen Insekten wie Bienen, Hummeln und Schmetterlinge geradezu magisch an, und als Schnittblumen sind sie äußerst ausdauernd. Wie bei den hohen Astern ist weißer Flor bei hohen Fetthennen relativ selten anzutreffen.

Eine andere weiß blühende Sorte ist 'Iceberg', die gelegentlich zu rosa Blüten neigt. Ansprüche, Blütezeit und Höhe sind bei beiden Sorten identisch. Horstiger Wuchs.

Aster

Aster novae-angliae 'Herbstschnee'

○ ⬆120 ✿8–10

Die hohen Herbstastern sind eigentlich aus keinem Garten wegzudenken, da sie zu den Spätsommer- und Herbstblühern gehören und so noch einen reich gedeckten Tisch für Hummeln, Bienen und Schmetterlinge bieten, wenn die sommerlichen Nektarquellen bereits versiegt sind. Für uns Menschen dagegen sind die hohen, vielblütigen Schönheiten eher eine Augenweide im zunehmend blütenärmer werdenden Beet.

Die Raublattastern bilden buschige Horste, die abgestützt werden sollten. Ein Manko dieser Art ist es, dass sich die Blüten abends und bei trübem Wetter schließen, dafür sind sie robuster als die Glattblattastern. Weiß ist bei dieser Art, die von Violett-, Rosa- und Rottönen geprägt wird, eher die Ausnahme.

Als Sorte ist 'Herbstschnee' wohl die bekannteste und bewährteste Züchtung.

Aster

Aster novi-belgii 'Weißes Wunder'

○ ⬆120 ✿8–10

Die Glattblattaster bildet buschige Horste, die im Laufe der Zeit immer mächtiger werden. Stützen sind daher sinnvoll. Glattblattastern ignorieren trüben Himmel und Dunkelheit, präsentieren also auch bei schlechtem Wetter noch ihre Blüten, allerdings sind sie anfällig für Mehltau. Wie Raublattastern wollen sie einen nährstoffreichen Boden, sind jedoch deutlich durstiger als diese; also darauf achten, dass das Erdreich stets feucht ist. Die angegebene Höhe gilt für die Sorte 'Weißes Wunder', die halb gefüllte Sorte 'Bonningdale White' bleibt mit 100 cm Höhe etwas kleiner. Ansprüche und Blütezeit sind bei beiden Sorten gleich.

Winteraster
Dendranthema-Indicum-Hybriden (Syn.: *Chrysanthemum*-Indicum-Hybriden)

○ ⬆60–80 ✿8–11

Die horstig wachsenden Stauden sollten in keinem Garten fehlen, denn der Flor zeigt sich selbst von niedrigen Temperaturen und leichten Frösten unbeeindruckt und hält bis in den November hinein. Winterastern sind bezüglich ihrer Ansprüche durchaus keine Diven, aber ein paar Punkte sollte man beachten: Chrysanthemen werden erst im Frühjahr und nicht im Herbst zurückgeschnitten. Als Schutz vor Frost und Winternässe umsteckt man sie nach der Blüte zeltartig mit ein paar Tannenzweigen. Die Palette der Blütenformen lässt kaum Wünsche offen: Es gibt einfache, halb gefüllte, gefüllte und pomponartige Blüten, wie man sie z. B. auch von den Pompon-Dahlien her kennt.

Sorten: 'Erntekranz', gefüllte, cremefarbene Blüten; 'White Bouquet', pomponartige, cremeweiße Blüten; 'Poesie', halb gefüllte, cremeweiße Blüten.

Sieht man sich die filigranen, duftigen Rispen von *Stipa capillata* an, weiß man, woher Federgräser ihren Namen haben.

GRÄSER

Zittergras
Briza media

○ ⬆30–40 ✿5–7

Gut trockenheitsverträgliches Gras, dessen Rispen sich auch im leichtesten Lufthauch bewegen, daher der Name Zittergras. Die zur Blütezeit grünlich-gelben, herzförmigen Blütchen verfärben sich danach gelblich-beige und eignen sich sowohl im frischen Zustand für die Vase als auch später zu Deko-Zwecken im Trockenblumenstrauß.

Das Zittergras ist anspruchslos, was den Boden angeht und sehr gut winterhart, da es in unseren Breiten heimisch ist. Kurz: Mit dieser Pflanze kann man nichts falsch machen.

Federgras
Stipa capillata

○ ⬆30–80 ✿7–8

Die kompakten Horste kommen ausgezeichnet mit trockenen Böden zurecht und bilden straff aufrechte, silbrige Blüten. Wie alle Federgräser ist die Pflanze ein Sonnenkind, das durchlässige Böden schätzt und sich auch und gerade in kalkhaltiger Erde wohlfühlt. Sand oder Kies im Pflanzloch sorgen für die richtigen Bedingungen. *Stipa*-Arten und -Sorten wuchern nicht, und ihre Rispen und Fruchtstände eignen sich bestens als floristisches Beiwerk für die Vase, wo sie sich lange hält.

Chinaschilf
Miscanthus sinensis 'Kleine Fontäne'

◑ ⬆110–160 ✿7–9

Die hier beschriebene Sorte wirkt mit ihren grazilen, leicht überhängenden Halmen eleganter und nicht so wuchtig wie andere *Miscanthus*-Sorten. Dazu kommt eine verhältnismäßig lange Blühdauer, weil sich fortwährend neue, leicht rosafarbene, silbrige Rispen bilden, die sich auch in der Vase gut machen. Wie alle Gräser wird auch das Chinaschilf erst im Frühjahr abgeschnitten. *Miscanthus* gedeiht in jedem nahrhaften, nicht zu trockenen Gartenboden und ist dankbar für eine Gabe Stickstoffdünger (eine Handvoll Hornspäne) im Herbst.

Gräser für sonnige Blumenbeete

Name	Blüte	Höhe	Anmerkung
Zittergras *(Briza media)*	5–7	30–40	trockener Standort
Flausch-Federgras *(Stipa pennata)*	7	25–50	trockener Standort
Federgras *(Stipa capillata)*	7–8	30–80	trockener Standort
Chinaschilf *(Miscanthus sinensis* 'Kleine Fontäne')	7–9	110–160	–
Chinaschilf *(Miscanthus sinensis* 'Silberfeder')	9–11	200	–

Bodendecker für sonnige Blumenbeete

Name	Blüte	Höhe	Anmerkung
Gänsekresse *(Arabis caucasia)*	4–5	10–15	weiße Sorten
Silberwurz *(Dryas × sundermanii)*	5–6	15	wüchsig
Hornkraut *(Cerastium tomentosum)*	5–7	10–15	Blatt silbergrau
Steinbrech *(Saxifraga paniculata)*	5–6	10	trockenresistent
Leimkraut *(Silene vulgaris* subsp. *maritima* 'Weißkehlchen')	6–8	15	schöne Blüten
Thymian *(Thymus serpyllum* 'Albus')	6–8	5	frosthart

Chinaschilf wuchert nicht, allerdings nehmen die Horste mit zunehmendem Alter an Umfang zu. Für alte, gut eingewachsene Exemplare von 'Kleine Fontäne' oder 'Flamingo' kann man dann durchaus einen guten halben Quadratmeter Fläche im Beet reservieren.
Ähnliche Sorten: *Miscanthus sinensis* 'Adagio' ist der Zwerg im Chinaschilf-Sortiment mit schmalem Laub und silbrigweißen Blütenrispen. Er wird nur 70 bis 100 cm hoch und blüht von September bis Oktober.
Miscanthus sinensis 'Flamingo' ist 'Kleiner Fontäne' von Laubform und Blütenfarbe sowie Höhe recht ähnlich, Blütezeit September bis Oktober.
Miscanthus sinensis 'Yakushima Dwarf' hat ebenfalls schmale, überhängende Blätter und präsentiert seine silbrigen Blütenstände von August bis Oktober. Höhe 80 bis 120 cm.

BODENDECKER

Gänsekresse
Arabis caucasica
◑ ⬆10–15 ✿ 4–5

Die Gänsekresse ist eine der Stauden, die zu den Frühaufstehern im Garten gehören, also schon im Frühjahrsgarten Farbe bekennen und Flor zeigen, wenn Tulpen und Osterglocken blühen. Da sie anspruchslos ist, ist sie eigentlich ein Muss in jedem Garten, zumal sie auch eine ausgezeichnete Bienenweide ist. Als teppichbildende Pflanze taugt sie zudem auch noch ausgezeichnet als Bodendecker, der aber bei Bedarf leicht im Zaum zu halten ist.
Sorten: 'Compacta Schneehaube', weiße Blüte; 'Plena', ebenfalls weiße Blüte, aber gefüllt.

Silberwurz
Dryas × sundermanii
○ ⬆15 ✿ 5–6

Eigentlich ist die Silberwurz ein Zwergstrauch – und Gehölze sind in der Baumschule erhältlich –, aber sie wird als Staude gehandelt und gehört demzufolge zum Sortiment der Staudengärtner.
Die Silberwurz bildet Teppiche, die sich nach und nach ausbreiten, ist sie also ein guter Bodendecker. Ihre Triebe sind nicht krautig wie bei Stauden, sondern verholzt – eben typisch Strauch. Das tut ihrem Einsatz im Beet aber keinen Abbruch, denn die kleinen dunkelgrünen, gezahnten Blätter sind so zahlreich, dass weder Zweige noch nackter Boden durchscheinen. Die kleinen weißen Blüten ähneln stark den Anemonen, und selbst wenn sie verwelkt sind, schmücken noch einige Zeit lang die hübschen fedrigen Samenstände. Bleibt noch zu sagen, dass diese Strauch-Staude bei sonnigem Stand sehr genügsam ist.

Leimkraut 'Weißkehlchen'
Silene uniflora (Syn.: *Silene maritima, Silene vulgaris)*
○ ⬆15 ✿ 6–8

Die Staude mit dem graugrünen Laub breitet sich rasenartig mittels kurzer Ausläufer aus, ist aber keinesfalls ein Wucherer, sondern punktet als zuverlässiger Bodendecker. Auch beim Leimkraut ist ein sonniger Standort Pflicht, ansonsten ist die Pflanze anspruchslos – bis auf einen Punkt: Der Boden sollte durchlässig sein, es kommt also etwas Kies oder Sand ins Pflanzloch. Die weißen Blüten ähneln etwas den Nelken, duften aber nicht. Dafür entschädigt jedoch die lange Blühdauer, denn das Leimkraut zeigt seinen Flor den ganzen Sommer über und nimmt auch die für diese Jahreszeit übliche Trockenperiode nicht übel. Die Staude ist also pflegeleicht und absolut pflanzenswert.

Thymian
Thymus serpyllum 'Albus'
○ ⬆5 ✿ 6–8

Thymus serpyllum in seiner rosa-violett blühenden Form dürfte vielen als der heimische Feldthymian bekannt sein, der als Heilpflanze in Tees und als Würzkraut in der Küche Verwendung findet. Auch die Sorte 'Albus' eignet sich natürlich dafür, sodass man nicht nur einen hübschen Bodendecker im Beet hat, sondern auch den einen oder anderen Zweig abzwicken kann – im wahrsten Sinne des Wortes – für sein leibliches Wohl. Manche Thymianarten und -sorten, die vor allem wegen ihres Zierwertes ins Beet gepflanzt werden, sind etwas mimosig und nicht immer zuverlässig winterhart, der robuste, wintergrüne Feldthymian hat damit keine Probleme. Er verlangt nur einen vollsonnigen Standort, keine Düngung und zur Pflanzung eine Handschaufel voll Kies oder Sand ins Pflanzloch.

BLUMENZWIEBELN

Schneeglöckchen
Galanthus nivalis
○–◑ ⬆10 ✿2–3

Ein Schneeglöckchen zu beschreiben, hieße wahrlich Eulen nach Athen tragen. Dieses Zwiebelblumengewächs kennt wohl jeder, denn es gilt als der erste Frühlingsbote schlechthin. Ist es erst einmal im Garten eingewachsen, vermehrt es sich nach und nach und taucht sogar in Beeten auf, in die das Schneeglöckchen nie gepflanzt wurde. Das liegt daran, dass sich an den Samen Nährstoffpakete befinden. Daran finden Ameisen Geschmack und verschleppen die Päckchen mitsamt den Samen. Eigentlich ist das Zwiebelgewächs absolut robust und unproblematisch, aber ein Manko gibt es: Aus der Erde genommen, trocknet die Knolle rasch aus und wird bei längerer Lagerung auch nicht mehr austreiben. Daher Schneeglöckchen so früh und so frisch wie möglich im Gartencenter oder beim Gärtner kaufen, über Nacht in Wasser legen und am nächsten Tag pflanzen. Im Oktober oder gar im November gekaufte Ware wird kaum noch lebensfähig sein. Ganz sicher wachsen Schneeglöckchen an, die man im Frühjahr vorgetrieben in Töpfen bekommt. Es schadet auch nicht, die Pflanzen in voller Blüte ins Beet zu setzen – sie kommen zuverlässig auch in den Folgejahren wieder zur Blüte und vermehren sich. Wer gefüllte Schneeglöckchen mag, pflanzt von *Galanthus nivalis* die Sorte 'Flore Pleno'.

Wildkrokus
Crocus chrysanthus
○–◑ ⬆10 ✿2–3

Klar, ins weiße Beet gehören weiße Krokusse. Der Wildkrokus erscheint nahezu zeitgleich mit den Schneeglöckchen in

Oft blüht er zeitgleich mit dem Schneeglöckchen oder folgt ihm ein paar Tage später, der Wildkrokus.

Ihrem Beet und ist ein robuster Zwiebelblüher, der sich zuverlässig aussamt und so seine Bestände nach und nach vergrößert. Wer etwas größere Blütenkelche liebt, kann auch stattdessen (oder zusätzlich) den Gartenkrokus *(Crocus vernus)* pflanzen, muss dann allerdings etwas länger auf den Flor warten. Der Gartenkrokus wird 15 cm hoch und blüht von März bis April. Wie bei den anderen Zwiebelblühern gilt: Das Pflanzloch doppelt so tief graben, wie die Knolle dick ist, und das Laub wird erst abgeschnitten, wenn es verwelkt ist. Pflanzt man Blumenzwiebeln in den Rasen, werden diese Stellen also erst sechs bis acht Wochen nach der Blüte gemäht.

Osterglocken
Narcissus
○–◑ ⬆30–50 ✿3–5

Auch hier erfolgt keine Sortenempfehlung, da Ähnliches gilt wie für die Tulpe. Zwar bieten die Osterglocken nicht die Farbenvielfalt der Tulpen, aber auch für sie gilt: Ins weiße Beet kommen weiße Narzissen. Narzissen sind deutlich robuster als Tulpen, was den Standort angeht, kommen ohne Ausnahme mit normalem Gartenboden zurecht und gedeihen im sonnigen wie im halbschattigen Beet gleichermaßen gut. Und noch einen unschätzbaren Vorteil haben Osterglocken: Die Knollen sind giftig, werden daher im Gegensatz zu vielen Blumenzwiebeln, wie z. B. auch die der Tulpen, von den gefräßigen Wühlmäusen verschmäht. Große Verunsicherung trotz der Piktogramme auf der Verpackung und allerlei Hinweisen zur Pflanzung herrscht immer noch in Bezug auf die Pflanztiefe für die Blumenzwiebeln. Hier gilt: Doppelt so tief, wie der Durchmesser der Knolle. Sind das 4 cm, muss das Loch also 8 cm tief sein.

Tulpe
Tulipa
○–◑ ⬆30–50 ✿4–5

Ganz bewusst wurde hier keine besondere Empfehlung gegeben, denn die Sorten dieses Zwiebelgewächses sind zahlreich, und jährlich kommen unzählige neue Züchtungen hinzu. Maßgabe sollte nur ein Kriterium sein: Ins weiße Beet gehören weiße Tulpen. Ob sie nun früh oder spät blühend sind, halbhoch oder

Blumenzwiebeln für sonnige Blumenbeete

Name	Blüte	Höhe	Anmerkung
Schneeglöckchen *(Galanthus nivalis)*	2–3	10	verwildert gut
Wildkrokus *(Crocus chrysanthus)*	2–3	10	weiße Sorten
Märzbecher *(Leucojum vernum)*	3	15	giftig!
Puschkinie *(Puschkinia libanotica)*	3	15	bläulicher Schimmer
Weißsternchen *(Scilla sibirica* 'Alba')	3	10	verwildert gut
Schneeglanz *(Chionodoxa gigantea* 'Alba')	3–4	15–20	bildet Blütenteppiche
Osterglocken, Narzissen *(Narcissus)*	3–5	30–50	weiße Sorten
Hyazinthe *(Hyacinthus)*	4	20	weiße Sorten
Traubenhyazinthe *(Muscari azureum* 'Album')	4	20	–
Tulpen *(Tulipa)*	4–5	30–50	weiße Sorten
Zierlauch *(Allium neapolitanum)*	5	15	–
Anemone *(Anemone coronaria* 'De Caen')	5–6	25	weiße Sorten
Anemone *(Anemone coronaria* 'St. Brigid')	5–6	25	gefüllte Blüten, Weiß
Madonnenlilie *(Lilium candidum)*	6–7	120–150	Pflanzung 8–9, flach
Türkenbundlilie *(Lilium martagon* 'Album')	6–7	100	duftet
Lilien *(Lilium)*	7–8	70–100	weiße Sorten
Hängelauch *(Allium carinatum* subsp. *Pulchellum album)*	7–8	30–60	fast immergrün
Prachtkrokus *(Crocus speciosus* 'Albus')	9–10	10	versamt sich
Herbstzeitlose *(Colcium album)*	9–10	15	giftig!

hoch, gefüllt oder ungefüllt, einfach, gekraust oder in welcher Form auch immer, das soll jeder Gartenbesitzer ganz nach seinem Geschmack entscheiden. Grundsätzlich gilt: Tulpen sind bis auf wenige Ausnahmen Kinder der Steppe, mögen vornehmlich sonnige, allenfalls noch halbschattige Pflanzstellen und keine feuchten oder gar nassen Standorte. Also setzt man sie beim Pflanzen am besten in ein Sand- oder Kiesbett. Nach dem Verblühen werden die Blüten abgeschnitten, um die kräftezehrende Samenbildung zu vermeiden, die Blätter entfernt man erst, wenn sie welk geworden sind. Verwendet man die Tulpen als Schnittblumen, wird nur der Blütenstängel abgeschnitten, die Blätter belässt man an der Pflanze, da das Zwiebelgewächs nur so Reserven in der Knolle anlegen kann, um im nächsten Frühjahr erneut zu blühen.

Prachtkrokus

Crocus speciosus 'Albus'

○–◑ ⬆10 ✿9–10

So mancher Gartenbesitzer staunt, wenn er hört, dass es herbstblühende Krokusse gibt, dabei stammt sogar das teuerste Gewürz der Welt, der Safran, von einem herbstblühenden blauen Krokus: dem Safran-Krokus, den man auch in unseren Gärten anpflanzen kann. Der Traum von der Selbstversorgung dürfte allerdings einen argen Dämpfer bekommen, wenn man weiß, dass für 1 kg Safran die Narben von rund 100 000 Krokusblüten benötigt werden. Der Prachtkrokus liebt einen sonnigen Standort und kommt mit normalem, also nicht zu feuchten Gartenboden gut zurecht. Er versamt sich und bildet im Laufe der Jahre langsam immer größere Kolonien.

Wenn die Tage kürzer werden und der Sommer den Stab an den Herbst übergibt, schlägt die große Stunde für den eleganten Prachtkrokus. So anmutig in blütenreinem Weiß zeigt sich die Sorte 'Alba'.

Halbschattige Blumenbeete

Halbschattige Blumenbeete

Von Blütenstauden, Gräsern und Bodendeckern im Halbschatten

Wenn ein Gärtner einen Standort zwischen Sonne und Schatten definieren soll, fallen ihm wie für den Boden unzählige Attribute ein. Wechselschatten, Streuschatten, absonnig und, und, und. Wir beteiligen uns nicht an solchen Diskussionen über Feinheiten der Sonneneinstrahlung und der Helligkeit, sondern schlagen einfach einen Pflock ein und sprechen bei Standorten, die nicht ausschließlich in der Sonne oder im Schatten liegen, ganz einfach von Halbschatten. Halbschatten herrscht zwischen Sträuchern und im Streuschatten der Bäume im wandernden Schattenwurf von Hecken, Gehölzpflanzungen, Lauben, Mauern und Häusern. Hier erreichen die Sonnenstrahlen den Erdboden nur für einige Stunden am Tag.
Im Prinzip taugen fast alle in den vorherigen Kapitel beschriebenen Blütenstauden, Blumenzwiebeln und Bodendecker auch für den Halbschatten, aber ihre Blütenpracht fällt dann häufig nicht mehr so üppig aus. Mit Ausnahmen. Unter und zwischen laubabwerfenden Gehölzen und Bäumen fühlen sich gerade viele der im Frühjahr blühenden Zwiebelgewächse ausgesprochen wohl.
Auch Lilien, die gerne einen beschatteten Fuß haben und Prallsonne nicht sonderlich schätzen, gedeihen recht gut, sofern sie täglich nur ein paar Stunden Sonne abbekommen. Mit einem müssen Sie allerdings rechnen: Die Pflanze wächst nach dem Licht, und so ist es mit dem streng aufrechten Wuchs im Halbschatten nicht mehr so weit her. Wie kommt das?

Anpassungen an den Lebensraum

Man hat festgestellt, dass Sonnen- und Schattenpflanzen annähernd die gleiche Photosynthese-Leistung haben. Bei der Photosynthese wird Kohlendioxid aus der Atmosphäre aufgenommen und mithilfe von Sonnenlicht in Kohlenhydrate bzw. Glukose umgewandelt. Das klingt nun verwunderlich, aber die Natur hat im Laufe der Zeit ja unzählige Überlebensstrategien entwickelt.

Blattgröße

So besitzen die Schattenpflanzen, wie etwa die Farne meist sehr viele oder größere Blätter, in denen höhere Chlorophyllmengen (Blattgrün) untergebracht werden können als z. B. bei südländischen Sonnenanbetern, die sich oft sogar vor den starken Sonnenstrahlen schützen müssen. Hilfreich sind da kleine Blätter, wie etwa beim Schleierkraut *(Gypsophila)*, Blattlosigkeit wie bei vielen Kakteen, wolliger oder wächserner Blattüberzug wie beim Wollziest *(Stachys)* oder der Geranie *(Pelargonium)* gegen Verdunstung und Sonnenbrand.
Im Halbschatten ist die Bodenfeuchtigkeit in der Regel höher als bei Beeten, die den ganzen Tag in der Sonne liegen. Das stellt für Trockenheit liebende Pflanzen an sonnigen Standorten meist ein größeres Problem dar als die geringere Lichtmenge. Lassen Sie also die Pflanzen, die es sonnig und trocken lieben, auch lieber in einem sonnigen Beet wachsen.

Wuchshöhe

Noch einen Nachteil gibt es bei Pflanzen, die es hell und knallig lieben: Sie wachsen höher, werden lichter und wachsen in der Regel auch schief, d. h., sie orientieren sich nach dem Licht. Warum das nun wieder? Ganz einfach, die Gewächse werden in ihrer Wuchshöhe durch das volle Sonnenlicht gebremst – sie sind kompakter und gedrungener. Da sie im Halbschatten nicht einfach mehr Chlorophyll in den Blättern einlagern können, versuchen sie durch höheren Wuchs und das Ansetzen von Blattwerk im oberen Pflanzenteil mehr Sonnenlicht einzufangen, während die unteren Blätter infolge des Lichtmangels verkümmern. Je heller es im Halbschatten ist, umso weniger ist allerdings mit solchen Begleiterscheinungen zu rechnen.

Verschobene Blühdauer

Pflanzen Sie die Knollengewächse, die Sie in den vorherigen Abschnitten nachlesen konnten, und die Ihnen gefallen haben. Eins sollten Sie dazu noch wissen: Auf dem Beet im Halbschatten kehrt der Frühling gegenüber dem Sonnenbeet erst mit ein paar Tagen Verspätung ein und dadurch verschiebt sich auch die Blühdauer nach hinten. Das ist nicht mal ein Nachteil, denn so können Sie eine zeitlich gestaffelte Blüte in Ihrem Garten erleben.

Gräser im Beet

Stichwort »Gräser«: Sie sind nicht mehr bei den einzelnen Farbbeschreibungen aufgeführt, sondern nachfolgend unter »Begleitstauden« aufgelistet. Warum? Gräser sind überwiegend Sonnenanbeter, die oft schon im Halbschatten verkümmern. Eine Ausnahme bilden Segge *(Carex)*, Rasen-Schmiele *(Deschampsia)*, Hainsimse *(Luzula)* und Pfeifengras *(Molinia)*.
Unter uns gesagt: Als ausgesprochener Gräserfan findet sich in meinem Garten kaum ein Beet – egal ob sonnig oder halbschattig – ohne Gräser. Sie sind ganz einfach schön in ihrer Grazilität, in ihrer eleganten Erscheinung, mit ihren oft einzigartigen Farben und Formen, den filiga-

nen Blüten und den zwischen zart und derb variierenden Blatt- und Halmformen. Dazu kommt, dass sie unglaublich pflegeleicht sind und kaum oder gar nicht von Schädlingen und Krankheiten befallen werden.

Farne und Funkien

Als weitere Begleitstauden im Halbschatten bieten sich auch einige Farne an.
Sie mögen durchaus nicht, wie man oft glaubt, nur das schattige Unterholz, sondern, wie der langsam wachsende, mächtige Königsfarn, vertragen sie sogar ein paar Sonnenstunden, wenn der Boden nur ausreichend feucht ist.
Auch zahlreiche Funkien *(Hosta)*, die man so gerne ins Schattenreich verbannt, mögen es gerne etwas heller, einige Züchtungen vergrünen sogar im Schatten. Diese Stauden blühen sogar ansprechend, in der Regel violett, lila oder weiß, doch den größten Zierwert haben die oft herrlich gezeichneten Blätter. Die Blatthorste der Funkien werden in der Regel zwischen 25 und 40 cm hoch, die Blütenstände stehen zwischen 10 und 30 cm darüber. Funkien blühen zwischen Juni und Juli, Juli bis August und späte Sorten von August bis September.

Grenzgänger

Sämtliche Pflanzen, die hier für den Halbschatten vorgestellt werden, sind auch in der Natur dort heimisch, es gibt also keine dünnen, mickrigen Stängel und unnatürlichen Hochwuchs. Natürlich ist die Auswahl kleiner als bei den Arten und Sorten für das Sonnenbeet, aber Mutter Natur ist da nicht so pingelig. Ist der Standort ausreichend feucht oder wird reichlich gewässert, vertragen sogar die Halbschatten liebenden Pflanzen volle Sonne.
Probieren Sie einfach mal aus, ob die eine oder andere Ihrer Lieblingspflanzen, die Sie in der Auflistung der Sonnenbeete gefunden haben, nicht auch im Halbschatten ihre Schönheit zeigt. Räumen Sie ihr dabei einen Platz im Halbschatten ein, der am meisten bzw. am längsten Sonne bekommt.
Dass die Artenvielfalt im Halbschatten nicht so üppig ist, muss nicht unbedingt ein Nachteil sein. Falls Sie ein Fan von Aurikeln oder Primeln sind, haben Sie bei manchen Farbschlägen vom Frühling bis zum Spätsommer, also von März bis August, ständig die Blütenpracht dieser Ihrer Lieblingsblüten vor Augen.
Übrigens: Den einen oder anderen Vertreter aus dem Sonnenbeet finden Sie auch in den nachfolgenden Kapiteln wieder. Das belegt doch deutlich, wie anpassungsfähig viele Arten sind.

Begleitstauden für halbschattige Blumenbeete

Name	Blüte	Höhe	Anmerkung
Gräser:			
Berg-Segge *(Carex montana)*	3–5	15–20	wintergrün, eher trocken
Schatten-Segge *(Carex umbrosa)*	4–6	10–25	sandiger Boden
Wald-Marbel *(Luzula sylvatica)*	5–6	20–50	wintergrün
Riesen-Segge *(Carex pendula)*	6–7	50–80	wintergrün, eher feucht
Schnee-Marbel *(Luzula nivea)*	6–7	20–50	Bodendecker
Rasen-Schmiele *(Deschampsia caespitosa* 'Goldschleier')	6–7	50–120	eher feucht
Morgenstern-Segge *(Carex grayi)*	7–8	60–80	feuchter Standort*
Reisen-Pfeifengras *(Molinia arundinacea)*	8–10	70–200	eher feucht
Farne:			
Frauenhaarfarn *(Adiatum pedatum)*		50	eher feucht
Brauner Streifenfarn *(Asplenium trichomanes)*		15	dekorativer Wuchs
Frauenfarn *(Athryum filix-femina)*		50–80	eher feucht
Wurmfarn *(Dryopterix filix-mas)*		80–120	wintergrün
Königsfarn *(Osmunda regalis)*		120–150	feucht
Hirschzungenfarn *(Phyllitis scolopendrium)*		30–50	wintergrün, eher feucht
Funkien / Hosta-Arten:			
Riesen-Funkie *(Hosta elata)*	7–8"	70–120	eher feucht
Grünrand-Funkie *(Hosta fortunei* 'Aureomaculata')	7–8"	40–60	gelb mit grünem Rand
Goldrand-Funkie *(Hosta fortunei* 'Aureo-marginata')	7–8"	40–60	grün mit gelbem Rand
Weißrand-Funkie *(Hosta fortunei* 'Francee')	7""	40–60	grün mit weißem Rand
Lanzett-Funkie *(Hosta lancifolia)*	8–9"	30–60	reiche Blüte
Zwerg-Funkie *(Hosta minor)*	7"	15–35	saurer Boden
Blaublatt-Funkie *(Hosta sieboldiana* 'Elegans')	6–7"	50–80	grau-blaue Blätter
Schnee-Funkie *(Hosta sieboldii* 'Snowflakes')	6–7	25–40	weiße Blüte

* morgensternähnliche, stachelige Früchte " Blüte violett "" Blüte lila

Halbschattige Blumenbeete

Hier im Halbschatten spielen Azaleen die Hauptrolle, aber die Gehölze aus der Rhododendron-Familie haben besondere Ansprüche: Sie wollen einen sauren Boden, und der bekommt den meisten anderen Pflanzen nicht.

Wo Farne mit von der Partie sind, macht sich die Sonne rar. Die Buchskugel im Vordergrund steuert wohlgeformtes Grün bei, die Hauptrolle aber spielt der Teppichknöterich 'Superba' mit seinen Variationen in Rosa.

Bei diesem leuchtenden Beet in Rosa und Rot vermisst man die strahlende Sonne nicht. Die lodernd blühenden Prachtspieren und die frostempfindlichen Knollenbegonien haben sich hier zu einer feurigen Allianz zusammengetan.

Zwei schöne Duftrosen, die sich auch im Halbschatten wohl fühlen: Die rosafarbene Ramblerrose 'Albertine' und die Historische (Gallica-)Rose 'Charles de Mills'.

Halbschattige Blumenbeete

Frühling

Wer hat den Blütenreigen bereits zum Jahresanfang eröffnet? Die Lenzrose, aber sie bleibt nicht lange allein. Vorfrühlings-Alpenveilchen und Schneeglanz leisten ihr alsbald Gesellschaft, und auch die Bergenie lässt dann nicht mehr lange auf sich warten. Jetzt begrüßen sie in trauter Eintracht den Frühling.

Sommer

Der Halbschatten blüht auf – in Rosa mit roten Akzenten. Besonders der Gewürzstrauch zeigt dabei eine ungewöhnliche Variante von dunklem Rot. Fast zerbrechlich präsentieren sich die Blüten von Purpurglöckchen und Porzellanblümchen, auffällig dagegen die Blütenlanzen der Prachtspieren.

Herbst

Graue Tage, triste Stimmung? Nein, der Herbst zeigt Farbe – nicht knallig, sondern in Pastell. Mit rosafarbenen Blütenschalen. Herbstanemone und Herbstkrokusse lassen keinen Gedanken an Depressionen aufkommen, vertreiben trübe Gedanken und aufkeimende Lethargie. Und alles ohne Nebenwirkungen.

Winter

Eis, Schnee, Kälte. Alles Leben im Garten ist erstarrt, tot. Tot? Nein, das Beet lebt – und wie. Es blüht! Die Zaubernuß zeigt sich in vollem Flor. So auch die Christrose. Purpurglöckchen und Porzellanblümchen sind wintergrün, und das Vorfrühlings-Alpenveilchen blüht ab Februar.

Pflanzen für das Blumenbeet in Rosa und Rot

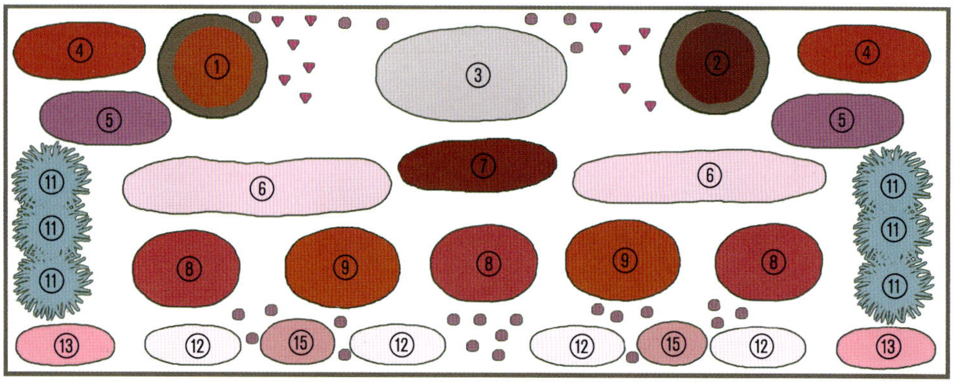

Maße des Blumenbeets: Länge 4 m, Breite 1,5 m

Pflanzenliste für das Blumenbeet in Rosa und Rot

Nr.		Pflanzenname
①	1 ×	Zaubernuss *(Hamamelis × intermedia* 'Diane')
②	1 ×	Gewürzstrauch *(Calycanthus floridus)*
③	9 ×	Herbstanomene *(Anemone japonica*-Hybride 'Königin Charlotte')
④	2 ×	Christrose *(Helleborus*-Hybride 'Rubra')
⑤	2 ×	Lenzrose *(Helleborus orientalis*-Hybride)
⑥	12 ×	Prachtspiere *(Astilbe arendsii*-Hybride 'Glut')
⑦	3 ×	Prachtspiere *(Astilbe japonica*-Hybride 'Europa')
⑧	9 ×	Bergende *(Bergenia*-Hybride 'Rote Schwester')
⑨	6 ×	Purpurglöckchen *(Heuchera sanguinea* 'Leuchtkäfer')
⑩	6 ×	Vorfrühlings-Alpenveilchen *(Cyclamen coum)*
⑪	6 ×	Schneemarbel *(Luzula nivea)*
⑫	20 ×	Porzellanblümchen *(Saxifraga × urbium)*
⑬	6 ×	Alpenveilchen *(Cyclamen hederifolium)*
▼	30 ×	Herbstkrokus *(Crocus serotinus* subsp. *salzmannii)*
●	60 ×	Schneeglanz *(Chionodoxa forbesii* 'Pink Giant')

GEHÖLZE

Zaubernuss

Hamamelis × intermedia 'Diane'

○-◑ ⬆ bis 400 ✿ 12–2

Beschreibung siehe Seite 176

Gewürzstrauch

Calycanthus floridus

○-◑ ⬆ 150–250 ✿ 5–7

Beschreibung siehe Seite 177

BLÜTENSTAUDEN

Lenzrose

Helleborus orientalis-Hybride

○-◑ ⬆ 25–40 ✿ 1–4

Die Lenzrose ist – wie schon der botanische Name vermuten lässt – eine enge Verwandte der Christrose. Sie blüht erst nach dem Jahreswechsel, dafür aber bis in den April hinein. Sie ist ähnlich anspruchslos wie die früher blühende Christrose, schätzt den Halbschatten oder die Pflanzung im Bereich von Sträuchern und Bäumen aber noch ein bisschen mehr als diese. Pralle Mittagssonne mögen beide nicht. Auch die Lenzrose ist wintergrün, äußerst robust und nimmt von Jahr zu Jahr an Statur zu. Außerdem samt sie sich nach und nach aus, dabei müssen die Sämlinge aber nicht unbedingt die Blütenfarbe der Mutterpflanze zeigen. Wer Überraschungen liebt, lässt sie stehen, wer auf Nummer sicher gehen will, zupft sie aus. Beim Umgang mit Lenzrosen und Christrosen immer Handschuhe tragen, weil beide Arten giftig sind. Auch hier sind rote Sorten gefragt wie 'Rote Auslese'.

Vorfrühlings-Alpenveilchen

Cyclamen coum

◑ ⬆ 10–15 ✿ 2–4

Nein, ein Zwiebelgewächs ist das Alpenveilchen nicht, sondern eine Knollenpflanze – und eine unglaublich zähe dazu. In milderen Wintern mit nicht zu strengen Frösten lugt es mit seinen zierlichen Blüten schon im Januar aus dem Beet, oft sogar noch vor den Schneeglöckchen. Kurz nach der Blüte verschwinden auch die kleinen herzförmigen Blätter wieder, und das Vorfrühlings-Alpenveilchen verschläft den Sommer unter der Erde. Die Pflanze versamt sich recht gut und bildet so im Laufe der Jahre größere Bestände. Man kann sie als Knollenware kaufen oder getopft und bewurzelt beim Staudengärtner.

Bergenia

Bergenia-Hybride 'Rote Schwester'

◑ ⬆25–40 ✿4–5

Dieser Staude kann man ihre Robustheit förmlich an den Blättern ablesen: Lederartig und derb zeigt sich das große, rundliche Laub, selbst der aufrechte Blütenstiel ist dick und robust. Und dieser äußere Eindruck täuscht auch nicht: Winternässe kann den aus Ostasien stammenden Bergenien ebenso wenig anhaben wie Trockenheitsphasen. Nun sollte man daraus aber nicht die falschen Schlüsse ziehen. Am besten gedeihen die Stauden nämlich im normalen Gartenboden im Halbschatten. Sie sind wintergrün. 'Rote Schwester' schmückt sich allerdings in der kalten Jahreszeit mit feuerroten Blättern, ist also auch noch während der frostigen Wochen und Monate ein echter Hingucker im Beet.
Es gibt zahlreiche Züchtungen, die vornehmlich in Rot und Rosa blühen, teilweise sogar in Weiß. Eine besondere Sorte ist 'Herbstblüte', Blüte rosa, sie blüht im Oktober ein zweites Mal. Das wintergrüne Laub verfärbt sich dagegen nicht.

Prachtspiere

Astilbe japonica-Hybride 'Europa'

◑-● ⬆50 ✿6–7

Die Astilben der *Japonica*-Gruppe sind kleiner als die *Arendsii*-Hybriden und sie blühen früher, wollen aber die gleichen Standortbedingungen. Die Blüten der *Japonica*-Züchtungen sind lockerer aufgebaut und kleiner, das Blattwerk etwas runder. Auch sie werden bei einem entsprechenden Umfeld Jahrzehnte alt. Alle Astilben eignen sich auch gut als Schnittblumen. Man muss aber gut abwägen, wo sie einem besser gefallen – im Beet oder in der Vase im Haus.

Purpurglöckchen

Heuchera sanguinea 'Leuchtkäfer'

○-◑ ⬆50–60 ✿6–8

Die Purpurglöckchen kamen aus Nordamerika zu uns, mittlerweile gibt es unzählige Hybriden und Züchtungen in den unterschiedlichsten Blattfarben. Sie blühen in allen möglichen Schattierungen von Weiß und Rosa. Die schon seit vielen Jahren bekannte Sorte 'Leuchtkäfer' hat alle Trend- und Modefarben überlebt – mit grünem Blattwerk und leuchtend roten Blüten. Ein normaler Gartenboden reicht der genügsamen Staude, der bei einem sonnigen Standort allerdings immer ausreichend feucht sein sollte. Alle Purpurglöckchen sind wintergrün.

Prachtspiere

Astilbe arendsii-Hybride 'Glut'

◑-● ⬆80 ✿8–9

Große Ansprüche stellt die Prachtspiere nicht, allerdings verträgt sie keine Trockenheit. Der Boden sollte also immer ausreichend feucht sein, dann zeigt sich diese Staude äußerst langlebig. Mit ihrem fiedrigen Laub und den duftigen Blütenrispen gehören die Astilben der Arendsii-Gruppe zu den schönsten Spätsommerblühern im Halbschatten und im Schatten. Man sollte die Prachtspieren nie einzeln pflanzen, sondern stets in Gruppen mit ungerader Zahl (drei, fünf usw.), damit die feinen, federleicht wirkenden Blütenrispen auch gut zur Geltung kommen. Astilben können lange an einer Stelle stehen, sie brauchen aber Zeit, bis sie sich richtig schön entwickelt haben, meist vergehen mehrere Vegetations-Perioden.
Die Sorte 'Glut' zeigt ein leuchtendes Rot und präsentiert dazu noch dunkles Laub, ist also ein doppelter Hingucker.

Alpenveilchen

Cyclamen hederifolium

◑ ⬆10–15 ✿8–9

Bei diesem Alpenveilchen handelt es sich um das Herbst-Alpenveilchen. Im Gegensatz zum Vorfrühlings-Alpenveilchen verschläft es den Frühling und den Frühsommer, bevor im August die Blüten erscheinen. Erst danach schieben sich die Blätter aus dem Boden, die den Winter über grün bleiben und dann nach und nach verschwinden. Auch das Herbst-Alpenveilchen versamt sich, bildet also im Laufe der Jahre größere Bestände aus. Hack- und Grabarbeiten an seinem Standort und im Umkreis sollten daher unterbleiben. Wie auch beim Vorfrühlings-Alpenveilchen, werden die Pflanzen im Handel sowohl als Knolle als auch getopft angeboten.

Unschlagbar robust: wintergrüne Bergenien, hier die Sorte 'Morgenröte'.

Halbschattige Blumenbeete

Blütenstauden für halbschattige Blumenbeete

Name	rot	rosa	pink	Blüte	Höhe	Anmerkung
Lenzrose *(Helleborus orientalis*-Hybride)	x	x	x	1–4	25–40	rote Sorten, giftig!
Vorfrühlings-Alpenveilchen *(Cyclamen coum)*	x	x	x	2–4	10–15	*
Kugelprimel *(Primula denticulata)*	x	x	x	3–4	30	anspruchslos
Gartenprimel *(Primula*-Polyantha-Gruppe)	x	x	x	3–5	20	rosa/rote Sorten
Polsterprimel *(Primula juliae*-Hybride)	x	x	x	3–5	20	rosa/rote Sorten
Kissenprimel *(Primula vulgaris*-Hybriden)	x	x	x	3–5	10	rosa/rote Sorten
Bergenie *(Bergenia*-Hybriden)	x	x	x	4–5	25–40	#
Tränendes Herz *(Dicentra spectabilis)*	x	x	x	5–6	80	##
Götterblume *(Dodecatheon meadia)*	x	x	x	5–6	30–40	##
Herzblume *(Dicentra formosa)*	x	x	x	5–7	30–40	##
Etagen-Primel *(Primula bullesiana*-Hybride)	x	x	x	6–7	40	dekorativ
Fingerhut *(Digitalis purpurea)*	x	x	x	6–7	80–120	sät sich aus, giftig!
Prachtspiere *(Astilbe arendsii*- und *A. japonica*-Hybriden)	x	x	x	6–8	50–100	rosa/rote Sorten
Purpurglöckchen *(Heuchera sanguinea* 'Leuchtkäfer')	x	x	x	6–8	50–60	wintergrün
Alpenveilchen *(Cyclamen hederifolium)*	x	x	x	8–9	10–15	*
Herbstanemone *(Anemone japonica*-Hybriden)	x	x	x	9–11	60–100	rosa/rote Sorten
Christrose *(Helleborus*-Hybride 'Rubra' oder 'Peggy Ballard')	x	x	x	12–3	30–40	giftig!

* Sowohl als Staude als auch als Knolle erhältlich. Treibt im Herbst aus, zieht im Frühsommer ein, wintergrün.

\# Manche remontieren (blühen nochmals im Herbst, z. B. 'Herbstblüte'), andere haben eine schöne Herbst-/Winterfärbung (Blatt rötlich, rot), alle behalten ihre Blätter im Winter.

\## Zieht nach der Blüte ein.

Herbstanemone

Anemone japonica-Hybride 'Königin Charlotte'

◑ ⬆100 ✿9–11

Die Herbstanemonen, die bei der Pflanzung eher klein und zerbrechlich wirken, scheinen auch im zweiten Jahr keine großen Fortschritte zu machen. Erst im dritten Jahr haben sie sich etabliert und entwickeln sich dann mit der Zeit zu breiten Büschen, die auf beängstigend langen und dünnen Stielen elegante Schalenblüten präsentieren – einfach, halb gefüllt oder gefüllt. Die vorherrschende Farbe ist Rosa in zahlreichen Variationen. Bei der Herbstpflanzung ist ein Winterschutz in Form einer Laubabdeckung oder Tannengrün sinnvoll, danach sind die Pflanzen frosthart. Sie mögen Halbschatten und einen guten Gartenboden. Stützen sind weder für die Pflanze noch für die Blüten erforderlich.
Weitere Sorten: 'Bressingham Glow', Rosa, gefüllt; 'Rosenschale', Rosa, einfache Blüte.

Christrose

Helleborus-Hybride 'Rubra'

○–◑ ⬆30–40 ✿12–3

Der Christrose wurden im Laufe der vergangenen Jahrhunderte unzählige Attribute zugeordnet. Man pries sie und bewunderte sie, man bestaunte sie und verklärte sie. Zu unglaublich und zu wundersam ist es, dass sie nicht nur zur kalten Winterzeit noch ihr grünes Laub trägt, sondern Kälte und Frost trotzt und sogar zur Weihnachtszeit blüht. Von dieser Faszination hat sie bis heute nichts eingebüßt, und es ist immer noch etwas Besonderes, zum Fest ein Sträußchen Christrosen zu verschenken. Christrosen sind giftig. Egal, ob man sie pflanzt, Blätter entfernt oder Blüten schneidet, es sollten stets Handschuhe getragen werden.
Die äußerst langlebige Staude nimmt im Lauf der Jahre nach und nach an Umfang zu, sodass es durchaus genügt, sie einzeln zu pflanzen. Besondere Ansprüche stellt sie nicht. Hier sei die Sorte 'Rubra' genannt. Übersetzt man diesen botanischen Begriff ins Deutsche, heißt das schlicht und einfach »Rot« bzw. »rot blühend«. Es ist daher im Prinzip egal, ob man diese Züchtung pflanzt oder eine andere, Hauptsache, sie blüht rot.

GRÄSER

Schneemarbel

Luzula nivea

◑–● ⬆20–50 ✿6–7

Nein, mit einer Hautcreme hat dieses buschige Gras trotz des wissenschaftlichen Namens nichts gemein, denn das lateinische Wort »nivalis« bedeutet »Schnee«. Und damit ist auch die Farbe der büscheligen Blütenstände treffend beschrieben. Die Schneemarbel ist ziemlich anspruchslos und kommt auch mit kurzfristiger Trockenheit gut zurecht. Viele Pflanzen kümmern oder gehen ein, wenn ihnen die Wurzeln von Gehölzen den Lebensraum nebst Wasser und Nährstoffen streitig machen, diese wintergrüne Staude hält dem stand.

BODENDECKER

Porzellanblümchen
Saxifraga × urbium
◑ ⬆5–35 ✿5–6

Dieses Steinbrechgewächs gehört zu den im Garten höchst gerne gesehenen Kandidaten, um die man sich – einmal gepflanzt – nicht mehr kümmern muss. Normaler Boden und Halbschatten genügen der Staude, damit all ihre Ansprüche erfüllt sind. Aus den einzelnen, dunkelgrünen Blattrosetten entstehen nach und nach regelrechte Teppiche, die auch im Winter grün bleiben. Wuchern tut das Porzellanblümchen nicht und wird daher auch gerne verwendet, um unschöne Beetränder zu kaschieren, oder um bestimmte Abschnitte einzufassen oder zu umrahmen.

BLUMENZWIEBELN

Schneeglanz
Chionodoxa forbesii 'Pink Giant'
(Syn.: *Chionodoxa luciliae)*
○–◑ ⬆15 ✿2–4

Er blüht ganz eindeutig rosa, ist aber kein Gigant, sondern hält sich an die übliche Größe des Schneeglanzes. Auch für diesen Zwiebelblüher ist die rosa Farbe nicht typisch, aber sie macht sich sehr hübsch im Frühlingsgarten, der sonst zu dieser Zeit von weißen, gelben, blauen und lila Krokussen dominiert wird. Besondere Ansprüche stellt der Schneeglanz nicht und er vergrößert über die Jahre allmählich seinen Bestand. Der Gärtner nennt so etwas »verwildern«. Das trifft zwar in gewisser Weise zu, ist für die Ohren von unerfahrenen Gartenfreunden aber etwas unglücklich formuliert, denn es klingt so, als würde die Pflanze das ganze Beet regelrecht unterjochen und in eine eintönige Monokultur verwandeln, die dann jedem Eingriff des Menschen widersteht, also Löwenzahn, Brennnessel, Giersch und Distel gleichzeitig. Das trifft aber nicht zu. »Verwildern« bedeutet im Wortsinn: Der Bestand wird nach und nach größer – mehr nicht.

Bodendecker für halbschattige Blumenbeete

Name	rosa	pink	Blüte	Höhe	Anmerkung
Porzellanblümchen *(Saxifraga × urbium)*	x		5–6	5–35	wintergrün
Kissen-Purpurglöckchen *(Heucheralla tiarelloides)*	x		5–7	30–40	* wintergrün
Taubnessel *(Lamium maculatum)*	x		5–8	25	rosa Sorten
Ziererdbeere *(Fragaria vesca* 'Rosea')	x		6–9	20	#
Ziererdbeere *(Fragaria*-Hybride 'Pink Panda')	x		6–8	20	#

* Kreuzung zwischen Purpurglöckchen *(Heuchera)* und Schaumblüte *(Tiarella)*.
# Früchte essbar, aber nicht besonders wohlschmeckend.

Ein Bild voll anmutiger Schönheit und von bezaubernder Eleganz, so zeigt sich die Herbstanemone 'Königin Charlotte'.

Herbstkrokus
Crocus serotinus subsp. *salzmannii*
(Syn.: *Crocus byzanthinus)*
○–◑ ⬆10 ✿10–11

Rosafarbene Töne sind für Krokusse eher ungewöhnlich, Herbstkrokusse im Garten findet man auch eher selten, obwohl diese Gruppe gar nicht so klein ist. Vermutlich liegt das auch daran, dass sie weitaus seltener angeboten werden als die Frühjahrsblüher, die mittlerweile sogar in vielen Supermärkten verkauft werden. Der Herbstkrokus ist so pflegeleicht wie seine im Februar und im März blühenden Verwandten. Und wie bei allen Zwiebelblühern sollte man es vermeiden, an und um die Pflanzstelle den Boden zu bearbeiten. Eine ebenfalls in Rosatönen blühende Alternative ist der Krokus 'Zonatus' *(Crocus kotschyanus)*. Er blüht etwas früher, von August bis Oktober.

Halbschattige Blumenbeete

Blau, Lila, Violett – welch eine Komposition im Halbschatten. Nein, langweilig oder eintönig ist das Beet nicht, sondern im Gegenteil lebendig, voller Kontraste, aber harmonisch – zum Durchatmen und Verweilen.

Kerzen und Blautöne unter sich – Lupinen und Rittersporn haben sich hier zu einem beeindruckenden Duo zusammengefunden. Beide scheinen diese Zweisamkeit sehr zur Freude des Betrachters zu genießen.

Hier treffen zwei Giganten aufeinander – Blauregen und ein Riese unter den Zwiebelblühern, der Zierlauch 'Purple Sensation'. Hier Blütentrauben in reinem Blau, dort Blütenbälle in Violett.

Halbschattige Blumenbeete

Frühling

Nun will der Lenz uns grüßen – in Blau, aber nicht monochrom. Kissenprimel und Wildkrokus zeigen sich violett, die anderen Zwiebelblüher und die Gartenprimel präsentieren dagegen ihre jeweilige Interpretation der reinen blauen Farbenlehre. Keine Frage, der Frühling macht blau ...

Sommer

Die Blütentrauben des Blauregens am Gerüst sind ebenso unübersehbar wie die Blütenbälle der Hortensie. Vor dem mächtigen Königsfarn präsentiert die Waldglockenblume ihre Glöckchen, und die Blaublattfunkie zeigt ihre Qualitäten als Blütenpflanze. Kann Halbschatten schöner sein?

Herbst

Die Hortensie zeigt nach wie vor ihr schönes Blau, und schon erhält sie Blühunterstützung von Prachtkrokus und Herbstkrokus. Der Herbstkrokus wird fast bis Weihnachten durchhalten, und dann ist die Zeit für die wintergrüne Christrose gekommen, die einstweilen schon mal ihre Knospen in Stellung bringt.

Winter

Die Christrose hat nun ihren großen Auftritt, jetzt gibt sie während der kalten Jahreszeit den Ton an im Beet. Der Herbstkrokus hat sie in den Winter begleitet, und schon im Februar ist dessen Verwandter, der Wildkrokus zur Stelle, um den Frühling einzuläuten. Der blaue Kreis hat sich geschlossen ...

Halbschattige Blumenbeete

Pflanzen für das Blumenbeet in Blau und Violett

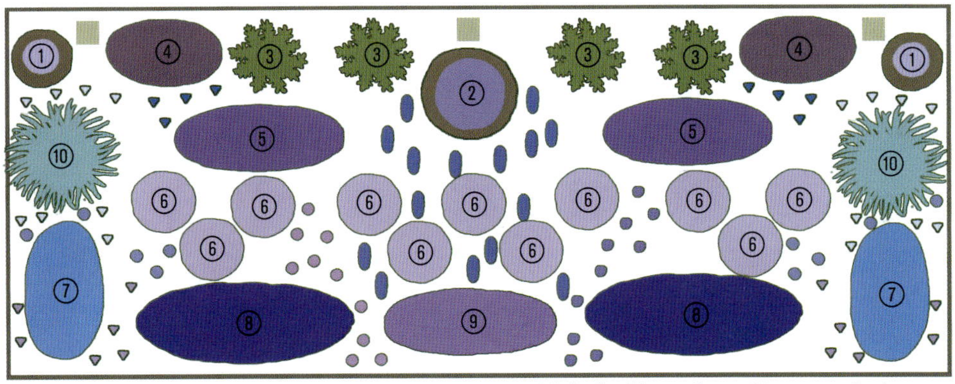

Maße des Blumenbeets: Länge 4 m, Breite 1,5 m

Pflanzenliste für das Blumenbeet in Blau und Violett

Nr.		Pflanzenname
①	2 ×	Blauregen *(Wisteria sinensis)*
②	1 ×	Hortensie 'Endless Summer' *(Hydrangea macrophylla)*
③	4 ×	Königsfarn *(Osmunda regalis)*
④	2 ×	Christrose (*Helleborus*-Hybride 'Pluto')
⑤	12 ×	Waldglockenblume *(Campanula latifolia* var. *macrantha)*
⑥	12 ×	Blaublattfunkie (*Hosta sieboldiana* 'Elegans')
⑦	6 ×	Kaukasus-Vergissmeinnicht *(Brunnera macrophylla)*
⑧	10 ×	Gartenprimel (*Primula*-Polyantha-Gruppe)
⑨	5 ×	Kissenprimel (*Primula vulgaris*-Hybriden)
⑩	6 ×	Rasenschmiele (*Deschampsia cespitosa* 'Goldschleier')
▽	60 ×	Schneeglanz (*Chionodoxa luciliae* 'Blaustern')
▼	60 ×	Blausternchen *(Scilla sibirica)*
⬮	30 ×	Traubenhyazinthe *(Muscari armeniacum)*
▼	60 ×	Wildkrokus *(Crocus chrysanthus)*
●	30 ×	Prachtkrokus *(Crocus speciosus)*
●	30 ×	Herbstkrokus (*Crocus speciosus* 'Conqueror')

GEHÖLZE

Blauregen

Wisteria sinensis (Syn.: *W. chinensis*)

○–◑ ⬆ bis 1000 ✿ 5–6, giftig

Beschreibung siehe Seite 182

Hortensie 'Endless Summer'

Hydrangea macrophylla

◑ ⬆ 100 ✿ 5–10

Beschreibung siehe Seite 181

BLÜTENSTAUDEN

Kissenprimel

Primula vulgaris-Hybriden

◑ ⬆ 10 ✿ 3–5

Auch die Kissenprimel-Sorten und -Hybriden gehören nicht zum Primeladel, sind also eher selten oder gar nicht bei Staudengärtnereien zu bekommen. Fündig wird man da eher auf dem Wochenmarkt, in Gartencentern oder bei den Allroundern unter den Versandgärtnereien. Für dieses Beet sollten sie violett blühen. Wie der Name schon sagt, entwickeln sich die wintergrünen Stauden wie Bodendecker zu kleinflächigen Kissen oder Polstern. Sie stellen an ihren Standort keine besonderen Ansprüche und blühen zeitgleich mit den Zwiebelblumen im Beet.

Gartenprimel

Primula-Polyantha-Gruppe

◑ ⬆ 20 ✿ 4–6

Im Frühjahr werden Gartenprimeln als Massenware überall angeboten: in Gärtnereien, auf Wochenmärkten, in Gartencentern und sogar in Supermärkten. Da stehen sie dann zu Dutzenden oder gar zu Hunderten in Rosa, Rot, Weiß, Gelb und Blau, fast ausnahmslos mit gelber Mitte. Sie sind wirklich so etwas wie die Promenadenmischung unter den Primeln. Tatsächlich liegt ihre Herkunft im Dunkeln und man geht davon aus, dass die Gärtner dafür rund vier Arten miteinander gekreuzt bzw. eingekreuzt haben. Ins blaue/violette Beet gehören natürlich blaue Exemplare. Dass sie als Topfware im Frühling nach dem Abblühen in der Biotonne oder auf dem Kompost landen, haben sie wirklich nicht verdient, denn es sind ausdauernde Stauden, die den

Gartenbesitzer in den Folgejahren immer wieder mit ihrem hübschen Flor erfreuen – und sie sind wintergrün und preiswert dazu. Fazit: absolut pflanzenswert.

Kaukasus-Vergissmeinnicht
Brunnera macrophylla
◑ ⬆50 ✿5–6

Anders als das bekannte Vergissmeinnicht *(Myosotis)*, das zweijährig ist und sich durch Selbstaussaat zur Plage entwickeln kann, handelt es sich bei dem Kaukasus-Vergissmeinnicht um eine winterharte Staude. Während der überreichen Blüte bildet die Pflanze einen strahlend blauen Tuff im Beet, erst später werden die rau wirkenden, herzförmigen Blätter erkennbar. Die schmücken die Staude dann aber bis zum späten Herbst. Vom Kaukasus-Vergissmeinnicht gibt es etliche, ebenfalls blau blühende Sorten, die verschiedene Laubvariationen zeigen – meistens in Silber: silbrige Blätter, Blätter mit silbrigen Flecken, silbern marmorierte Blätter usw.; andere Züchtungen zeigen helle Blattränder.
Eine der attraktivsten Sorten, die selbst nach der Blüte durchaus alle Ansprüche an eine Blattschmuckstaude erfüllt, ist wohl 'Jack Frost' – silbrige Blätter mit grünen Adern und grünem Rand.

Waldglockenblume
Campanula latifolia var. *macrantha*
◑ ⬆100 ✿6–7

Die Waldglockenblume gehört wohl mit zu den schönsten hoch wachsenden Vertretern dieser Gattung. In den Adern dieser hübschen Europäerin fließt noch das Blut, sprich der Pflanzensaft, ihrer wilden Vorfahren, und sie präsentiert nicht einfach nur Glöckchen, die mehr an Sternchen erinnern, sondern richtige große Blütenglocken. Bei einer hier heimischen Staude stellt sich die Frage nach der Winterhärte natürlich nicht. Durchschnittlicher Gartenboden genügt der Pflanze, um sich wohlzufühlen. Die Waldglockenblume wächst schön aufrecht und bildet Horste, wuchert nicht und ist daher im Beet sehr verträglich.

Blaublattfunkie
Hosta sieboldiana 'Elegans'
◑ ⬆50–80 ✿6–7

Wenn man weiß, dass es etwa siebzig Funkienarten gibt und sich dann mal ansieht, was noch an Hybriden, Sorten und Züchtungen dazukommt, kommt man aus dem Staunen nicht heraus. Insbesondere die Züchter in den USA haben an dieser Vielfalt großen Anteil. Heimisch ist die Gattung in Asien, aber sie ist in den Gärten mittlerweile ein so vertrauter Anblick, dass sie fast schon als heimisch betrachtet wird. In erster Linie wird sie als Blattschmuckpflanze eingesetzt, aber auch die Blüten sind ein zauberhafter Anblick. 'Elegans' hat breite, herzförmige, blaugraue Blätter, die wie bereift aussehen. Besondere Ansprüche hat die Funkienart nicht.

Christrose
Helleborus-Hybride 'Pluto'
○–◑ ⬆25 ✿12–3

Stauden, die im Winter grün bleiben, sind gar nicht so selten, aber solche, die bereits zum Jahreswechsel blühen, sind doch eine Ausnahme. Dabei zeigt sich die Christrose durchaus nicht divenhaft, sondern begnügt sich mit einem normalen Gartenboden. Dort entwickelt sie sich im Laufe der Jahre zu einem immer prächtigeren Gewächs, das auch an Umfang zunimmt. Dann bietet sie auch als Einzelexemplar einen Anblick, der einer großen Prachtstaude nicht nachsteht. Für das blaue/violette Beet kommen natürlich nur solche Sorten infrage, die auch die entsprechenden Blütenfarben zeigen. Wird man bei Stauden- und großen Versandgärtnereien nicht fündig, bietet es sich an, im Internet zu recherchieren. Es gibt spezielle *Helleborus*-Gärtnereien, die teilweise sogar selbst züchten und die Pflanzen auch auf dem Postweg verschicken.

Die formvollendeten Glocken der Waldglockenblume machen mit ihrem Glockenspiel aus jedem Wochentag einen besinnlichen Ruhetag.

Halbschattige Blumenbeete

Blütenstauden für halbschattige Blumenbeete

Name	blau	violett	Blüte	Höhe	Anmerkung
Duftveilchen *(Viola odorata)*	x	x	3–4	15	Blüten essbar
Kugelprimel *(Primula denticulata)*	x	x	3–4	30	dekorativ
Kissenprimel *(Primula vulgaris*-Hybride)	x	x	3–5	10	eher feucht
Gartenprimel *(Primula*-Polyantha-Gruppe)	x	x	4–6	20	viele Sorten
Kaukasus-Vergissmeinnicht *(Brunnera macrophylla)*	x	x	5–6	50	reichblühend
Himmelblauer Lerchensporn *(Corydalis flexuosa)*	x	x	5–6	30	saure Böden
Waldglockenblume *(Campanula latifolia* var. *macrantha)*	x	x	6–7	100	reiche Blüte
Christrose *(Helleborus*-Hybride 'Pluto' oder 'Philip Ballard')	x	x	12–3	25	blauschwarze Blüte, giftig!

Der Königsfarn ist einer der schönsten, langlebigsten und größten Farne. Und er hat noch weitere Vorzüge: Er wächst nicht nur im Halbschatten oder Schatten, sondern bei ausreichender Bodenfeuchte auch an einem sonnigen Standort, jedoch ohne Prallsonne.

FARNE

Königsfarn

Osmunda regalis

○–● ⬆120–150 ✿ –

Der Königsfarn ist wohl der größte und auch einer der schönsten Farne in unseren Gärten und kann zudem uralt werden. Voraussetzung dafür ist, dass sein Standort ausreichend feucht ist. Ist der Untergrund nass, verträgt er es sogar, an einen sonnigen Platz gepflanzt zu werden. Zwischen den mächtigen und doch filigranen Wedeln erscheinen im Frühsommer wie Blütenstiele zimtfarbene Sporenträger. Ist das Blattwerk im Spätherbst welk geworden, schneidet man es ab, sodass sich im Frühjahr der Austrieb ungestört entwickeln kann.

GRÄSER

Rasenschmiele

Deschampsia cespitosa 'Goldschleier'

◑ ⬆50–120 ✿ 6–7

Das winterharte, hier heimische Gras ist auch unter dem Namen Waldschmiele bekannt. Es bildet Horste, seine filigranen, überhängenden Blütenschleier bilden wahre Wolken im Beet. Ein prächtiger Anblick, wenn diese goldgelben, luftig leichten Gebilde über den eher steifen, sattgrünen Halmen schweben. Nach der Blüte sollte man die Blütenstände abschneiden, um einem möglichen Aussamen zuvorzukommen, als floristisches Beiwerk in der Vase taugen die Rispen aber noch allemal.
Von der Rasenschmiele gibt es weitere Sorten, die 'Goldschleier' ziemlich ähnlich sind: 'Goldgehänge' oder 'Bronzeschleier'.

BLUMENZWIEBELN

Schneeglanz

Chionodoxa luciliae 'Blaustern'

○–◑ ⬆15 ✿ 3–4

Ein hübscher, aber im Vergleich zu Krokus & Co. viel zu selten gepflanzter Zwiebelblüher, der aus den Bergen Anatoliens zu uns gekommen ist, also aus der Westtürkei. Seine besonderen Ansprüche: keine. Die blaue Farbe ist nicht nur im Frühling, sondern auch während der gesamten Vegetationszeit nicht so häufig, also ein Grund mehr, den Schneeglanz in seinem Garten anzusiedeln. Denn einmal gepflanzt, vergrößert er seine Bestände nach und nach, sodass der Gartenfreund ohne eigenes Zutun jedes Jahr ein wenig mehr Blau im Beet hat. Große Bestände kann man im Herbst teilen und die Zwiebeln anderweitig einpflanzen.

Blausternchen

Scilla sibirica

○–◑ ⬆10 ✿3–4

Blau, blauer, am blausten – so kann man die Blütenfarbe dieses Zwiebelblühers beschreiben. Seine Heimat liegt in Russland, der Ukraine und in Aserbaidschan, also Ländern, die im Winter nicht gerade von milden Temperaturen verwöhnt werden. Das sagt eigentlich schon alles über die Frosthärte des Blausternchens und seine Ansprüche aus. Oft kann man sich ja eine sogenannte Eselsbrücke besonders gut merken. Wie wäre es mit diesem Zweizeiler: »Sind Blumenzwiebeln im Land, leg die Hacke aus der Hand.« Was heißt das? Dort, wo sich Blumenzwiebeln im Beet befinden, wird der Boden nicht bearbeitet, es wird also weder gehackt noch gegraben.

Traubenhyazinthe

Muscari armeniacum

○–◑ ⬆15 ✿4

Auch die Traubenhyazinthe lässt sich nicht lumpen, wenn es darum geht, ihren blauen Blütentuff mit den Jahren zu vergrößern. Da fällt es dann gar nicht auf, wenn mal ein paar Blütenstiele für das Väschen geschnitten werden, um sich den Frühling auch ins Haus zu holen. Und Hummeln und frühe Bienen, die sich gerne an dieser Nektarquelle laben, merken das angesichts der Blütenfülle ohnehin nicht. Hat sie einmal Fuß gefasst, wächst sie sogar so üppig, das man sie auch gut für Einfassungen verwenden kann. Wird der Bestand zu dicht, teilt man ihn im Herbst, pflanzt die Zwiebeln woanders ein und genießt auch dort den zarten Honigduft der Blüten. Schon im Herbst, also lange bevor die Blüten austreiben, sind die Blätter zur Stelle. Sie bleiben im Winter grün und sterben nach der Blüte ab. Man kann sie mit den Blütenständen abschneiden.

Wildkrokus

Crocus chrysanthus

○–◑ ⬆10 ✿2–3

Halb so wild, möchte man hier sagen, denn so wild ist der Wildkrokus ja gar nicht. Zwar sorgt er selbst dafür, dass er sich rasch ausbreitet, aber er geht dabei nicht ungestüm und unkrautartig vor. Der Name dient eigentlich mehr der Unterscheidung zum Gartenkrokus, doch wem selbst noch der Name »Wildkrokus« zu wild ist, nennt ihn eben zahmer »Frühlingskrokus«, obwohl – der Gartenkrokus ist ja auch ein Frühlings- und kein Herbstkrokus. Es ist eben manchmal schwierig mit den deutschen Namen. Der Botaniker hat es da einfacher: Er spricht von *Crocus vernus,* wenn er den Gartenkrokus meint. Der wird 15 cm hoch, hat größere Blüten und blüht von März bis April. Wer ihn lieber mag, pflanzt eben ihn anstelle des Wildkrokus.

Prachtkrokus

Crocus speciosus

○–◑ ⬆10 ✿9–10

Hier ist er, ein typischer Vertreter der gar nicht so seltenen Herbstkrokusse – und trotzdem ist er weitgehend unbekannt. Oft denkt man, dass sich da ein Krokus in der Jahreszeit geirrt hat, aber dem ist nicht so. Es ist auch nicht die ähnlich aussehende giftige Herbstzeitlose. Nein, es ist der Prachtkrokus, und er blüht art- und termingerecht, und der Gartenfreund kann sich nicht nur daran erfreuen, sondern bekommt im trüben Herbst auch schon einen kleinen Vorgeschmack auf den kommenden Frühling. Wie seine im Frühjahr blühenden Verwandten sorgt auch dieser Herbstkrokus für Nachkommenschaft, und er hat auch ähnlich bescheidene Ansprüche wie die Frühlingskrokusse. Also ein Grund mehr, ihn zu pflanzen.

Er sieht aus wie ein Krokus, und er ist ein Krokus – der im Herbst blühende Prachtkrokus.

Herbstkrokus

Crocus speciosus 'Conqueror'

○–◑ ⬆10 ✿10–12

Ein sehr spät blühender Herbstkrokus, der in reinem Blau das Beet ziert und oft genug von Raureif und Frost getroffen wird. Im Jargon der Politiker würde man sagen: »Er sitzt es einfach aus.« Und man könnte noch hinzufügen: Und er vermehrt sich trotzdem. Tja, er ist wirklich ein harter Bursche, dieser Herbstkrokus und gehört also unbedingt ins Beet. Gerade bei den kleinen Zwiebelblühern sollte man nicht zu kleinlich pflanzen – ein Dutzend an einer Stelle dürfen es mindestens sein. Und nicht zu geometrisch, bitte nicht quadratisch oder exakt im Kreis. Harmonische Formen wirken natürlicher, z. B. rundliche oder nierenförmige. Vielleicht noch mal zur Erinnerung: »Sind Blumenzwiebeln im Land, leg die Hacke aus der Hand.«

Halbschattige Blumenbeete

Ein Beet mit lauter Taglilien. Ihr deutscher Name hat durchaus seine Berechtigung: Jede Blüte hält nur einen Tag, aber die Staude hat genügend Nachschub parat für ein wochenlanges ununterbrochenes Blütenfeuerwerk.

Auch der Halbschatten kann golden strahlen – so wie hier mit Goldfelberich und Trollblumen. Weißer Buschknöterich im Hintergrund und Funkien als Beetbegrenzung steuern zusätzlich aufhellende Akzente bei.

Hier hat jemand das Licht im gelben Beet angeknipst, und sogleich leuchtet es mit der Sonne um die Wette. Die Inkalilien im Bild sind allerdings nicht sicher winterhart und erfrieren bei Temperaturen unter minus 10 °C, einige Hybriden ertragen kurzzeitig minus 15 °C.

Halbschattige Blumenbeete

Frühling

Wenn die Sonne aus dem Halbschatten heraus leuchtet, muss es Frühling im gelben Beet sein. Duftende Schlüsselblume, Glockenhasel und Winter-Jasmin wetteifern mit den verschiedenen Zwiebelblühern um die Gunst des Betrachters, aber wem gehört der Pokal des schönsten Frühlingsboten?

Sommer

Jetzt zeigen die verschiedenen Stauden ihren vielfältigen Flor. Auffällig dabei sind die Grünrand-Funkie mit ihrem markantem Blattwerk und die orangefarbig blühende Nelkenwurz. Als unermüdliche Dauerblüher tun sich Gelber Lerchensporn und Ochsenauge hervor.

Herbst

Ochsenauge und Gelber Lerchensporn haben durchgehalten, und jetzt hat auch das Riesen-Pfeifengras seine hohe Zeit – im wahrsten Sinne des Wortes. Bis auf rund zwei Meter hat es seine Blüten geschoben und korrespondiert so quasi auf Augenhöhe mit den Gehölzen.

Winter

Jetzt haben Winter-Jasmin und Christrose ihren großen Auftritt, und der mächtige wintergrüne Wurmfarn bildet die Kulisse für die Bühne der Flor-Solisten. Beide werden durchhalten, bis die ersten Zwiebelblüher im Frühjahr ihr Zwergen-Ballett aufführen und die neue Saison einläuten.

Halbschattige Blumenbeete

Pflanzen für das Blumenbeet in Gelb und Orange

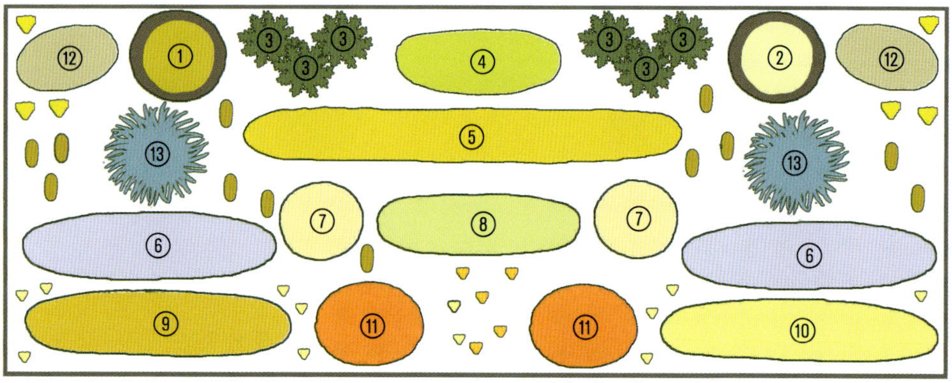

Maße des Blumenbeets: Länge 4 m, Breite 1,5 m

Pflanzenliste für das Blumenbeet in Gelb und Orange

Nr.		Pflanzenname
①	1 ×	Glockenhasel *(Corylopsis pauciflora)*
②	1 ×	Winter-Jasmin *(Jasminum nudiflorum)*
③	6 ×	Wurmfarn *(Dryopteris filix-mas)*
④	5 ×	Fingerhut *(Digitalis lutea)*
⑤	9 ×	Goldfelberich *(Lysimachia punctata)*
⑥	6 ×	Grünrand-Funkie *(Hosta fortunei* 'Aureomaculata')
⑦	6 ×	Glockenprimel *(Primula florindae)*
⑧	9 ×	Ochsenauge *(Buphthalmum salicifolium)*
⑨	6 ×	Gelber Lerchensporn *(Corydalis lutea)*
⑩	6 ×	Duftende Schlüsselblume *(Primula veris)*
⑪	6 ×	Nelkenwurz *(Geum coccineum* 'Boresii')
⑫	2 ×	Christrose *(Helleborus*-Hybride 'Yellow Button')
⑬	6 ×	Riesen-Pfeifengras *(Molinia arundinacea)*
▽	60 ×	Osterglocken *(Narcissus)*
⬮	60 ×	Winterling *(Eranthis hyemalis)*
▿	60 ×	Wildkrokus *(Crocus chrysanthus)*
▼	30 ×	Mini-Narzisse *(Narcissus* 'Tête-à-Tête')

GEHÖLZE

Glockenhasel, Scheinhasel

Corylopsis pauciflora

◑ ⬆150 ✿3–4

Beschreibung siehe Seite 183

Winter-Jasmin

Jasminum nudiflorum

○–◑ ⬆200–250 ✿12–4

Beschreibung siehe Seite 185

BLÜTENSTAUDEN

Duftende Schlüsselblume

Primula veris (Syn.: *Primula officinalis)*

◑ ⬆20 ✿4–6

Duftende Schlüsselblume ist sicherlich der passendste Name für diese Pflanze, obwohl sie auch als »Echte Schlüsselblume« oder »Wiesenschlüsselblume« bekannt ist. Sie ist von Europa bis nach Westasien verbreitet. Der Zusatz »officinalis« im früher gebräuchlichen botanischen Namen macht deutlich, dass diese Staude schon von alters her zu Heilzwecken eingesetzt wurde. So anspruchslos, wie sie an ihrem natürlichen Standort ist, so unkompliziert ist die Schlüsselblume auch im Beet. Selbst ein paar Tage Trockenheit erträgt sie problemlos. Sie ist auch im Winter grün.

Nelkenwurz

Geum coccineum 'Boresii'

○–◑ ⬆30 ✿5–7

Eine recht verträgliche Staude im Beet, die horstig wächst, also nicht wuchert, und zudem recht langlebig ist. Die hübschen Schalenblüten, die sich über viele Wochen zeigen, erinnern an Erdbeerblüten, und auch das Laub zeigt eine gewisse Ähnlichkeit mit der bekannten Naschpflanze. Wie so viele andere Pflanzen in unseren Gärten ist auch die Nelkenwurz kein heimisches Gewächs, sondern stammt vom Balkan. Allüren hat sie nicht, sondern sie begnügt sich mit einem normalen Boden. Weitere Sorte: 'Werner Arends', gleiche Blütenfarbe, Höhe und Blütezeit, halb gefüllt.

Die Duftende Schlüsselblume, auch als Echte Schlüsselblume bekannt, trägt ihren Namen völlig zu Recht.

Blütenstauden für halbschattige Blumenbeete

Name	Blüte	Höhe	Anmerkung
Kissenprimel (*Primula vulgaris*-Hybride)	3–5	10	–
Waldsteinie (*Waldsteinia geoides*)	4–5	20	* horstiger Wuchs
Gemswurz (*Doronicum orientale*)	4–5	20–40	anspruchslos
Duftende Schlüsselblume (*Primula veris*)	4–6	20	winter-/immergrün
Gartenprimel (*Primula*-Polyantha-Gruppe)	5–6	20	Sorten
Nelkenwurz (*Geum*), in Sorten gelb und orange	5–8	30–60	wintergrün
Gelber Lerchensporn (*Corydalis lutea*)	5–9	20	Dauerblüher
Fingerhut (*Digitalis lutea*)	6–7	80–120	giftig, ausdauernd
Fingerkraut (*Potentilla megalantha*)	6–7	30	buschiger Wuchs
Goldfelberich (*Lysimachia punctata*)	6–8	80	auch feucht
Ochsenauge (*Buphthalmum salicifolium*)	6–9	50	anspruchslos
Glockenprimel (*Primula florindae*)	7–8	60	eher feucht, duftend
Wachsglocke (*Kirengeshoma palmata*)	8–9	60	eher feucht
Christrose (*Helleborus*-Hybride 'Criton' oder 'Yellow Button')	12–3	30	giftig!

* erdbeerähnliche Blüten

Fingerhut

Digitalis lutea

○–◑ 80–120 ✿ 6–7

Der Fingerhut ist wohl zumindest vom Aussehen her jedem bekannt, denn er gehört zur heimischen Flora. Als wild wachsende Art stellt er auch im Garten keine besonderen Ansprüche. Die als Staude gehandelte Pflanze ist nicht besonders langlebig. Nach zwei bis drei Jahren stirbt sie ab. Lässt man sie ausreifen und schneidet die welken Blüten nicht ab, sorgt der Fingerhut durch Aussamen selbst für Nachwuchs. Geschieht das übermäßig oder an der falschen Stelle, zupft man die Sämlinge einfach aus. Kahle Stellen gibt es so nicht im Beet, denn die jungen Pflanzen vom Vorjahr blühen bereits im folgenden Sommer.

Gelber Lerchensporn

Corydalis lutea

◑ 20 ✿ 5–9

Der gelbe Lerchensporn mit seinem fein gefiederten Laub und den sattgelben Blüten ist eine Pflanze für alle Fälle. Wenn es sein muss, verträgt er von Sonne bis Schatten jeden Standort, egal, ob der trocken oder feucht ist. In der Natur begnügt er sich sogar mit kargen Felsspalten. Und wenn das Wetter mitspielt, blüht er auch noch im Oktober. Man muss es wirklich noch einmal wiederholen: von Mai bis Oktober! Da muss jede andere Staude passen, zumal kaum eine andere diese Bandbreite an unterschiedlichsten Standortbedingungen abdeckt.

Eine Staude für alle Fälle – der gelbe Lerchensporn. Dem Dauerblüher ist von trockenem bis feuchtem Boden alles recht.

Egal, wie das Ochsenauge zu seinem Namen kam, es ist auf jeden Fall ein Aktivposten im gelben Beet und blüht von Juni bis September.

Ochsenauge

Buphthalmum salicifolium

○–◑ ⬆50 ✿6–9

Es ist schon ein etwas seltsamer Name, den man dieser hier heimischen Pflanze gegeben hat. Wie ein Rinderauge sehen die Blüten ganz und gar nicht aus, sondern wie gelbe Margeriten, die Bienen, Hummeln und Schmetterlinge gleichermaßen schätzen. Die anspruchslose Staude kommt recht gut mit kurzen Trockenheitsperioden zurecht, und wenn man Verblühtes immer wieder abschneidet, präsentiert sie ihren reichen Flor ununterbrochen vom Früh- bis in den Spätsommer.

Goldfelberich

Lysimachia punctata

○–◑ ⬆80 ✿6–8

Viele Gartenfreunde fürchten den Goldfelberich in ihren Beeten wie der Teufel das Weihwasser, weil die robuste Staude ein einnehmendes Wesen hat. D. h. sie breitet sich gerne aus und kann dann weniger wüchsige Nachbarn durchaus in Bedrängnis bringen. Dabei ist es eigentlich schade, auf diese sehr reichblütige Pflanze mit den gelben Blütenquirlen zu verzichten, die sowohl als Bienenweide wie auch zum Schnitt für die Vase taugt. Man kann ihr durch gelegentliches Abstechen Einhalt gebieten, man kann aber auch Sorten pflanzen, die der reinen Art an Blütenpracht nicht nachstehen, aber bezüglich ihres Ausbreitungsdrangs deutlich zahmer sind. **Sorten:** 'Alexander', weißbuntes Laub; 'Hometown Hero'. Übrigens: Krankheiten sind dem robusten Goldfelberich fremd.

▼ In diesem Beispiel ist ersichtlich, wie die Grünrand-Funkie zu ihrem Namen kam, ein attraktiver Hingucker.

Grünrand-Funkie

Hosta fortunei 'Aureomaculata'

◑ ⬆40–60 ✿7–8

Funkien im Beet sind mittlerweile ein so vertrauter Anblick, dass kaum noch jemand weiß, dass diese langlebigen

Stauden einst aus Asien kamen, u. a. aus China und Japan. Generell gelten sie wie Farne als Schattenpflanzen, doch ein wenig genauer hinschauen muss man schon. Je heller die Blätter sind (weiß, gelb), umso mehr Licht, ja sogar Sonne wollen und vertragen sie, sonst vergrünen sie. Dunkles Blattwerk in Blaugrün oder sogar bläulich bereift signalisiert, dass die Pflanze lieber Schatten mag. Und je heller die Funkien stehen, umso mehr muss darauf geachtet werden, dass der Boden nicht trocken wird.
Weitere Sorten: 'Fortunei Aureomarginata', grünes Blatt mit goldgelbem Rand, H 50–70 cm; 'Gold Standard', goldgelbe Blätter mit grünem Rand, H 40–80 cm; 'Sum und Substance', gelbgrüne Blätter, H 70 cm. Die Blütenfarbe ist bei allen Violett.

Glockenprimel
Primula florindae

◑ ⬆60 ✿7–8

Die hellgelben Blüten der Glocken- oder auch Tibetprimel sind bei dieser Wuchshöhe kaum zu übersehen, zumal sie auch noch duften. Die Staude bildet Rosetten und ist recht unkompliziert, wenn ihr Standort immer ausreichend feucht ist. Zeitweise Trockenheit oder gar trockenen Boden verträgt sie nicht. Eine Abdeckung der Pflanzstelle mit Laub, Grasschnitt oder etwas Kompost während des ganzen Jahres kommt ihren Ansprüchen sehr entgegen.

Christrose
Helleborus-Hybride 'Yellow Button'

○–◑ ⬆30 ✿12–3

Die wintergrünen Christrosen kennen wohl die meisten Gartenfreunde, doch leider sind sie noch viel zu selten in den Beeten zu sehen. Dabei sind sie eigentlich unentbehrlich, denn zu dieser Jahreszeit blüht keine andere Staude. Sucht man eine bestimmte Hybride oder Sorte wie 'Yellow Button', wird man meist beim Staudengärtner nicht fündig. Manchmal bieten sie die Allrounder unter den Versandgärtnereien an, sonst hilft das Internet weiter. Spezielle *Helleborus*-Gärtnereien oder -Züchter versenden ihre Pflanzen in der Regel ebenfalls. Trotz ihrer Vorzugsstellung im Staudenreich ist die Christrose keine Diva, sondern fühlt sich im durchschnittlichen Gartenboden wohl.

FARNE

Wurmfarn
Dryopteris filix-mas

◑–● ⬆80–120 ✿–

Der hier heimische Wurmfarn ist wohl der bekannteste Farn überhaupt, denn als Kosmopolit ist er in fast allen Erdteilen zu finden. Das spricht sowohl für seine Anpassungsfähigkeit als auch für seine Robustheit; dazu sind seine Wedel auch noch wintergrün. Es ist daher sinnvoll, sein Laub erst im Frühjahr abzuschneiden, bevor der neue Austrieb sichtbar wird. Dank seiner Größe, der filigranen Wedel und der frischen grünen Farbe ist der Wurmfarn eine ideale Hintergrundpflanze, die aber durchaus auch das Zeug zum Solisten hat.

Bodendecker

Name	Blüte	Höhe	Anmerkung
Waldsteinie (*Waldsteinia ternata*)	4–5	10	* immergrün
Pfennigkraut (*Lysimachia nummularia*)	5–8	5	eher feucht
Polster-Johanniskraut (*Hypericum polyphyllum*)	6	15	anspruchslos

* erdbeerähnliche Blüten

GRÄSER

Riesen-Pfeifengras
Molinia arundinacea

○–◑ ⬆70–200 ✿8–10

Betrachtet man sich die Gräserhorste im Sommer, wundert man sich wahrscheinlich über den Namen »Riesen-Pfeifengras«, denn es ist nur gut einen halben Meter hoch, eine Höhe also, die jedes Chinaschilf locker übertrifft. Sieht man es sich dann aber zur Blütezeit an und steht vor den zwei Meter hohen, straff aufragenden Rispenblüten, weiß man, dass es zu Recht so heißt. Die Staude ist in Europa heimisch und kommt gut mit den Gegebenheiten in unseren Gärten zurecht, nur Trockenheit verträgt sie nicht: Also auch im Sommer für ausreichend Feuchtigkeit sorgen. Die bekannteste Sorte heißt 'Karl Foerster', die nach der Blüte eine schöne gelbe Herbstfärbung zeigt.

BLUMENZWIEBELN

Wildkrokus
Crocus chrysanthus

○–◑ ⬆10 ✿2–3

Ein unverzichtbarer früher Blüher in unseren Gärten und Beeten. Kündigen Schneeglöckchen und Winterling das nahende Ende des Winters an, so läutet der Krokus unübersehbar den Beginn des Frühlings ein. Der Wild- oder Frühlingskrokus macht dabei den Anfang. Absolut robust und wetterfest lässt er sich auch nicht von niedrigen Temperaturen und eisigen Winden schrecken. Und trotz widrigen Wetters vergisst er dabei nicht, sich auszusamen und so seine Bestände im Beet von Jahr zu Jahr etwas zu vergrößern. Eins mag er wie alle anderen Zwiebelblüher auch nicht: Wenn an und um seinen Standort gehackt und gegraben wird. Wer etwas größere Blüten mag, pflanzt den Gartenkrokus *(Crocus vernus)*. Er wird 15 cm hoch und blüht von März bis April.

Was hier aussieht wie eine ganz normale Trompeten-Narzisse ist in Wirklichkeit die Mini-Narzisse 'Tête-à-Tête', die zu den frühesten Osterglocken zählt.

Winterling
Eranthis hyemalis

◑ ⬆10 ✿2–3

In Sachen früher Blüte steht der Winterling dem Schneeglöckchen kaum nach und lässt sich auch von Eis und Schnee nicht bremsen. So robust er sich gegenüber Winternässe und Frost auch zeigt, so anfällig ist er, wenn er als Blumenzwiebel im Regal der Gärtnereien und Gartencenter liegt. Der Grund: Die Zwiebelchen trocknen leicht aus, und das macht dem Winterling den Garaus. Er sollte deshalb so früh wie möglich bestellt oder gekauft werden – möglichst schon Anfang September. Dann werden die Zwiebeln über Nacht in Wasser gelegt und gleich am nächsten Tag gepflanzt. Sicher gelingt die Ansiedlung im Beet, wenn man im Frühjahr beim Gärtner oder auf dem Wochenmarkt getopfte Exemplare kauft und diese pflanzt. Dabei spielt es keine Rolle, ob der Winterling schon blüht oder noch nicht.

Mini-Narzisse
Narcissus 'Tête-à-Tête'

○–◑ ⬆15–20 ✿2–4

Diese Mini-Narzisse ist wohl eine der kleinsten und der frühesten innerhalb der Osterglocken-Familie, und sie zeigt auch die typische Trompete. Ungeachtet ihrer geringen Größe besitzt sie alle Eigenschaften, die auch die großen Narzissen auszeichnen – sogar den Umfang der Blumenzwiebel. Vielleicht erstaunt das, aber 'Tête-à-Tête' ist mehrblütig, zeigt also »geballten Flor« auf kleinstem Raum.
Wie bei allen Zwiebelblühern gilt: Hacken und Graben am Standort verboten und das Laub wird erst abgeschnitten, wenn es vergilbt ist.
Ein weiterer trompetenblütiger Zwerg ist 'February Gold' mit etwas längeren Trompeten. Diese Minisorte wird mit 25 cm etwas höher und kann sogar noch ein paar Tage früher blühen.

Osterglocken
Narcissus

○–◑ ⬆50 ✿4–5

Was wäre ein Garten im Frühling ohne die beeindruckenden hohen Osterglocken, auch Narzissen genannt? Am auffälligsten sind wohl die großen Trompetenblüten, doch mittlerweile kann man aus einer Vielzahl von Sorten wählen. Da gibt es die gefüllten und die ungefüllten, die halb gefüllten, welche mit Krönchen oder Knäuelblüten, in Buttergelb, Zartgelb, Zitronengelb, mit orangefarbenen Trompeten oder Applikationen, in verschiedenen Gelbtönungen und, und, und. Angesichts dieser Vielzahl soll hier auf eine Sortenempfehlung verzichtet werden, entscheidend für die Pflanzung ist der persönliche Geschmack. Alle Osterglocken sind robust und anspruchslos und bleiben von Wühlmausfraß verschont. Verwelkte Blüten kann man entfernen oder aber zusammen mit dem vertrockneten Laub abschneiden. Keinesfalls dürfen die noch grünen Blätter entfernt werden, da die Zwiebelblume mit ihrer Hilfe Kraft für die nächste Blüte sammelt. Zahlreiche Sorten vermehren ihre Bestände im Laufe der Jahre. Wenn sie zu dicht stehen, kann man sie im Herbst aufnehmen und einen Teil der Zwiebeln an einen neuen Platz setzen.

Halbschattige Blumenbeete

Unverkennbar ein Frühlingsbeet, und unverkennbar auch, dass es im Halbschatten liegt. Inmitten des frisch-saftigen Grüns geben ganz klar die in reinem Weiß leuchtenden Tulpen den Ton an.

Variationen in Weiß. Vorne links im Bild zeigt sich die Hortensie 'Annabelle' in Cremeweiß mit gelblichen Knospen, Gesellschaft leisten ihr Margeriten im Hintergrund und Lichtnelken vorne rechts.

Hier gibt der unverwechselbare Fingerhut den Ton an, und für eine märchenhaft weiße Kulisse mit zarten Blütenrispen sorgt der Meerkohl, auch bekannt als »Riesen-Schleierkraut«.

Gleich drei weiße Blütenschönheiten haben sich hier zusammengetan: die Dolden-Glockenblume, die Schafgarbe und die Lilie, die mit ihrem leuchtend gelben Schlund aus dem Trio besonders hervorsticht.

Halbschattige Blumenbeete

Frühling

Nein, es ist kein Schnee, der im Beet in makellosem Weiß leuchtet, es sind die Zwiebelblüher, die da leuchtende Teppiche weben. Unterstützt werden sie dabei von der niedrigen Gänsekresse. Noch halten Winter-Heckenkirsche und Christrose mit ihnen Hof, aber bald werden sie ihren Blütenschleier ablegen.

Sommer

Von ihrem Rankgitter aus hat die Staudenwicke alles im Blick, die duftigen Rispen von Wald- und Zwerg-Geißbart, die eleganten Blütenschalen der Herbstanemone und die Kerzen der Prachtspieren. Eingerahmt werden die eleganten weißen Schönen von einer schmucken Bordüre des Zimbelkrauts.

Herbst

Alte Bekannte des Sommers begleiten den Betrachter in den Herbst – Zimbelkraut und Herbstanemone. Zu ihnen gesellt sich der Prachtkrokus. Gänzlich aus der Rolle fällt jetzt der Zwerg-Geißbart. Die weiße Blütenperücke hat er abgelegt, dafür trägt er nun einen kupferfarbenen Mantel.

Winter

Da sind sie wieder – die beiden »Eisheiligen« Christrose und Winter-Heckenkirsche. Unbeeindruckt von Frost und Schnee trotzen sie den Widrigkeiten der kalten Jahreszeit und präsentieren unerschütterlich ihren Blütenflor. Der Garten lebt ...

Halbschattige Blumenbeete

Pflanzen für das Blumenbeet in Weißtönen

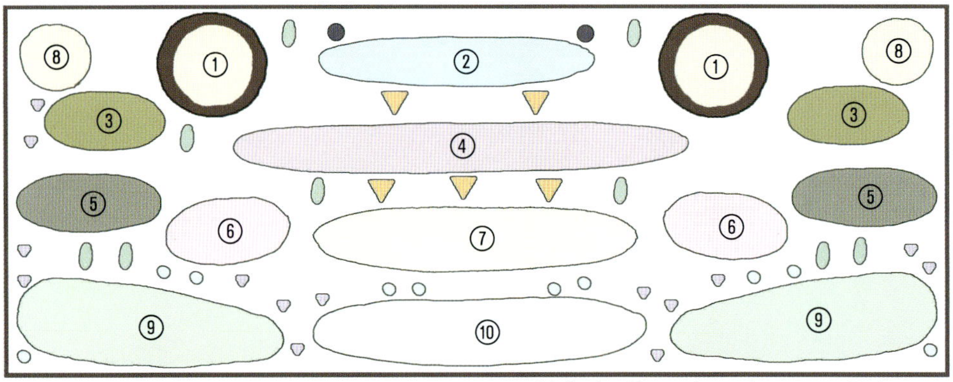

Maße des Blumenbeets: Länge 4 m, Breite 1,5 m

Pflanzenliste für das Blumenbeet in Weißtönen

Nr.		Pflanzenname
①	2 ×	Winter-Heckenkirsche *(Lonicera × purpusii* 'Winter Beauty')
②	1 ×	Staudenwicke *(Lathyrus latifolius* 'Weiße Perle")
③	2 ×	Wald-Geißbart *(Aruncus dioicus)*
④	9 ×	Herbstanemone *(Anemone japonica*-Hybride 'Honorine Jobert')
⑤	6 ×	Zwerg-Geißbart *(Aruncus aethusifolius)*
⑥	6 ×	Prachtspiere *(Astilbe japonica*-Hybride 'Deutschland')
⑦	6 ×	Prachtspiere *(Astilbe arendsii*-Hybride 'Brautschleier')
⑧	2 ×	Christrose *(Helleborus niger)*
⑨	10 ×	Gänsekresse *(Arabis procurrens)*
⑩	15 ×	Zimbelkraut *(Cymbalaria muralis* 'Globosa Alba')
▽	30 ×	Osterglocken *(Narcissus)*
0	30 ×	Schneeglöckchen *(Galanthus nivalis)*
▿	80 ×	Wildcrocus *(Crocus chrysanthus)*
○	60 ×	Prachtkrokus *(Crocus speciosus* 'Alba')

GEHÖLZE/KLETTERER

Winter-Heckenkirsche

Lonicera × purpusii 'Winter Beauty'

○–◑ ⬆200 ✿ 12–3

Beschreibung siehe Seite 186

Staudenwicke

Lathyrus latifolius

○–◑ ⬆200 ✿ 6–9

Beschreibung siehe Seite 187

BLÜTENSTAUDEN

Waldgeißbart

Aruncus dioicus
(Syn.: *Aruncus sylvestris)*

◑–● ⬆120–150 ✿ 6–7

Der Waldgeißbart ist in Europa heimisch und dafür bekannt, dass er sehr langlebig ist. Schon in jungen Jahren wird er zum Blickpunkt im Beet. Im Alter wird er immer stattlicher und kann seine filigranen Blütenwedel dann auch durchaus auf 2 m Höhe im Wind wiegen. Wie viele Stauden startet er im Frühjahr aus seinem unterirdischen Wurzelballen heraus von null Zentimetern auf über einen Meter Höhe, und das in nur wenigen Wochen, denn er blüht ja bereits ab Juni. Trotz dieses Kraftakts ist die Pflanze absolut robust und kommt mit normalem Gartenboden aus.

Zwerg-Geißbart

Aruncus aethusifolius

◑ ⬆25–30 ✿ 6–7

Man könnte ihn für einen kleinen Bruder des Waldgeißbarts halten, den Zwerg-Geißbart. Alles an ihm wirkt zierlicher, das Laub ist fein fedrig und zeigt im Herbst eine warme Färbung, die das ganze Spektrum zwischen Kupfer, Orange und Rot abdeckt. Obwohl der Zwerg-Geißbart ursprünglich aus Korea stammt, hat er die gleichen geringen Ansprüche wie sein hoch gewachsener Verwandter. Vom Zwerg-Geißbart gibt es verschiedene Sorten, die in der Regel höher werden. Viele Gartenfreunde schätzen aber gerade den Zwergenwuchs der ursprünglichen Art, da gerade der Kontrast zum heimischen Waldgeißbart so reizvoll ist.

Der Hintergrund wirkt wie eine abgedunkelte Bühne, auf der sich die Prachtspiere 'Brautschleier' feiern lässt.

Prachtspiere

Astilbe japonica-Hybride 'Deutschland'

◑–● ⬆40–50 ✿6–7

Man muss nicht unbedingt ein Patriot sein, um diese Sorte in sein Beet zu holen, denn tatsächlich sind die weißen Züchtungen unter diesen Hybriden eher rar. Das tut der Schönheit von 'Deutschland' aber keinen Abbruch. Wie alle Astilben möchte sie einen guten Gartenboden, der immer ausreichend feucht sein sollte, Trockenheit vertragen die Stauden nicht. Die fein gefiederten Blütenrispen machen auch in der Vase eine gute Figur, sind an der Pflanze belassen aber natürlich länger haltbar.

Prachtspiere

Astilbe arendsii-Hybride 'Brautschleier'

◑–● ⬆70 ✿7–8

Auch wenn der bekannte deutsche Staudenzüchter Georg Arends dieser Gruppe seinen Namen gegeben hat, die Gattung selbst stammt überwiegend aus Südostasien. Das weiß aber kaum noch jemand, denn schon längst ist die Astilbe in unseren Gärten heimisch geworden und schmückt diejenigen Beete, die nicht von der Sonne verwöhnt werden. Auch für die *Arendsii*-Hybriden, an denen der genannte Züchter so großen Anteil hatte, gilt: Weiße Blüten sind eher selten. Infolge ihrer zarten Rispen kommen die Astilben einzeln nicht so recht zur Geltung. In Gruppen zu drei oder fünf Stück gepflanzt, werden sie dagegen zu einem ausgesprochenen Blickfang im Beet.

Herbstanemone

Anemone japonica-Hybride 'Honorine Jobert'

◑ ⬆100 ✿8–10

Bei Anemonen denkt man meist an die kleinen Vertreter dieser Gattung, die im Frühjahr blühen. Aber viel stattlicher und deutlich auffälliger sind natürlich die hohen Vertreter aus der Gruppe der Herbstanemonen. Obwohl 'Honorine Jobert' schon recht lange zum Standardsortiment der Staudengärtner gehört, hat diese alte Sorte trotz der neueren Züchtungen nichts von ihrer Attraktivität verloren. Sie beeindruckt mit formvollendeten weißen Blütenschalen auf festen Stielen, ist sehr blühwillig und äußerst langlebig. Besondere Ansprüche stellt sie nicht.

Blütenstauden für halbschattige Blumenbeete

Name	Blüte	Höhe	Anmerkung
Kugelprimel *(Primula denticulata)*	3–4	30	weiße Sorten
Kissenprimel *(Primula vulgaris*-Hybride)	3–5	10	weiße Sorten
Tränendes Herz *(Dicentra spectabilis* 'Alba')	5–6	60	zieht nach der Blüte ein
Zwerg-Geißbart *(Aruncus aethusifolius)*	6–7	25–30	Herbstlaub kupfer
Waldgeißbart *(Aruncus dioicus,* Syn.: *A. sylvester)*	6–7	120–150	–
Prachtspiere *(Astilbe arendsii-* und *A. japonica*-Hybriden)	6–8	60–100	weiße Sorten
Alpenveilchen *(Cyclamen hederifolium* 'Alba')	8–9	10	* schön gezeichnete Blätter
Herbstanemone *(Anemone japonica*-Hybriden)	8–10	60–80	weiße Sorten
Christrose *(Helleborus niger)*	12–3	30	giftig!

* als Staude und als Knolle erhältlich, efeuähnlich; treibt im Herbst aus und zieht im Frühsommer ein.

Halbschattige Blumenbeete

Die Natur hält Winterruhe. Winterruhe? Es ist Blütezeit für die Christrose, sie ist als Erste zur Stelle.

Christrose

Helleborus niger

○–◑ ⬆30 ✿ 12–3

Die weiße Christrose hat jeder Staudengärtner in seinem Sortiment, und gerade um die Weihnachtszeit herum führen sie auch die meisten Floristen – entweder als Schnittblume oder sogar getopft. Obwohl sie als Symbol der Reinheit und der Unschuld gilt, sollte man im Umgang mit ihr Vorsicht walten lassen, da sie giftig ist. Also bitte stets Handschuhe tragen, wenn man sie pflanzt oder schneidet. Die wintergrüne, in unseren Breiten heimische Staude ist sehr robust und äußerst langlebig, Störungen wie Umpflanzen mag sie gar nicht. Sie ist alles andere als ein Wucherer, aber Christrosen, die zehn Jahre und länger an ihrem Platz im Beet stehen, entwickeln sich durchaus zu stattlichen Pflanzen, die auch als Einzelexemplar gut zur Geltung kommen. Die Sorte 'Praecox' blüht bereits ab November.

BODENDECKER

Gänsekresse

Arabis procurrens

○–◑ ⬆10–15 ✿ 4–5

Hummeln und Bienen fliegen auf diese Staude und auch der Gartenfreund betrachtet den anspruchslosen Bodendecker mit Wohlgefallen. Von April bis Mai mit weißen Blüten übersät, punktet die Gänsekresse anschließend mit teppichartigen Polstern aus tiefgrünem Laub. Sie ist recht verträglich, wuchert also nicht und begnügt sich mit einem normalen Gartenboden. Zudem ist sie recht ausdauernd und langlebig. Diese Art wird auch gerne für Beeteinfassungen eingesetzt.

Zimbelkraut

Cymbalaria muralis 'Globosa Alba'

◑ ⬆15 ✿ 6–10

Eigentlich ist es schade, dass das Zimbelkraut relativ unbekannt ist und demzufolge kaum gepflanzt wird, dabei ist es dank seiner langen Blühdauer eine Bereicherung für jedes weiße Beet im Halbschatten. Ursprünglich blüht es violett, aber natürlich haben die Züchter nicht geruht, um auch eine weiße Sorte zu selektieren. Herausgekommen ist eine Pflanze, die nicht nur ausdauernd blüht und hellgrüne Polster bildet, sondern auch anspruchslos ist, was den Standort angeht; zudem ist sie ein guter Bodendecker.

Man kann ihr durchaus Entdeckerqualitäten bescheinigen, d. h., nackter Boden wird von ihr besetzt, aber sie wuchert nicht und bedrängt ihre Nachbarn im Beet nicht. Wen ihre Ausdehnung trotzdem stört, kann sie einfach ausreißen, ja fast vom Boden abpflücken, denn die Staude ist leicht beherrschbar.

Bodendecker für halbschattige Blumenbeete

Name	Blüte	Höhe	Anmerkung
Gänsekresse (*Arabis procurrens*)	4–5	10–15	immergrün
Günsel (*Ajuga reptans* 'Sanne')	5–6	10–15	wintergrün
Taubnessel (*Lamium maculatum*)	6–8	20	weiße Sorten
Zwerg-Glockenblume (*Campanula cochleariifolia* 'Alba')	6–8	10	pflegeleicht
Zimbelkraut (*Cymbalaria muralis* 'Globosa Alba')	6–10	15	kugelförmige Polster

BLUMENZWIEBELN

Osterglocken
Narcissus

○–◑ ⬆40 ✿4

Narzissen im weißen Beet? Die müssen natürlich weiß sein. Dank Züchterfleiß und -ausdauer kann man mittlerweile zwischen vielen Arten und Sorten auswählen, egal, ob es sich um die klassische Trompetenform oder um gefüllte Exemplare handelt. In dieser Hinsicht muss jeder Gartenfreund selbst entscheiden, was er in sein Beet pflanzen möchte. Osterglocken sind robust und anspruchslos, jeder nicht zu trockene Gartenboden ist ihnen recht, nur nasse Beete vertragen sie nicht. Pflanzkörbe sind überflüssig, denn die Zwiebeln sind giftig und bleiben von Wühlmäusen unbehelligt. Natürlich taugen sie auch sehr gut als Schnittblumen, aber nicht in gemischten Sträußen. Die Narzissen sondern eine Art Schleim ab, der die Leitungsbahnen anderer Blumen verstopft, sodass diese kein Wasser mehr aufnehmen können und welken. Will man Osterglocken z. B. mit Tulpen in eine Vase stellen, gibt man sie zunächst für 24 Stunden in ein separates Gefäß. Danach kann man sie unbesorgt vergesellschaften.

Schneeglöckchen
Galanthus nivalis

○–◑ ⬆10 ✿2–3

Wenn die Schneeglöckchen ihre zarten Blüten öffnen, kann man sicher sein, dass der Winter nun den Rückzug angetreten hat. Und wenn die vergangenen Monate eher mild und nicht allzu frostig waren, überrascht uns das anspruchslose Zwiebelgewächs schon im Januar mit seinen zierlichen Glöckchen. Die werden von Jahr zu Jahr etwas zahlreicher, da die Pflanze sich aussamt. Weitere Arten und Sorten: Gefüllte Blüten mit grün-weiß gemusterten Rüschen im Glöckchen zeigt *Galanthus nivalis* 'Flore Pleno'. Ganz früh, nämlich schon im Januar, präsentiert sich *Galanthus elwesii* mit etwas breiteren Blüten und mit 15 cm etwas höher. Auch sie vermehren sich im Garten.

Wildkrokus
Crocus chrysanthus

○–◑ ⬆10 ✿2–3

Wenn die Schneeglöckchen noch in voller Blüte stehen, zeigen sich auch schon die Wildkrokusse. Auch sie lassen sich von frostigen Temperaturen und kalten Winden nicht beeindrucken. Wie etliche andere Zwiebelblumen samt sich auch dieser Krokus aus und vergrößert so mit der Zeit seine Bestände. Der Gärtner nennt das »verwildern«, was sich angesichts der sanften Vermehrung aber ziemlich übertrieben anhört – Gärtnersprache eben. Weitere Arten: Zeitgleich mit dem Wild- oder Frühlingskrokus, wie er auch genannt wird, erscheint *Crocus tommasianus* 'Alba', die weißblütige Züchtung des Elfenkrokus, dessen Blüten schlanker und zierlicher sind. Etwas später, nämlich von März bis April, zeigt sich der Gartenkrokus *(Crocus vernus)*. Er wird 15 cm hoch und hat größere Blüten.

Prachtkrokus
Crocus speciosus 'Alba'

○–◑ ⬆10 ✿9–10

Es ist schon überraschend, wenn sich im Herbst plötzlich Krokusse im Beet zeigen, doch so selten, sind die Herbstkrokusse in der freien Natur durchaus nicht. Wie ihre im Frühjahr erscheinenden Verwandten sind sie unkompliziert und robust. Mit den giftigen, auch in Weiß blühenden Arten und Sorten der Herbstzeitlose kann man sie kaum verwechseln. Herbstzeitlosen sind deutlich größer und höher (20 cm). Sie haben sechs Staubgefäße, die Krokusse besitzen nur drei. Und Herbstzeitlosen *(Colchicum)* erscheinen laublos, d. h., sie bilden im Herbst nur Blüten, die Blätter entwickeln sich erst im folgenden Frühjahr.

Das leuchtende Weiß der Narzissen 'Toto' überstrahlt sogar die knallig roten Tulpen.

Schattige Blumenbeete

Schattige Blumenbeete

Von Blütenstauden, Begleitstauden und Bodendeckern im Schatten

Wenn Sie sich nicht bei den Kapiteln festgelesen haben, die Sie am meisten interessieren, sondern das Buch Seite für Seite studiert haben, werden Sie ahnen, dass die Auswahl an Pflanzen in Ihrer Lieblingsfarbe im Schatten gegenüber dem Halbschatten nicht nur abnimmt, sondern sogar drastisch zusammenschrumpft. Für die meisten Farben sind nicht mal ein halbes Dutzend Arten im Angebot.

Probieren geht über studieren

Mein Tipp: Probieren Sie bei sich aus, welche Pflanzen, die Halbschatten vertragen, bei Ihnen an Ort und Stelle mit den Gegebenheiten zurechtkommen. Vermutlich werden Sie keine Unterpflanzung einer Fichtenschonung vornehmen wollen, denn das wäre ein aussichtsloses Unterfangen. Kiefern dagegen sind durchaus einen Versuch wert. Rhododendren, die Sonne und erst recht Wintersonne gar nicht mögen, schätzen dieses Nadelgehölz als Schattenspender sehr.
Auf den Pflegehinweisen, die als Kurzbeschreibung an Staudencontainern aus dem Gartencenter befestigt sind, finden Sie in der Regel auch den Hinweis »Sonnig«, »Sonne bis Halbschatten«, »Halbschatten bis Schatten«. Das ist zwar eine etwas grobe Einstufung, aber Sie wissen ja: Probieren geht über studieren.

Feuchtigkeit und Frost

Das Gleiche gilt auch für die Pflanzung von Blumenzwiebeln. Weil schattige Plätze meist auch mehr Bodenfeuchtigkeit aufweisen, ist eine Dränage aus Kies oder ein Sandbett sinnvoll. Darauf kommt etwas Kompost, und zum Schluss setzt man die Zwiebeln ins Pflanzloch.

Unternehmen Sie diesen Versuch mit Frühjahrsblühern wie beispielsweise Schneeglöckchen *(Nivalis)*, die Feuchtigkeit im Erdreich und einen schattierten Standort durchaus schätzen. Bei sommerblühenden Arten werden Sie dagegen kaum Erfolg haben. Und die Knollenbegonie *(Begonia)*, ein ausgesprochener Schattenliebhaber, der in vielen Farben und Züchtungen angeboten wird, scheidet gleich aus, weil sie nicht winterhart ist, also erst nach den Eisheiligen ins Beet ausgepflanzt werden kann und vor Frostbeginn wieder ins Haus muss – es sei denn, Sie greifen zu einem Trick. Senken Sie gleich bei der Anlage eines Beetes eine Art Freihalter in die Erde. Das sind z. B. größere Plastikblumentöpfe, in die Sie seitlich ein paar nicht zu große Löcher bohren. Tontöpfe sprengt der Frost. Versenken Sie diese Gefäße dann so tief, dass der Rand etwas unterhalb der Oberfläche liegt und später mit Erde abgedeckt werden kann.
Mitte Mai pflanzen Sie dann Ihre beispielsweise in 9-cm-Töpfen vorgezogenen Knollenbegonien in die größeren »Freihalter« hinein, die z. B. 15 cm Durchmesser haben, und die Sie mit Blumenerde oder einem Kompost-Erde-Gemisch auffüllen. Bodendecker, die sich zwischenzeitlich über diesen »Erdleckerbissen« hergemacht haben, lassen sich zusammen mit der anhängenden Bodenschicht mithilfe einer Handschaufel vorsichtig abheben oder abstechen und an anderer Stelle wieder einpflanzen.
Die hässlichen Löcher im Boden kann man den Winter über mit Abdeckreisig kaschieren oder an den Stellen kleine Buchsbäume *(Buxus)* in Töpfen aufstel-

Überwältigender Blütenschmuck abseits sonnenverwöhnter Beete – Hortensien-Arten unter sich. Diese schönen Sträucher gehören schon lange zum »festen Inventar« im Garten.

len, die dann im Mai in Blumenspindeln eingesenkt werden und den Sommer über Wege oder Terrasse schmücken. Im Herbst wandern sie dann wieder ins Schattenbeet.
Auf Dauer hält es der schnittverträgliche Buchs, der zeitweilige Trockenheit ebenso wie Feuchtigkeit toleriert, aber keine Staunässe verträgt, an vollschattigen Plätzen nicht so gut aus. Sein Lieblingsort ist der Halbschatten, Sonne wird aber vertragen. Da die Wurzeln des Buchses schon bei geringen Minusgraden frösteln, bekommt ihm das Einsenken ins Erdreich den Winter über besser als der freie Stand in einem Pflanzgefäß. Sie schlagen also gleich mehrere Fliegen mit einer Klappe.

Blühwunder im Schatten

Sie müssen sich aber nicht nur mit Begonien begnügen. Beispielsweise eignen sich auch Fuchsien *(Fuchsia)* und Fleißiges Lieschen *(Impatiens)* mit ihren zahlreichen Sorten als ausgesprochene Schattenpflanzen bestens. Selbst blühende Stiefmütterchen *(Viola)* können Sie im Herbst in die Freihalter einpflanzen. Stiefmütterchen gibt es in nahezu allen Farben und sie blühen mit etwas Schutz im Frühjahr erneut. Sie fühlen sich im Schattenbeet zwar nicht sonderlich wohl, aber als zweijährige Gewächse haben sie ohnehin nur eine begrenzte Lebensdauer – eben bis zum nächsten Frühjahr.
Abstriche machen müssen Sie leider, sollten Sie den Anspruch haben, im Schatten ein Beet zu bekommen, das von Januar bis Dezember blüht. Das ist im Halbschatten oft noch möglich, im Schatten hat die Natur dafür nichts zu bieten.

Grüne Begleitstauden

Das heißt jedoch nicht, dass so ein Beet unattraktiv sein muss. Gerade Farne als Begleitstauden, die das Rückgrat einer Schattenpflanzung bilden können, bestechen durch ihr unterschiedliches Grün, die verschiedenen Wuchshöhen und ihre eleganten, abwechslungsreich geformten Wedel. Ein reines Farnbeet, gerade wenn es auch noch mit einigen wintergrünen Arten bepflanzt ist, bietet zu jeder Jahreszeit einen so ästhetischen Anblick, dass man die Blüten kaum vermisst. Bringen Sie als Deko noch ein paar skurril geformte Hölzer ein, einige Baumwurzeln oder moosbedeckte Steine, und fertig ist das Beet. Ein herrlicher Anblick!

Ein Schattenbeet gestalten

Auch den scheinbaren Nachteil der geringen Auswahl können Sie in einen Vorteil ummünzen. Pflanzen Sie die verfügbaren Arten und Sorten großflächig oder verteilen Sie die Gewächse in Tuffs an verschiedene Stellen im Beet, um Fülle zu schaffen. Aufgelockert mit sparsam gesetzten Gräsern, Farnen oder Funkien ergeben sich so ganz reizvolle Kombinationen im Beet.
Nicht nur einige Blütenstauden und die meisten Farne – außer Perlfarn *(Onoclea sensibilis)* und Königsfarn *(Osmunda regalis)* – kommen mit einem solch schattigen Standort zurecht, sondern auch etliche Funkien mit Ausnahme von *Hosta plantaginea*-Hybriden, die sind Sonnenanbeter, und sogar einige Gräser. Auch die Haselwurz *(Asarum)* fühlt sich im Schatten wohl. Sie blüht tatsächlich, in Rotbraun, doch man muss schon ein botanischer Lustmolch sein und ihr das Röckchen heben, um das zu entdecken. Kurzum, sie versteckt ihre Blüten unter den Blättern und taugt damit für jedes Farbenbeet im

Schützend wölben die Bäume ihr luftiges Blätterdach über das bunte Etagenprimelvok zu ihren Füßen.

Schatten als Bodendecker. Die Haselwurz bildet Teppiche, aber das Tempo einer maschinellen Weberei ist nicht ihr Ding. Sie lässt es langsam und betulich angehen, aber ist dabei sehr gründlich.

Begleitstauden für schattige Blumenbeete

Name	Blüte	Höhe	Anmerkung
Bodendecker:			
Gewöhnliche Haselwurz *(Asarum europeum)*	3–4	10	Bodendecker
Gräser:			
Schatten-Segge *(Carex umbrosa)*	4–6	10–30	wintergrün
Wald-Marbel *(Luzula sylvatica)*	5–6	20–50	Gras, wintergrün
Wald-Segge *(Carex sylvatica)*	5–7	20–40	eher feucht, wintergrün

Da hat sich der Knöterich einen Partner gesucht, den man so in den heimischen Gärten kaum antreffen wird: Den doldenblütigen, an Kerbel erinnernden Behaarten Kälberkropf, einmal in weiß und in rosa als Sorte 'Roseum'.

Hier haben sich zwei zusammengefunden, die keine Sonnenanbeter sind: Primel und Taubnessel. Angesichts dieser hübschen Kombination wird deutlich, wie farbenfroh es auch im beschatteten Beet zugehen kann.

Ein Schauspiel im lichten Schatten: Tonangebend ist die nur rund 25 cm hohe Zwerg-Spiere, eine Verwandte der Prachtspiere. Einen durchaus gefälligen Rahmen bilden dabei Funkien und Farne.

Schattige Blumenbeete

Frühling

Nun will der Lenz uns grüßen – rosa-rot. Die rote Lenzrose hat ihren Blütenreigen bereits zum Jahresanfang eingeläutet, doch solch ein Frühaufsteher ist die rosa Elfenblume nicht. Beide zusammen bilden einen hübschen Saum, der von Hirschzungenfarn gerahmt wird.

Sommer

Jetzt ist die Zeit der Prachtspieren gekommen, auch die Wald-Marbel blüht, und die Farne bieten einen ansprechenden grünen Rahmen. Wie Gruppen von Passanten scheinen sie den Straßenmusikanten sprich Prachtspieren für ihren gelungenen Solo-Auftritt zu applaudieren.

Herbst

Sie trägt ihren Namen zu recht, die Prachtspiere »Glut«. Feurig rot lodern ihre Blüten aus dem mannigfachen Grün der Farne, ein letzter farbenprächtiger Gruß an den scheidenden Sommer. Bald wird auch ihr Flor braun und trocken, sie wird das Laub abwerfen und sich auf die kalte Jahreszeit vorbereiten.

Winter

Grün ist es geworden im rosa-roten Beet. Grün? Ja, aber es ist nicht nur grün, sondern auch rot: die Lenzrose blüht. Ihr leisten die wintergrünen Pflanzen Gesellschaft – der beeindruckende Wurmfarn, der Hirschzungenfarn mit seinem ungewöhnlichen Blattwerk, und die Wald-Marbel.

Pflanzen für das Blumenbeet in Rosa und Rot

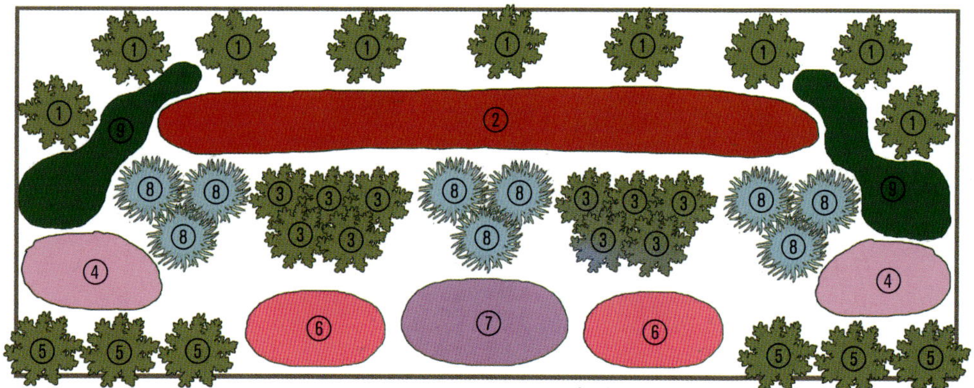

Maße des Blumenbeets: Länge 4 m, Breite 1,5 m

Pflanzenliste für das Blumenbeet in Rosa und Rot

Nr.		Pflanzenname
①	9 ×	Wurmfarn *(Dryopteris filix-mas)*
②	15 ×	Prachtspiere *(Astilbe arendsii*-Hybride 'Glut')
③	10 ×	Frauenhaarfarn *(Adiatum pedatum)*
④	10 ×	Prachtspiere *(Astilbe japonica*-Hybride 'Europa')
⑤	6 ×	Hirschzungenfarn *(Phyllitis scolopendrium)*
⑥	10 ×	Elfenblume *(Epimedium grandiflorum* 'Rose Queen')
⑦	5 ×	Lenzrose *(Helleborus orientalis*-Hybride 'Rote Auslese')
⑧	9 ×	Waldmarbel *(Luzula sylvatica)*
⑨	12 ×	Gewöhnliche Haselwurz *(Asarum europeum)*

BLÜTENSTAUDEN

Lenzrose
Helleborus orientalis-Hybride 'Rote Auslese'

◑ ⬆30 ✿1–4

Eigentlich ist sie eine typische Halbschattenpflanze, kommt aber auch mit schattigen Gegebenheiten noch zurecht, wie z. B. am Rand eines Schattenbeetes. Die Finsternis, die ein Farn, der in einer dunklen Schlucht wächst, noch meistert, verträgt sie nicht. Die wintergrüne Staude, die mit der Christrose verwandt ist, aber etwas später und länger blüht, versamt sich gerne, doch die Blütenfarbe der Sämlinge muss nicht unbedingt derjenigen der gepflanzten Sorte entsprechen. Wer Spaß am Experimentieren hat, kann die Jungpflanzen stehen lassen, wer Überraschungen nicht schätzt, entfernt sie oder schneidet die Blüten ab, bevor sie zu welken beginnen.

Elfenblume
Epimedium grandiflorum 'Rose Queen'

◑–● ⬆30 ✿4–5

Der Zusatz »grandiflorum« im botanischen Namen bedeutet »großblütig«, und nicht nur das trifft auf diese Sorte zu, sondern sie ist zugleich auch noch vielblütig. Traditionell werden Elfenblumen als Bodendecker in Schatten- oder Halbschatten-Beeten eingesetzt. Diese Art allerdings wächst durchaus horstig, wuchert also nicht. Die pfeilförmigen Blätter sind im Austrieb bronzefarben, später vergrünen sie. Die Staude schätzt die gleichen Standortbedingungen wie Farne und Astilben.

Prachtspiere
Astilbe japonica-Hybride 'Europa'

◑–● ⬆40 ✿6–7

Wie viele andere Stauden, die sich der Mensch in den Garten geholt hat, stammt diese filigrane Schönheit nicht aus heimischen Gefilden. Astilben kommen überwiegend aus Südostasien. Dieser Tatsache ist sich aber kaum noch jemand bewusst, denn die Pflanze ziert schon seit so langer Zeit unsere Beete, dass sie schon längst zu den unverzichtbaren Blütengewächsen in halbschattigen oder schattigen Teilen des Gartens gehört. Ihre Ansprüche ähneln denen der Farne, sodass sie sich damit auch ausgezeichnet vergesellschaften lässt. Sie bevorzugt einen guten Gartenboden, der stets ausreichend feucht ist und nicht austrocknet. Diesen geringen Aufwand dankt sie dann mit erstaunlicher Langlebigkeit.

Prachtspiere
Astilbe arendsii-Hybride 'Glut'

◑–● ⬆80 ✿8–9

Astilben gehören mit ihren fein verzweigten Rispenblüten und den gefiederten Blättern mit zu den schönsten Blütenpflanzen in halbschattigen und schattigen Beeten. Hinzu kommt, dass sie äußerst langlebig sind, wenn ihre Ansprüche erfüllt werden. Das ist aber leicht zu errei-

Die Blüten der Elfenblume 'Rose Queen' mutet im Blumenbeet eher an wie ein Exot aus dem botanischen Garten.

Schattige Blumenbeete

Die Prachtspiere 'Europa' bleibt mit 40 cm relativ niedrig und schätzt halbschattige bis schattige Plätze im Garten.

chen. Sie liebt einen guten Gartenboden, der stets ausreichend feucht sein sollte, denn Trockenheit verträgt sie nicht. Als Einzelpflanze sollte man sie nicht setzen. Nur in Gruppen mit ihresgleichen gepflanzt, kommt die farbenprächtige Astilbe so richtig zur Geltung.

GRÄSER

Waldmarbel
Luzula sylvatica

◐–● ⬆ 20–50 ✿ 5–6

Die Waldmarbel ist eine bei uns heimische Staude, die zu der eher seltenen Spezies der Gräser gehört, die auch tiefen Schatten mögen und vertragen. Dabei reicht ihr ein ganz normaler Gartenboden, um sich wohlzufühlen. Mithilfe kurzer Ausläufer nimmt die Pflanze nach und nach an Umfang zu. Wo das nicht gewünscht oder als störend empfunden wird, sticht man sie im Herbst oder Frühjahr einfach auf die gewünschte Größe ab. Die Teilstücke kann man dann an anderer Stelle im Beet einpflanzen oder sie verschenken. Die Waldmarbel ist wintergrün und wie alle Gräser wird sie erst im Frühjahr zurückgeschnitten.

FARNE

Frauenhaarfarn
Adiatum pedatum

◐–● ⬆ 50 ✿ –

Wer als Zimmergärtner schon einmal einen tropischen Frauenhaarfarn auf der Fensterbank gepflegt hat, hat ihn als einen recht heiklen Schützling kennengelernt. So ein Sensibelchen ist der mit ihm verwandte, aber winterharte Frauenhaarfarn, den man auch Pfauenradfarn nennt, zwar nicht, aber auch er schätzt Standorte, die genügend Luftfeuchtigkeit bieten. Solch einen Platz findet er im Halbschatten oder Schatten in Gesellschaft von seinesgleichen oder von Farnverwandten. Ist dann der Boden auch noch ausreichend feucht und trocknet nicht aus, steht einem lebenslangen Miteinander mit seinem Gärtner nichts mehr im Weg.

Hirschzungenfarn
Phyllitis scolopendrium
(auch *Asplenium scolopendrium*)

◐–● ⬆ 30–50 ✿ –

Dieser kleinere Farn fällt völlig aus dem Rahmen, was seine äußere Gestalt angeht. Zwar wächst er ebenfalls trichterförmig, sodass seine Blätter eine Art Nest zu bilden scheinen, aber sie zeigen nichts von der feinfiedrigen Eleganz der Wedel anderer Farnarten. Derb und ledrig ist das Blatt, ungeteilt und mit einer ausgeprägten Mittelrippe. Die Ansprüche hat er mit den anderen Vertretern der Farnfamilie gemein: halbschattig bis schattiger Standort ohne Trockenheitsperioden, dafür ständig feucht, aber nicht nass. Der Hirschzungenfarn ist wintergrün. Es reicht, im Frühjahr einzelne vertrocknete Blätter abzuschneiden, ein kompletter Rückschnitt schadet der Pflanze und sollte daher unterbleiben.

Wurmfarn
Dryopteris filix-mas

◐–● ⬆ 80–120 ✿ –

Farne gibt es seit rund dreihundert Millionen Jahren auf unserem Planeten und damit gehören sie zu den ältesten Pflanzen überhaupt. Sie bilden nicht wie die »mo-

Blütenpflanzen für schattige Blumenbeete

Name	Blüte	Farbe	Höhe	Anmerkung
Lenzrose *(Helleborus orientalis-Hybriden)*	1–4	Rosa	30	wintergrün
Elfenblume *(Epimedium grandiflorum* 'Rose Queen')	4–5	Rosa	30	attraktive Blätter
Kleines Immergrün *(Vinca minor* 'Atropurpurea' oder 'Rubra')	4–5	Rosa	15	Bodendecker, nicht üppig wachsend
Herzblume *(Dicentra formosa* 'Stuart Boothman')	4–7	Rosa	25	schöne Blüten
Prachtspiere *(Astilbe arendsii-, japonica-* und *thunbergii*-Hybriden) Rot	6–8	Rosa	50–100	rote Sorten

Die Gewöhnliche Haselwurz ist ein idealer Bodendecker für das schattige Beet. Sie kommt auch wild in den heimischen Wäldern vor. Die nierenförmigen, ungezeichneten Blätter erinnern an das Laub von Alpenveilchen.

BODENDECKER

Gewöhnliche Haselwurz

Asarum europeum

◑-● ⬆10 ✿3–4

Sie ist in unseren Wäldern zu Hause, hat durchaus hübsche, nierenförmige Blätter, und trotzdem kennt sie kaum jemand. Zu unauffällig versteckt sie sich im Unterholz, zu gewöhnlich scheint das niedrige Gewächs, als dass man sich danach bückt und es genauer betrachtet. Obwohl hier eine Blütezeit angegeben ist, wird man die Blüten kaum entdecken. Sie sind unscheinbar und zudem unter dem Blattwerk verborgen. Im Garten macht man sich die anderen Qualitäten der Staude zunutze. Sie ist genügsam, wintergrün, schattenverträglich und sie spielt sich als niedriger Bodendecker nicht in den Vordergrund. Wuchern tut sie nicht, im Gegenteil, sie ist eher langsam in ihrem Ausbreitungsdrang – dabei beharrlich und gründlich.

dernen« Vertreter der Fauna Blüten und Samen aus, sondern vermehren sich über Sporen. Gemessen an den Giganten von damals, die über 30 m hoch werden konnten, ist der Wurmfarn, der immerhin zu den größten heimischen Vertretern gehört, geradezu ein Zwerg. Im Garten ist er mit seinen gefiederten Wedeln jedoch eine imposante Erscheinung. Er wächst horstig, wuchert also nicht, und er ist wintergrün. Erst im Frühjahr, bevor er austreibt, schneidet man das Laub ab. Ein hübscher Verwandter ist der Goldschuppenfarn *(Dryopteris affinis)*, ebenfalls wintergrün und bis zu 100 cm hoch, meist aber etwas kleiner bleibend. Die Wedel sind unten goldfarben, im Austrieb goldbraun.

Der Frauenhaarfarn, auch Pfauenradfarn genannt, ist ein besonders hübscher, anmutiger Vertreter der Farnfamilie und dazu noch äußerst langlebig.

Was da im Vordergrund so aus dem »Pflanzendickicht« leuchtet, ist das strahlend blaue Blausternchen, das seinem Namen hier mal wieder alle Ehre macht. Es ist ein völlig unkomplizierter Zwiebelblüher.

Vorne links macht sich der »Dicke Vater« breit, nämlich die Riesen-Blaublatt-Funkie 'Big Daddy', dahinter drängt sich das Mammutblatt ins Bild, das durchaus über zwei Meter groß werden kann.

Eine Symphonie in Blau und Violett abseits der Sonne. Ins Auge stechen dabei die himmelblauen Blüten des Scheinmohns. Die Staude stellt aber besondere Ansprüche und ist Garteneinsteigern nicht zu empfehlen.

Schattige Blumenbeete

Frühling

Hier läuten Stauden den Frühling ein – in der reinen Lehre. In Blau. Gedenkemein spinnt vorne ein blaues Band, zarte Leberblümchen laden zum Gruppenbild, und das Lungenkraut steht in lockeren Tuffs Spalier. Gut, dass es auch schattige Plätze gibt, um diese Schönheiten um sich zu haben.

Sommer

Jetzt ist es vorbei mit dem Blau – der Sommer zeigt sich violett. Im Hintergrund schweben die duftigen Blüten der Prachtspiere über dem Laub, davor entfaltet sch der Flor der mächtigen Funkien. Auch die Wald-Segge zeigt nun ihre zierlichen Rispen, und der Wurmfarn bildet den grünen Rahmen dazu.

Herbst

Das Blühen im Schatten hat abgenommen, einzig die Funkie 'Blue Angel' hält noch aus. Erst jetzt findet sich die Gelegenheit, Farbe und Struktur der großen, ledrig wirkenden Blätter der Hostas zu betrachten und die eleganten Wedel des Wurmfarns zu bewundern.

Winter

Es ist still geworden im Beet. Die Stauden verschlafen die kalte Jahreszeit unterirdisch, nur der wintergrüne Wurmfarn und die wintergrüne Wald-Segge halten die Stellung. Sie sind die Hüter der anderen und wachen darüber, dass die Pflanzen den nächsten Frühling nicht verpassen. Dann beginnt das Blühen erneut.

Schattige Blumenbeete

Pflanzen für das Blumenbeet in Blau und Violett

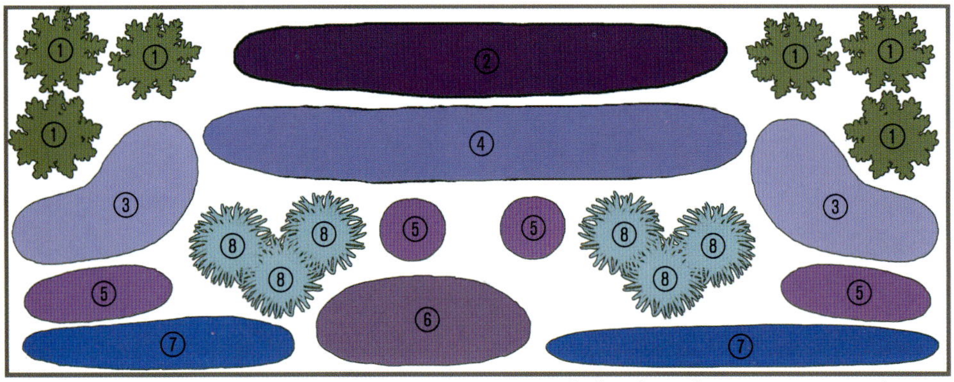

Maße des Blumenbeets: Länge 4 m, Breite 1,5 m

Pflanzenliste für das Blumenbeet in Blau und Violett

Nr.		Pflanzenname
①	6 ×	Wurmfarn *(Dryopteris filix-mas)*
②	12 ×	Prachtspiere *(Astilbe arendsii*-Hybride 'Amethyst')
③	6 ×	Funkie *(Hosta*-Hybride 'Blue Angel')
④	9 ×	Funkie *(Hosta*-Hybride 'Big Daddy')
⑤	12 ×	Lungenkraut *(Pulmonaria dacia* 'Azurea')
⑥	9 ×	Leberblümchen *(Hepatica nobilis)*
⑦	25 ×	Gedenkemein *(Omphalodes verna)*
⑧	6 ×	Waldsegge *(Carex sylvatica)*

kann die Pflanze im Herbst oder Frühjahr durch Abstechen verkleinern und die Teilstücke anderweitig einpflanzen. Die Staude ist anspruchslos, gedeiht auch noch im tiefen Schatten und begnügt sich mit normalem Gartenboden.

Lungenkraut

Pulmonaria dacia 'Azurea'
(Syn.: *Pulmonaria angustifolia)*

◑–● ⬆30 ✿4–5

Das Lungenkraut ist eine Staude aus den heimischen Wäldern. Seinen Namen bekam es, weil man die Blätter der Art *Pulmonaria officinalis* von alters her als Heilmittel gegen allerlei Lungenleiden einsetzte. Eine beliebte Gartenblume ist die oben benannte *Pulmonaria dacia* 'Azurea', eine altbekannte, schon seit Jahrzehnten bewährte Sorte mit tiefblauen Blüten. Sie wird auch gerne von Bienen und Hummeln besucht. Das Lungenkraut schätzt einen normalen Gartenboden, der stets ausreichend feucht ist und nicht austrocknet. Es ist ein langlebiger Bodendecker, der aber beherrschbar bleibt und nicht zu den Wucherern zählt.

BLÜTENSTAUDEN

Leberblümchen

Hepatica nobilis

◑–● ⬆15 ✿3–4

Von der Form der ledrigen Blätter schloss die mittelalterliche Signaturlehre, dass die Pflanze dem größten inneren Organ ähnlich sähe und setzte Blätter und Blüten der Staude als Heilmittel gegen Leber- und Gallenerkrankungen ein. So kam es auch zu seinem deutschen Namen. Das Leberblümchen wächst wie das Lungenkraut in den europäischen Wäldern und mag auch ähnliche Bedingungen wie die Staude. Es ist kein Bodendecker, kann sich aber aussamen und so nach und nach für größere Bestände sorgen.

Gedenkemein

Omphalodes verna

◑–● ⬆15–20 ✿4–5

Wer bei dem Namen »Gedenkemein« unwillkürlich eine Assoziation mit dem »Vergissmeinnicht« knüpft, liegt gar nicht mal so falsch. Tatsächlich ähneln sich die Blüten dieser Staude und die des zweijährigen Vergissmeinnichts *(Myosotis)* sehr. Das Gedenkemein ist ein anspruchsloser Bodendecker, der sich durch Ausläufer vermehrt. Wem dieser Ausbreitungsdrang mit der Zeit lästig wird,

Prachtspiere

Astilbe arendsii-Hybride 'Amethyst'

◑–● ⬆100 ✿7–8

Mit ihrer sehr ausgefallenen Blütenfarbe ist diese Sorte nicht nur eine der auffälligsten Astilben überhaupt, sondern sie ist auch eine der größten innerhalb der gesamten Prachtspieren-Gattung. Es ist das Verdienst des deutschen Züchters Georg Arends, dass der Gartenfreund heutzutage aus einer solchen Vielzahl von schönen Sorten und Hybriden auswählen kann, denn die verschiedenen Formen und Wildarten, die er miteinan-

Pflanzen für schattige Blumenbeete

Name	Blüte	Farbe	Höhe	Anmerkung
Leberblümchen *(Hepatica nobilis)*	3–4	Blau	15	–
Gedenkemein *(Omphalodes verna)*	4–5	Blau	15–20	Bodendecker
Lungenkraut *(Pulmonaria angustifolia)*	4–5	Blau	30	eher feucht
Kleines Immergrün *(Vinca monor)*	4–5	Blau	15	Bodendecker
Astilbe *(Astilbe arendsii*-Hybride 'Amethyst')	7–8	Violett	100	kräftige Blütenfarbe

der kreuzte, waren bei Weitem nicht so prächtig anzusehen. Um die langlebige Staude bei Laune zu halten, reicht ein guter Gartenboden, der stets ausreichend feucht ist und nicht austrocknet.

Funkie
Hosta-Hybride 'Big Daddy'

◑–● ⬆40–65 ✿7–8

»Big« ist sie schon, diese Funkie, doch die größte ist sie trotz ihres Namens nicht, sie ist eher guter Durchschnitt. Das ist aber kein Hinderungsgrund, um sie ins schattige Beet zu pflanzen, denn auch diese Staude fühlt sich dort wohl. Ursprünglich in Asien heimisch, sind dem Gartenfreund die Funkien mittlerweile so vertraut, dass sie aus den Gärten nicht mehr wegzudenken sind. Vornehmlich erfüllen sie dabei die Funktion als Blattschmuckpflanzen in Beeten, die nicht von der Sonne verwöhnt werden. Aber gerade mit ihren Blüten setzt diese Funkie besondere Akzente.

Funkie
Hosta-Hybride 'Blue Angel'

◑–● ⬆70–100 ✿7–9

Diese Sorte mit ihren großen, graublauen, gerunzelten Blättern gehört wahrlich zu den Giganten unter den Funkien und bildet stattliche Horste. Zudem ist ihre lange Blühdauer bis zum September beachtlich. Und sie ist ausgezeichnet schattenverträglich, was man durchaus von allen *Hosta*-Hybriden sagen kann. Gerade die Blattfarbe und die außergewöhnliche Blattgröße wecken die Begierde, sie als floristisches Beiwerk zu nutzen. Das ist durchaus erlaubt, aber bitte nur in Maßen. Hat solch ein Riese besondere Ansprüche? Hat er nicht: Guter Gartenboden ist alles.

Besonders schön gefärbt sind die Blüten der Lungenkraut-Sorte 'Azurea'. Sie mag schattige feuchte Plätze.

GRÄSER

Waldsegge
Carex sylvatica

◑–● ⬆20–40 ✿5–7

Die Waldsegge ist ein horstig wachsendes Gras, das in den heimischen Laub- und Mischwäldern vorkommt. Es ist wintergrün, verträgt Schatten sehr gut und ist ziemlich anspruchslos. Alternativ kann auch die Schattensegge *(Carex umbrosa)* gepflanzt werden. Auch die Schattensegge ist bei uns heimisch, bleibt aber mit 15–25 cm etwas kleiner und blüht bereits von April bis Mai mit rotbraunen Rispen. Wie die Waldsegge ist auch dieses Gras wintergrün, sehr schattenverträglich und anspruchslos.

FARNE

Wurmfarn
Dryopteris filix-mas

◑–● ⬆180–120 ✿–

Denkt man an einen Farn, stellt man sich wahrscheinlich den Wurmfarn vor, denn er ist ein typischer Vertreter dieser großen Familie und in unseren Wäldern ziemlich häufig anzutreffen. Ihn dort auszugraben und im Garten anzusiedeln, würde – selbst wenn es rechtlich zulässig wäre – immer misslingen. Als Wildpflanze braucht er seine natürliche Umgebung mit einem ganz speziellen Boden und dem entsprechenden Mikroklima. Ganz anders die Farne, die man beim Staudengärtner kauft. Die sind durch Auslese und Züchtung an die Bedingungen im Beet angepasst und sie gedeihen dort prächtig. Vorausgesetzt, der Boden ist immer ausreichend feucht. Der Wurmfarn ist wintergrün und seine Wedel werden erst im Frühjahr abgeschnitten.

Schattige Blumenbeete

Es herrscht lichter Schatten, und es ist zweifellos Frühling, denn die Scheinhasel präsentiert ihre blaßgelben Blütentrauben. Umgeben von lauter gelb blühenden Nachbarn zeigt die rote Lenzrose ihren Flor.

Narzissen und Frühlingsanemonen geben sich hier ein Stelldichein unter den noch lichten Birken. Bevor die Bäume voll belaubt sind, verschwinden beide wieder bis zum nächsten Frühjahr in der Erde

Hundszahn – ein furchtbarer Name für diesen hübschen Zwiebelblüher, der so genannt wird, weil seine Knolle etwa die Form eines Hundezahns hat. Forellenlilie, wie Ästheten sagen, wäre sicherlich angemessener.

Schattige Blumenbeete

Frühling

Noch macht sich die Sonne rar, aber der Schatten blüht schon auf. Das Spalier der Mahonien lässt den Hintergrund leuchten, vorne im Beet steht die Bischofskappe Spalier für den Frühling, und dahinter sorgen Tuffs der Elfenblume für einen blumigen Willkommensgruß.

Sommer

Jetzt haben die sommerblühenden Stauden ihren großen Auftritt – und die Wald-Segge, die ebenfalls ihre Blüten präsentiert. Die Wachsglocke zeigt ihre Glöckchen, die Taubnessel ihre typischen Blütenstände, und die Funkie wartet mit cremefarbigem Flor auf. Ein hübscher Begleiter dazu ist der Frauenhaarfarn.

Herbst

Einzig die Wachsglocke hat ihre Blüten in diese Jahreszeit hinübergerettet. Die interessant gezeichneten Blätter der Funkie sind ein weiterer Blickpunkt im Beet. Struktur geben auch die dunklen Blätter der immergrünen Mahonie und das wintergrüne Laub von Bischofskappe, Elfenblume und Taubnessel.

Winter

Sie haben ausgehalten, die Bischofskappe, die Wald-Segge, die Taubnessel und die Elfenblume, und das wird auch den Winter über so bleiben. Auch die Mahonie ist gut gerüstet – sie behält nicht nur ihr Laub, sondern präsentiert jetzt auch ihre Blüten. Und das bis zum kommenden Frühling ...

Schattige Blumenbeete

Pflanzen für das Blumenbeet in Gelb und Orange

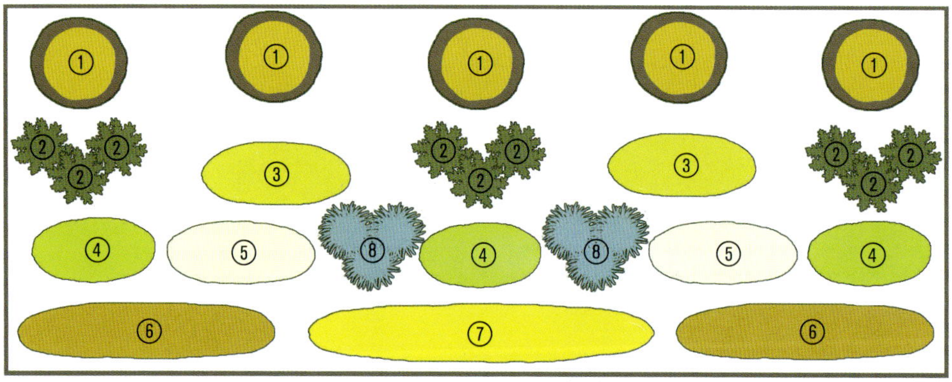

Maße des Blumenbeets: Länge 4 m, Breite 1,5 m

Pflanzenliste für das Blumenbeet in Gelb und Orange

Nr.		Pflanzenname
①	5 ×	Mahonie *(Madonia × media* 'Winter Sun')
②	9 ×	Frauenhaarfarn *(Adiatum pedatum)*
③	6 ×	Wachsglocke *(Kirengeshoma palmata)*
④	9 ×	Elfenblume *(Epimedium pinnatum* subsp. *colchicum)*
⑤	6 ×	Funkie *(Hosta*-Hybride 'Dream Weaver')
⑥	10 ×	Taubnessel *(Lamiastrum galeobdolon* 'Florentinum')
⑦	15 ×	Bischofskappe *(Mitella breweri)*
⑧	6 ×	Waldsegge *(Carex sylvatica)*

GEHÖLZE

Mahonie

Mahonia × media 'Winter Sun'

◑–● ⬆ bis 200 ✿ 1–4

Die genügsame Mahonie 'Winter Sun' wächst eher langsam; windige und von der Wintersonne beschienene Standorte mag sie gar nicht. Der Strauch ist ganzjährig ein Blickfang im gelben Beet, er gehört zu den seltenen Immergrünen, deren Laub sich im Herbst gelbrot färbt. Die leuchtend gelben Blüten erscheinen bereits früh im Winter im Januar, je nach Witterung mancherorts auch etwas später.

BLÜTENSTAUDEN

Elfenblume

Epimedium pinnatum subsp. *colchicum*

◑–● ⬆ 40 ✿ 4–5

Diese Elfenblume hat wie alle Vertreter ihrer Art zart und zerbrechlich wirkende Blüten, sie zeigt sich ansonsten aber sehr robust und ist ein guter Bodendecker, der sich durch Ausläufer vermehrt. Wie bei allen Elfenblumen ist ihr Revier Schatten und Halbschatten und sie meistert selbst trockenere Standorte unter Gehölzen; dazu ist sie wintergrün. Ebenfalls wintergrün und gelb blühend, aber im Herbst mit rot gerandetem Laub ist die Sorte *Epimedium × perralchicum* 'Frohnleiten'. Auch diese Staude ist ein guter Bodendecker, aber nicht ganz so wüchsig wie die vorstehende Art und sie benötigt mehr Feuchtigkeit.

Bischofskappe

Mitella breweri

◑–● ⬆ 25 ✿ 4–5

Auch die Bischofskappe, die aus Nordamerika stammt, ist ein Bodendecker, aber als teppichartig wachsende Pflanze einer der verträglichen Art. Die Bischofskappe schätzt Halbschatten und Schatten, der Boden sollte stets ausreichend feucht sein und nicht austrocknen. Da sie wintergrün ist, schmückt sie das Beet auch in der kalten Jahreszeit. Wie viele andere Stauden wird sie hierzulande leider noch viel zu selten im Garten gepflanzt. Dabei ist die hübsche Pflanze durchaus eine Bereicherung in den Beeten, die nicht von der Sonne verwöhnt werden.

Taubnessel

Lamiastrum galeobdolon 'Florentinum' (Syn.: *Lamium galeobdolon)*

◑–● ⬆ 25 ✿ 5–6

Die Taubnessel sieht der Brennnessel durchaus ähnlich, ist aber völlig harmlos, wenn man sie berührt, denn sie hat weder Nesselhaare noch brennt sie. Zur Unterscheidung bekam sie daher den Namen »Taubnessel«. Der ist aber bei der genannten Art auch nicht ganz richtig, denn die firmiert wegen ihrer gelben Blüten als »Goldnessel«. 'Florentinum' ist eine völlig anspruchslose Sorte, die ihr silberweiß geflecktes Laub auch über den Winter behält. Sie ist ein ausgezeichneter Bodendecker, neigt aber zum Wuchern. Hier hilft nur Abstechen im Herbst oder Frühjahr.

Zahm, horstig und ohne Ausbreitungsdrang präsentiert sich die Sorte 'Silberteppich', deren Laub nur silbrige Akzente zeigt. Sie blüht gelb, ist nicht wintergrün, blüht aber von Mai bis September.

Funkie

Hosta-Hybride 'Dream Weaver'

◑–● ⬆40 ✿ 7–8

Diese Hybride ist eine der eher raren Funkien, die nicht in Farbschattierungen von Lila oder Lavendel blühen, sondern cremefarbig. Dazu ist sie eine Art Chamäleon unter diesen Stauden. Der Mittelteil des Blatts ist gelblich, der breite Rand grün. Der Clou: Diese Anteile variieren von Blatt zu Blatt, und das selbst an ein und derselben Pflanze. »Harlekin-Funkie« wäre vielleicht ein passender deutscher Name.
So exklusiv auch Blatt und Blüte, so anspruchslos gibt sich diese Funkie im Beet – guter Gartenboden ist alles, und Schatten ist ihr sogar lieber als Halbschatten.

Wachsglocke

Kirengeshoma palmata

◑–● ⬆70 ✿ 8–9

Die Wachsglocke hat eine weite Reise hinter sich, denn sie stammt aus Asien, genauer gesagt aus Japan. Ob es an ihrem etwas spröden deutschen Namen oder der fernöstlich klingenden botanischen Bezeichnung liegt, dass sie in unseren Gärten eher selten zu finden ist, bleibt dahingestellt. Tatsache ist, dass sie weder eine Pflanzendiva ist, noch besondere Anforderungen stellt. Die horstig wachsende Staude liebt den Halbschatten, gedeiht aber auch noch recht gut an lichten Schattenplätzen, wo also nicht ständige Finsternis herrscht. Ein guter Gartenboden genügt der langlebigen Pflanze, um sich wohlzufühlen.

FARNE

Frauenhaarfarn

Adiatum pedatum

◑–● ⬆50 ✿ –

So zart wie Frauenhaar ist das Laub dieses Farns zwar nicht, aber die feine Fiederung der hellgrünen Wedel auf den zarten schwarzen Stielen vermittelt schon eine gewisse Leichtigkeit und Anmut. Betrachtet man sich die Wedel etwas genauer, erkennt man eine gewisse Ähnlichkeit mit dem Schwanz eines radschlagenden Pfaus, und so lautet der zweite deutsche Name des Frauenhaarfarns »Pfauenradfarn«. Halbschatten oder Schatten ist dem Frauenhaarfarn egal. Hauptsache, er wird in einen guten Gartenboden gepflanzt, der stets ausreichend feucht ist und nicht austrocknet, dann ist er sehr ausdauernd und langlebig.

Blütenpflanzen für schattige Blumenbeete

Name	Blüte	Höhe	Anmerkung
Japanischer Waldmohn *(Hylomecon japonicum)*	4–5	30	zieht nach der Blüte ein
Elfenblume *(Epimedium pinnatum* subsp. *colchicum)*	4–5	40	wintergrün
Bischofskappe *(Mitella breweri)*	4–5	25	wintergrün
Taubnessel *(Lamiastrum galeobdolon* 'Florentinum')	5–6	25	wintergrün, stark wuchernd
Wachsglocke *(Kirengeshoma palmata)*	8–9	70	große Blätter

Mit ihren glockenförmigen, zartgelben Blüten wirkt die Wachsglocke sehr zerbrechlich.

GRÄSER

Waldsegge

Carex sylvatica

◑–● ⬆20–40 ✿ 5–7

In der freien Natur ist die Waldsegge die am häufigsten vertretene Art der hier heimischen Gräser der Gattung *Carex*. Die wintergrüne Staude bevorzugt halbschattige und schattige Plätze und einen normalen Gartenboden. Zur Waldsegge gibt es mehrere Alternativen. Da wäre die Schattensegge *(Carex umbrosa)*, die horstig wächst, von April bis Mai blüht und mit einer Höhe von 15–25 cm kleiner und zierlicher bleibt; sie ist ebenfalls wintergrün. Mit der gleicher Größe und mit dem gleichen Blütezeitraum wie die Waldsegge wartet die Japansegge *(Carex morrowii)* der Sorte 'Variegata' auf. Sie ist ebenfalls wintergrün und bietet somit auch noch nach der Vegetationsperiode einen besonderen Blickfang im Beet: Ihre saftig-grünen Halme schmückt ein gelber Rand. Die Ansprüche aller drei Arten sind identisch.

Schattige Blumenbeete

Auch hier eine schattige Atmosphäre, und wieder ist das Beet ein Hin- und kein Weggucker. Das Geheimnis sind erneut die weißen Blüten, die die Dunkelheit erhellen und sogar zum Strahlen bringen.

Eine dritte Variante, um ein Fleckchen im Garten aufzuhellen, das nicht gerade von der Sonne verwöhnt wird. Fast sind die weißen Blüten im Hintergrund nur Staffage, denn die Aufheller sind diesmal Funkien der Sorte 'Patriot'.

Keine Frage, das Beet ist schattig, aber wirkt es düster und abweisend? Nein, es ist hell, es ist licht, es leuchtet – dank der weißen Blüten, die jeden einfallenden Lichtstrahl dutzendfach reflektieren.

Schattige Blumenbeete

Frühling

Im weißen Schattenbeet tritt die Lenzrose im Frühling als Solist auf und darf sich zu Recht als Diva feiern lassen. Nur ein paar blütenlose Wintergrüne haben sie ab Jahresanfang begleitet, jetzt lässt sie sich von den Blütenständen der Schatten-Segge umschmeicheln, die sich gerne mit der Statistenrolle begnügt.

Sommer

Im Beet beginnt es zu strahlen und zu leuchten. Die Schaumblüte entfacht ein Feuerwerk luftig weißer Rispen, die Funkie prunkt in ihrem Flor, das imposante Schaublatt setzt sich in Szene und die Silberkerzen im Hintergrund entzünden mannshohe Blütenkerzen, die sie je nach Art nacheinander abbrennen.

Herbst

Die anderen Stauden haben ihr Pulver bereits verschossen, nur die August-Silberkerze punktet noch. Ihr zur Seite stehen September- und Oktober-Silberkerze, die erst jetzt zu großer Form auflaufen. Danach wird es wieder dunkler werden im Beet, aber nicht stockfinster.

Winter

Die Lenzrose ist es, die dafür sorgt, dass die Flamme des Blühens auch in der kalten Jahreszeit nicht erlischt. Gesellschaft leisten ihr dabei die wintergrüne Schattensegge und der Hirschzungenfarn sowie die Schaumblüte. Sie trägt jetzt ihren bronzefarbenen Wintermantel.

Pflanzen für das Blumenbeet in Weißtönen

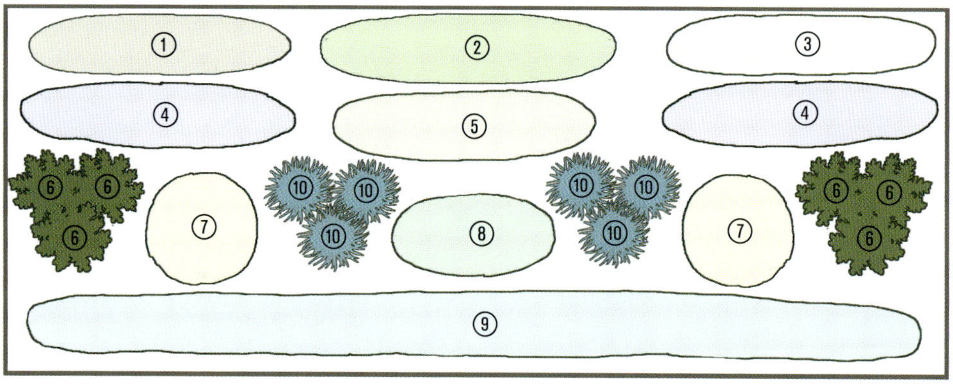

Maße des Blumenbeets: Länge 4 m, Breite 1,5 m

Pflanzenliste für das Blumenbeet in Weißtönen

Nr.		Pflanzenname
①	5 ×	Juli-Silberkerze *(Actaea racemosa)*
②	5 ×	August-Silberkerze *(Actaea dahurica)*
③	5 ×	September-Silberkerze *(Actaea ramosa)*
④	10 ×	Oktober-Silberkerze *(Actaea simplex)*
⑤	1 ×	Schaublatt *(Rodgersia aesculifolia)*
⑥	6 ×	Hirschzungenfarn *(Phyllitis scolopendrium)*
⑦	6 ×	Funkie (*Hosta*-Hybride 'Snow flakes')
⑧	3 ×	Lenzrose (*Helleborus orientalis*-Hybride)
⑨	20 ×	Schaumblüte *(Tiarella cordifolia)*
⑩	6 ×	Schattensegge *(Carex umbrosa)*

BLÜTENSTAUDEN

Lenzrose

Helleborus orientalis-Hybride 'Weiße Auslese'

◑ ⬆30 ✿1–4

Die Lenzrose schätzt Halbschatten, kommt aber auch mit lichtem Schatten recht gut zurecht. Pflanzt man sie dagegen in die düsterste Ecke des Gartens, wird man nicht lange Freude an ihr haben, obwohl die wintergrüne Staude ansonsten sehr langlebig ist. Mehr als ein passender Standort und der übliche Gartenboden sind dazu nicht notwendig. Die Pflanze sät sich gerne selbst aus, dabei können die Nachkommen durchaus andere Blütenfarben zeigen als das ursprünglich gepflanzte Exemplar. Wer das unterbinden will, schneidet die Blüten ab, wenn sie zu welken beginnen.

Schaumblüte

Tiarella cordifolia

◑–● ⬆20 ✿5–6

Die Schaumblüte stammt aus Nordamerika und hat schon seit langer Zeit bei uns Fuß gefasst – im wahrsten Sinne des Wortes. Sie ist ein schnellwüchsiger Bodendecker für halbschattige oder schattige Gartenpartien, der sich durch Ausläufer vermehrt. An den Boden stellt sie keine besonderen Ansprüche. Zur Blütezeit ist die Staude ein Traum, aber auch für den Rest des Jahres bietet sie mit ihrem ansprechenden Laub ein schönes Bild. Das wintergrüne Blattwerk verfärbt sich im Herbst bronzefarben und behält diese Tönung auch während der kalten Jahreszeit. Von der genannten Art gibt es mehrere Sorten, die aber allesamt ähnlich starkwüchsig sind. Ganz anders ist *Tiarella wherryi*. Diese Schaumblüte ist kein Bodendecker. Sie wächst horstig und bildet keine Ausläufer, wird aber mit 30 cm etwa doppelt so hoch. Die duftenden weißen Blüten erscheinen von Mai bis Juli. Die Schatten liebende Pflanze ist ebenfalls anspruchslos und wintergrün.

Funkie

Hosta-Hybride 'Snow flakes'

◑–● ⬆25–40 ✿6–7

Diese Funkie gehört zu den eher zierlichen Vertretern unter den vielen Hosta-Arten und -Züchtungen, zeigt sich aber recht vital und ausdauernd. Die grünen, länglichen Blätter sind durchaus schmückend, fallen aber nicht durch Flecken, Zeichnungen oder andersfarbige Ränder auf. Was bei dieser Sorte besonders hervorsticht, ist die bei Funkien seltene weiße Blütenfarbe. Besondere Ansprüche stellt die Staude nicht: ein normaler Gartenboden, dazu ein Plätzchen im Schatten oder Halbschatten. Aufgrund ihrer geringen Größe gehört 'Snow Flakes' zu den Zwergfunkien. Sie eignet sich auch ausgezeichnet zur Randbepflanzung oder als Beet-Einfassung. Mit ihrem gleichmäßig grünen Laub ist sie auch außerhalb der Blütezeit als Blattschmuck-Staude sehr attraktiv.

Duftig, leicht und locker – so zeigt sich der Flor der Schaumblüte.

Blätter wie Kastanien, Blüten wie Geißbart: das Schaublatt.

Schaublatt

Rodgersia aesculifolia

◐–● ⬆70–100 ✿6–7

Diese Staude trägt ihren deutschen Namen völlig zu Recht, denn nicht nur ihr kastanienähnliches Laub ist ein echter Hingucker, sondern die gesamte Pflanze beeindruckt. Bis sie zu einem stattlichen Exemplar herangewachsen ist, muss man aber etwas Geduld haben. Wie die Silberkerzen gehört sie nicht zu den Schnellstartern im Garten, dafür ist sie aber ziemlich langlebig. Das Schaublatt liebt einen guten Gartenboden, der ausreichend feucht ist und nicht austrocknet, dazu einen schattigen oder halbschattigen Standort.

Juli-Silberkerze

Actaea racemosa
(Syn.: *Cimifuga racemosa*)

◐–● ⬆180 ✿7–8

Die Silberkerzen sind ausgesprochen langlebige Stauden, die einen guten Gartenboden möchten, der nicht austrocknet sowie einen halbschattigen bis schattigen Standort. Unter dem alten Gattungsnamen *Cimifuga* sind die Silberkerzen Gärtnern und Gartenfreunden immer noch bestens bekannt. Wie etliche andere Stauden auch, sind sie im Beet keine Blitzstarter, sondern brauchen zwei, eher drei Jahre, bis sie sich zu voller Größe entwickeln, dann aber erscheinen sie zuverlässig Jahr für Jahr und werden immer prächtiger. Auch Schmetterlinge und Bienen fliegen auf sie. Konkurrenz mögen Silberkerzen nicht, deswegen sollten starkwüchsige Nachbarn in einem gebührenden Abstand gepflanzt werden.

Schattige Blumenbeete

Silberkerzen erhellen mit ihren hohen Blütenkerzen auch dunkle Standorte und Schattenpartien.

Blütenpflanzen für schattige Blumenbeete

Name	Blüte	Höhe	Anmerkung
Lenzrose *(Helleborus orientalis-*Hybride)	1–4	30	wintergrün
Kleines Immergrün *(Vinca minor* 'Alba')	4–5	15	Bodendecker
Schaumblüte *(Tiarella cordifolia)*	5–6	20	Bodendecker
Schaublatt *(Rodgersia aesculifolia)*	6–7	70–100	eher feucht, volle Größe ab 3. Jahr
Juli-Silberkerze *(Actaea racemosa)*	7–8	180	volle Größe ab 2., 3. Jahr
August-Silberkerze *(Actaea dahurica)*	8–10	200	wie oben
September-Silberkerze *(Actaea ramosa)*	9	180	wie oben
Oktober-Silberkerze *(Actaea simplex)*	9–10	140	wie oben

August-Silberkerze

Actaea dahurica
(Syn.: *Cimifuga dahurica)*
◑–● ⬆200 ✿8–10

Die August-Silberkerze ist die Größte unter den Silberkerzen, die man ja fast alle zur Garde der »Langen Kerls« rechnen kann. Sie blüht wie die Oktober-Silberkerze bis in den Herbst. Bienen und Hummeln mögen die Silberkerzen und auch in der Vase machen sie eine ausgesprochen gute Figur.

September-Silberkerze

Actaea ramosa (Syn.: *Cimifuga ramosa)*
◑–● ⬆180 ✿9

Nicht von ihrer Größe her, sondern durch ihre geschwungenen Blüten fällt diese Silberkerze etwas aus dem Rahmen. Völlig aus der Art geschlagen, was die Laubfarbe der Silberkerzen betrifft, ist die Sorte 'Atropurpurea' von *Actaea ramosa*. Zwar blüht sie ebenfalls weiß, das Blattwerk ist aber dunkellaubig mit deutlichem Rotanteil. Blütezeit, Größe und Pflege der Art sowie der Sorte sind identisch.

Oktober-Silberkerze

Actaea simplex (Syn.: *Cimifuga simplex)*
◑–● ⬆140 ✿9–10

Die Oktober-Silberkerze ist zwar die kleinste in diesem Quartett, aber durchaus nicht die unauffälligste, denn ihre verzweigten Blütenrispen ähneln mehrarmigen Leuchtern. Die bekannteste und beliebteste Sorte ist wohl 'White Pearl', die auch in den Staudengärtnereien am häufigsten angeboten wird. Auch hiervon gibt es eine Züchtung mit sehr dunklem Laub, nämlich die Sorte 'Brunette'. Höhe, Blütezeit und Standort beider Sorten sind identisch. Mit der Oktober-Silberkerze schließt sich der Blütenreigen.

FARNE

Hirschzungenfarn
Phyllitis scolopendrium
(auch *Asplenium scolopendrium)*
◑–● ⬆30–50 ✿ –

Aufgrund seiner derben, lederartigen Blätter, die so gar nichts mit den feinfiedrigen Wedeln der anderen Farne gemein haben, wird der Hirschzungenfarn auch von Laien auf den ersten Blick erkannt. Er ist sogar in verschiedenen Regionen in Deutschland in freier Natur anzutreffen, steht allerdings auf der Roten Liste der gefährdeten Arten und damit unter strengem Schutz. Die Hirschzungenfarne, die der Staudengärtner anbietet, sind frei verkäuflich und stammen aus Kulturmaterial. Das bietet auch die Gewähr, dass die Staude im Garten anwächst. Der Boden sollte nicht austrocknen und stets ausreichend feucht sein. Der Farn behält sein Blattwerk das ganze Jahr über. Im Frühjahr wird er nicht zurückgeschnitten, sondern man entfernt nur einzelne, trocken gewordene Wedel.

GRÄSER

Schattensegge
Carex umbrosa
◑–● ⬆10–30 ✿ 4–6

Die Schattensegge ist bei uns heimisch und somit völlig problemlos im Garten zu pflegen. Sie treibt zeitig aus und sie blüht auch recht früh im Jahr, wenn die meisten Stauden gerade mal Blätter präsentieren und vom bunten Flor noch nichts zu sehen ist. Das kleine Gras wächst in Horsten und ist auch im Winter grün. Wie alle Gräser schneidet man es erst im Frühjahr zurück. Nicht ganz so hoch, aber ähnlich anspruchslos ist die Breitblattsegge *(Carex siderosticha* 'Variegata'), die von März bis April blüht. Das Gras verliert sein Laub zwar im Herbst, es treibt aber rosafarben aus und zeigt sich dann mit grün weiß gestreiften Halmen.

Die Blattwedel des Hirschzungenfarn als »Zunge« zu bezeichnen, ist schon treffend, aber ob das Rotwild ein so spitzes Organ im Maul hat?

Blumenbeete auf feuchten Böden

Blumenbeete auf feuchten Böden

Von Pflanzen, die nasse Füße mögen

Nicht jeder ist mit einem paradiesischen Stückchen Land gesegnet, wo sprichwörtlich Milch und Honig fließen. Im Gegenteil, oft fließt oder steht im Erdreich – Wasser. Lehm- oder Tonschichten im Boden, felsiger Untergrund oder ein hoher Grundwasserspiegel machen jeder Pflanze, die nicht an einen solchen Standort angepasst ist, auf Dauer den Garaus. Mancher müht sich mit einer aufwendigen Dränage und dem Einarbeiten von zentnerweise Sand und Kompost das Land trockenzulegen. Sie können sich die Mühe allerdings auch sparen und sich einfach mit den Gegebenheiten abfinden. Pflanzen Sie nur die passenden Gewächse, und schon haben Sie auch bei feuchtem Boden ein Beet in Ihrer Lieblingsfarbe.

Praktizierter Umweltschutz

Feuchte Ecken und Flecken werden in der freien Natur immer seltener, daher werden solche Biotope als Rückzugsgebiete und Reservate für die heimische Flora und Fauna immer wichtiger. Viele Pflanzen, die hier aufgeführt werden, sind in Europa heimisch, beispielsweise die Trollblume *(Trollius)*, der Blutweiderich *(Lythrum)* und viele andere. Sie alle stehen an ihren natürlichen Standorten teilweise unter Naturschutz.

Solche Pflanzen im eigenen Garten zu pflegen, ist nicht nur praktizierter Umweltschutz, sondern auch ein Beitrag zum Erhalt der Artenvielfalt, denn viele natürliche Standorte sind zunehmend bedroht. Wenn wir uns »wilde Pflanzen« in der Gärtnerei kaufen, sind sie oft noch genauso »wild« wie in der freien Natur, aber Sie haben die Sicherheit, dass nicht die oft seltenen Bestände geplündert wurden, sondern die Gewächse zur Arterhaltung gezüchtet, also aus Pflanzenkulturen vermehrt wurden.
Entnehmen wir sie aus der Natur, haben wir nicht einfach etwas ausgegraben, sondern auch gegen den Artenschutz verstoßen, Naturfrevel und einen Diebstahl begangen – denn die Pflanzen draußen gehören ja nicht uns, sondern der Allgemeinheit. Dass sie nach einer solchen Aktion auf Ihrer Scholle auch anwachsen, dürfte mit einem Sechser im Lotto vergleichbar sein.

Wasser im Garten

Noch naturnaher wird das feuchte Beet natürlich, wenn Sie eine Wasserstelle einplanen, beispielsweise einen kleinen Fertigteich oder ein Folienbecken, denn alle aufgeführten Pflanzen eignen sich auch ausgezeichnet als Teichrandpflanzen. Zudem können Sie das Mini-Gewässer mit einer Zwergseerose in Ihrer Lieblingsfarbe bestücken. Diese benötigen lediglich einen sonnigen Platz und mögen keinen Springbrunnen im gleichen Becken. So haben Sie einen zusätzlichen Hingucker. Ich fand es erstaunlich, wie schnell sich am Miniteich in meinem Garten ein Frosch, Molche, mehrere Libellenarten und allerlei Wasserinsekten einfanden, die dort auch für Nachwuchs sorgten. Der Platz am Wasser könnte zum Lieblings-

Wasser im Garten – nicht nur einfach Schmuck und Zierde, sondern auch Heimat und Rückzugsraum für zahlreiche Tiere. Und ein ideales Umfeld für Pflanzen, die es feucht, sumpfig oder gar nass mögen.

platz in Ihrem Garten werden. Falls sich kleine Kinder in Ihrem Garten aufhalten, sollten Sie den Teich auf jeden Fall absichern. So ein Menschlein kann schon in einer Pfütze ertrinken.
Es würde den Rahmen dieses Buches sprengen, an dieser Stelle Anleitungen zur Anlage und zur Einrichtung von Teichen zu geben. Hierfür gibt es reichlich Literatur im Handel. Nur so viel: Die oben angesprochenen Wasserbecken frieren in der kalten Jahreszeit durch, denn sie sind einfach nicht tief genug und damit sind sie für Fische gänzlich ungeeignet.

Der Miniteich im Winter

Seerosen und andere Teichpflanzen halten das aus, lediglich tropische Wasserpflanzen wie Wasserhyazinthen, Muschelblumen usw. müssen in einem Gefäß hell und warm überwintert werden. Trotzdem ist auch für den Miniteich ein preiswerter Eisfreihalter aus simplem Styropor sinnvoll. Er verhindert bei nicht zu starkem Frost ein komplettes Zufrieren, und durch das integrierte Lüftungsrohr können schädliche Gase entweichen, die durch faulendes Laub oder Pflanzenreste im Teich entstehen. Aber bitte beschweren Sie das Eisfreihalter-Leichtgewicht, sonst finden Sie es nach einem Sturm im Apfelbaum wieder anstatt auf dem Teich.

Pflanzenvielfalt am Wasser

Wenn Sie gelesen haben, wie klein die Pflanzenauswahl für das Schattenbeet ist, werden Sie staunen, wie viele Blütenstauden, Farne, Gräser und sogar Zwiebelblumen mit einem feuchten Standort nicht nur zurechtkommen, sondern ihn sogar wünschen. Etliche Vertreter aus dem Pflanzenreich mögen eben nasse Füße.

Was meint feuchter Boden?

Vielleicht noch ein Wort zur Definition »feuchter Boden«. Mit reinen Tonböden, die mehr oder weniger nass sind, dazu undurchlässig und kalt, kommen auch die Pflanzen, die Feuchtigkeit noch so sehr lieben, nicht zurecht. Da bleibt Ihnen wirklich nichts anderes übrig, als durch das Einbringen von Sand und Kompost für eine Bodenverbesserung zu sorgen.
Auch Moorböden sind schwierig. Haben Sie einen solch sauren Untergrund im Garten, fragen Sie in den Staudengärtnereien und Baumschulen nach speziellen Moorbeetpflanzen. Nur sie halten es auf Dauer an solchen Extremstandorten aus.

Erläuterung zur Übersicht

Die eine oder andere hier erwähnte Art wird Ihnen bereits bekannt vorkommen. Mit gewissen Einschränkungen kann man sagen, dass etliche Gewächse, die den Halbschatten oder schattige Plätze bevorzugen, an einem feuchten Standort auch in der Sonne gedeihen.
Zur besseren Übersicht werden nachstehend Blumenzwiebeln und Gräser jeweils en bloc aufgeführt. Ihre Auswahl ist nicht so groß, als dass man sie den einzelnen Blütenfarben zuordnen muss, bei Farnen entfällt dieses Kriterium ohnehin.

Begleitstauden für Blumenbeete auf feuchten Böden

Name	Blüte	Höhe	Farbe	○	◑	Anmerkung
Blumenzwiebeln:						
Märzenbecher *(Leucojum vernum)*	3–4	25	weiß	x	x	giftig!
Schachbrettblume *(Frittillaria meleagris)*	4–5	30		x	x	*
Sommertürchen *(Leucojum aestivum)*	5–6	50	weiß	x	x	giftig!
Gräser:						
Rasen-Schmiele *(Deschampsia cespitosa)*	6–7	60–100		x	x	wintergrün
Morgenstern-Segge *(Carex gravy)*	7	50		x	x	Früchte 8–9
Bunter Wasserschwaden *(Glyceria maxima* 'Variegata')	7–8	50–70			x	#
Pfeifengras *(Molinia caerulea* 'Variegata')	7–9	30–50		x	x	grün-weiß gestreift
Riesen-Pfeifengras *(Molinia arundinacea)*	8–10	60–200		x	x	–
Farne:						
Goldschuppenfarn *(Dryopteris affinis)*		70		x	x	wintergrün
Rotschleierfarn *(Dryopteris erythrosora)*		40		x	x	wintergrün
Perlfarn *(Onoclea sensibilis)*		40–80			x	naß, treibt Ausläufer
Zimtfarn *(Osmunda cinnamomea)*		90–120			x	nass
Königsfarn *(Osmunda regalis)*		120–150			x	feucht bis nass
Sumpf-Lappenfarn *(Thelypteris palustris)*		30–80		x	x	sehr nass

* purpur-violettes Schachbrettmuster, es gibt Sorten in verschiedenen Farben
# Austrieb rosa-weiß-grün, später gestreift (creme-grün-weiß)

Die Symbole bedeuten:
○ = sonniger Standort, ◑ = halbschattig, ● = schattig, sind zwei Symbole angekreuzt, bedeutet das, dass die Pflanze z. B. sowohl sonnig als auch halbschattig stehen kann. Steht in der Anmerkung »nass«, heißt das, dass die Staude dauerhafte Nässe verträgt – überflutet, als Wasserpflanze oder in Pfützen will sie jedoch nicht stehen.

Sie ist eine ganz besondere Primel, die exotisch anmutende Orchideen-Primel mit den für die Primelfamilie völlig untypischen länglichen Blütentrauben. Aber ganz besonders reizvoll ist sie schon.

Er mag es feucht, der Blutweiderich 'Robert' im Vordergrund. Ganz bewusst geht da die rot blühende Indianernessel auf Distanz, denn sie schätzt zwar auch die Sonne, hat es aber doch lieber trockener.

Sie zeigen sich im rosa Partnerlook, die Sterndolde 'Rosa' und der Wiesenknöterich. Und noch etwas vereint sie: Die Vorliebe für einen eher feuchten Boden. Das nennt man gute Nachbarschaft.

Blumenbeete auf feuchten Böden

Frühling

Hier begrüßt ein Solist den Frühling, aber er ist schon zeitig im März zur Stelle – die Rosenprimel. Noch zögern die anderen Stauden, warten auf wärmere Tag und spitzen nur hier und da zaghaft und vorsichtig aus der Erde, aber bald geht es los, das Wachsen und Gedeihen – und das üppige Blühen.

Sommer

Jetzt explodiert das Beet, gerät zu einer regelrechten Orgie in Rosa und Rot, aus verschiedensten Blütenformen und unterschiedlichen Farbtönen. Nicht einmal kniehoch sind die Kleinsten, mannshoch die Großen. Das Gehirn will sortieren, einordnen, klassifizieren, doch die Seele will nur genießen.

Herbst

Das Blütenfeuerwerk will kein Ende nehmen. Die meisten Sommerblüher entpuppen sich als wahre Dauerbrenner und haben ihren Flor bis in den Herbst hinein gerettet, scheinen gar nicht enden zu wollen damit, den Betrachter zu entzücken und zu verwöhnen. Als Trost für den kommenden Winter?

Winter

Nichts ist mehr da, keine Spur mehr von der vergangenen Blütenpracht. Nicht einmal ein grünes Blättchen erinnert daran, dass das Beet noch vor wenigen Wochen regelrecht aus den Nähten platzte vor schier überquellendem Flor. Aber eins ist gewiss: Es wird einen nächsten Sommer geben ...

Pflanzen für das Blumenbeet in Rosa und Rot

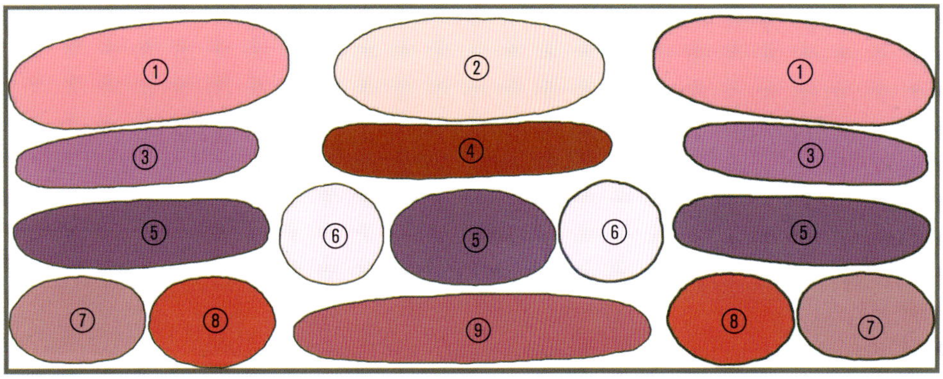

Maße des Blumenbeets: Länge 4 m, Breite 1,5 m

Pflanzenliste für das Blumenbeet in Rosa und Rot

Nr.		Pflanzenname
①	6 ×	Wasserdost *(Eupatorium fistulosum* 'Atropurpureum')
②	3 ×	Rotes Mädesüß *(Filipendula rubra* 'Venusta')
③	12 ×	Blutweiderich *(Lythrum salicia)*
④	3 ×	Taglilie *(Hemerocallis*-Hybriden)
⑤	21 ×	Dreimasterblume *(Tradescantia × andersoniana* 'Karminglut')
⑥	6 ×	Etagenprimel *(Primula bullesiana)*
⑦	6 ×	Rosenprimle *(Primula rosea* 'Gigas')
⑧	6 ×	Gauklerblume *(Mimulus cupreus* 'Roter Kaiser')
⑨	9 ×	Knöterich *(Bistorta affinis* 'Darjeeling Red')

BLÜTENSTAUDEN

Rosenprimel

Primula rosea 'Gigas'

○–◑ ⬆30 ✿3–4

Die Rosenprimel entfaltet ihren Flor schon sehr früh im Jahr, zu einer Zeit, in der vornehmlich Zwiebelblüher wie Gartenkrokusse und frühe Narzissen in den Beeten ihre Köpfchen aus der Frühlingserde stecken. Sie mag sonnige Standorte, allerdings muss der Boden dauerhaft feucht sein. Die Sorte 'Gigas' gehört nicht ohne Grund zum Standardsortiment der Staudengärtner. Eine Einschränkung muss allerdings gemacht werden: Zu den Methusalems im Garten wird sich diese hübsche Staude nicht gesellen.

Rotes Mädesüß

Filipendula rubra 'Venusta'

○–◑ ⬆150 ✿6–7

Das Mädesüß kennt man als Wildstaude aus den heimischen Breiten, wo es an feuchten Stellen, an Gräben, Teichen und Bachläufen wächst. Aber in den hiesigen Gärten wird es nicht kultiviert. Dafür aber das Rote Mädesüß, das ursprünglich aus den USA stammt und sogar noch in sumpfigem Gelände gedeihen kann. Der Staude reichen dauerhafte Feuchtigkeit und ein nährstoffreicher Boden, um ihre duftenden Blüten zu entfalten.

Links: Das Mädesüß 'Venusta', ein Traum in Rosa, mit luftigen, duftenden Blütenrispen wie aus zartem Tüll gemacht.

Rechts: Sie ist schon eine besondere Schönheit im Beet, die Rosenprimel. Auf derben, kerzengeraden Stielen schweben die zarten Blütenquirle in luftiger Höhe über dem hellgrünen Laub.

Blumenbeete auf feuchten Böden

Etagenprimel

Primula bullesiana

◑ ⬆40 ✿ 6–7

Von dieser Etagenprimel gibt es etliche Hybriden in unterschiedlichen Farbschlägen. Für das rosa/rote Beet kommen natürlich nur Züchtungen in Rottönen infrage, die aber leider keine Sortennamen tragen. Man muss daher beim Staudengärtner gezielt nach rot blühenden Exemplaren fragen. Etagenprimeln lieben Halbschatten und keine pralle Sonne. Wenn aber die Staudennachbarn die Pflanzstelle beschatten und der Boden stets ausreichend feucht ist, wird auch stärkere Sonneneinstrahlung akzeptiert.

Dreimasterblume

Tradescantia × andersoniana 'Karminglut'

○–◑ ⬆40 ✿ 6–9

Wild kommen die Tradescantien von Nord- bis Südamerika vor, die *Andersoniana*-Gruppe ist dagegen »gezähmt« und wird als Garten-Tradescantie bezeichnet. Die Dreimasterblume gehört zu den Langzeitblühern im Staudenbeet und kommt mit feuchtem Boden ausgezeichnet zurecht. Mit ihrem länglichen, fast schilfartigen Laub macht sie sich auch gut an Teichrändern oder Bachläufen.

Knöterich

Bistorta affinis 'Darjeeling Red' (Syn.: *Polygonum affinis*)

○–◑ ⬆20 ✿ 6–10

Dieser Knöterich ist ein guter, recht verträglicher Bodendecker, der Teppiche bildet. Über dem hübschen Laub leuchten dann die schmucken Blütenkerzen ununterbrochen vom Frühsommer bis in den Herbst. Allein das wäre schon ein Grund, um die Staude zu pflanzen. Wer auf ein rasanteres Wachstum Wert legt, kann die Sorte 'Superbum' pflanzen, die von Juni bis September blüht und etwas höher wird. Sonne lieben die genannten Knöteriche sowie einen stets ausreichend feuchten Boden, damit sind ihre Ansprüche aber auch schon erfüllt.

Blütenstauden für Blumenbeete auf feuchten Böden

Name	Blüte	Höhe	Farbe	○+◑	Anmerkung
Rosenprimel (*Primula rosea* 'Gigas')	3–4	30	Rot	x x	nass
Lungenkraut (*Pulmonaria saccarata* 'Dora Bielefeld')	4–5	25	Rosa	x	Bodendecker
Zier-Rhabarber (*Rheum palmatum* var. *tanguticum* 'Rote Auslese') Giftig!	5–7	90–200	Rot	x	riesige Blätter
Knöterich (*Bistorta affinis* Syn. *Polygonum affine* 'Darjeeling Red', 'Dimitry' oder 'Superbum' *)	5–10	15–25	Rosa	x x	* starkwüchsig
Rotes Mädesüß (*Filipendula rubra* 'Venusta')	6–7	150	Rosa	x	Schnittpflanze
Etagenprimel (*Primula bullesiana*)	6–7	40	Rot	x x	dekorativ
Dreimasterblume (*Tradescantia × andersoniana* 'Karminglut')	6–9	40	Rot	x x	horstbildend
Sumpf-Schwertlilie (*Iris versicolor* 'Kermesina')	7–8	60–80	Rot	x	nass
Blutweiderich (*Lythrum salicia*)	7–9	100	Rosa	x x	nass
Taglilien (*Hemerocallis*-Hybriden)	7–9	70	Rot	x x	viele Sorten
Wasserdost (*Eupatorium fistulosum* 'Atropurpureum')	7–9	180	Rot	x x	wüchsig
Gauklerblume (*Mimulus cupreus* 'Roter Kaiser')	7–9	30	Rot	x x	nass

Blutweiderich

Lythrum salicia

○–◑ ⬆100 ✿ 7–9

In der freien Natur ist der Blutweiderich überall dort anzutreffen, wo der Boden feucht ist, also an Tümpeln und Teichen, aber auch an Gräben und in sumpfigen Senken. Im Garten ist die buschig wachsende, robuste Wildstaude völlig unkompliziert, eine ausgezeichnete Bienenweide und taugt auch zum Schnitt für die Vase. Neben der hier genannten Wildform bieten die Staudengärtnereien verschiedene Züchtungen an, die in unterschiedlichen Rosatönen blühen und kleiner bleiben. Die Sorte 'Stichflamme' erreicht ebenfalls 100 cm Höhe und blüht purpurrot, die Blütezeit ist bei allen von 7–9.

Wasserdost

Eupatorium fistulosum 'Atropurpureum'

○–◑ ⬆180 ✿ 7–9

Es ist schon eine beeindruckende Leistung, was die buschige, straff aufrecht wachsende Staude vollbringt, wenn man bedenkt, dass sie im Frühjahr bodeneben loslegt und es innerhalb von rund drei Monaten auf fast 2 m Höhe bringt. Die

Er gehört zu den Riesen unter den Stauden, der imposante Wasserdost, hier die weinrote Sorte 'Atropurpureum'. Gut mannshoch, ist er kaum zu übersehen. Seine schönen Blüten zeigt er über mehrere Wochen bis in den Oktober hinein.

Voraussetzung: ein guter Gartenboden und ausreichende Feuchtigkeit. Der Wasserdost ist eine ausgezeichnete Bienenweide und Schmetterlingstankstelle. Die von stabilen Stängeln getragenen Blütenrispen machen sich ausgezeichnet in einer großen Bodenvase.

Taglilie

Hemerocallis-Hybriden

○–◑ ⬆70 ✿ 7–9

Gerade wenn sie in der vollen Sonne stehen, mögen Taglilien einen Boden, der stets ausreichend feucht ist. Er sollte aber nicht durchweicht oder gar nass sein, denn dann können die fleischigen Wurzeln faulen. Wer sich diesbezüglich unsicher ist, kann eine Dränageschicht aus Kies in die Pflanzgrube geben, den Aushub zur Hälfte mit Sand mischen und die Staude darin einbetten. Bewusst wurde an dieser Stelle auf eine Sortenempfehlung verzichtet. Es gibt unzählige Arten und Sorten, Hybriden und Züchtungen, klein-, mittel- und großblütige, einfache, gefüllte und halb gefüllte Sorten, sogar duftende Taglilien. Aus diesem großen Angebot kann sich jeder das passende Exemplar beim Staudengärtner heraussuchen – es muss im rosa/roten Beet nur in der entsprechenden Farbe blühen.

Gauklerblume

Mimulus cupreus 'Roter Kaiser'

○–◑ ⬆30 ✿ 7–9

Diese Sorte trägt ihren Namen völlig zu Recht, denn das Scharlachrot der Blüten ist wahrlich kaiserlich, zudem kann man sich über viele Wochen daran erfreuen. Im Prinzip möchte die Gauklerblume ähnliche Bedingungen wie die Rosenprimel: möglichst sonnig, allenfalls halbschattig und einen dauerhaft feuchten Boden. Sie ist auch nicht sehr langlebig und möchte im Winter durch eine Abdeckung mit Tannenreisig, Laub oder Ähnlichem geschützt werden.

Blumenbeete auf feuchten Böden

Eine rustikale Ziegesteinmauer, ein alten Vorbildern nachempfundener Wasserspeier, der sich plätschernd in einen Teich ergißt, und davor eine Kulisse herrlich blau blühender Sumpf-Iris. Idylle pur!

Überaus natürlich wirkt dieses Arrangement feuchtigkeitliebender Stauden. Tonangebend sind blauviolette Wiesen-Iris, unterstützt von der gleichfarbigen Geißraute. Auf Augenhöhe zeigt sich die dunkelrot blühende Kratzdistel, umrahmt von Akelei und Jakobsleiter.

Drei verschiedene Sorten der Wiesen-Iris geben sich hier ein Stelldichein. Storchschnabel nimmt das Blau auf, die purpurvioletten Blüten der Akelei setzen ebenso Akzente wie der gelbgrüne Frauenmantel. Im Hintergrund leuchtet der weiße Flor eines Schneeballs.

Blumenbeete auf feuchten Böden

Frühling

Gemächlich startet hier der Frühling in die Gartensaison – und das auch noch mit ganz unterschiedlichen Darstellern. Das Zwiebelgewächs »Schachbrettblume« verblüfft mit Blüten, deren Musterung wohl einzigartig im Pflanzenreich ist, und die Kugelprimel zeigt so vollkommene Bälle, das man staunt.

Sommer

Das Sumpf-Vergissmeinnicht zeigt sich in makellosem Blau, die Wiesenschwertlilie hat sich für einen anderen Farbton entschieden, und die Dreimasterblume hüllt sich in kleidsames Violett. Ist es der Neid auf diese Farben, dass die Rasen-Schmiele ihre Blüten deshalb in einem Meter Höhe zeigt, um alle zu überragen?

Herbst

Noch trägt der mächtige Königsfarn sein grünes Sommerkleid, aber das wird sich bald ändern. Die Dauerblüher Dreimasterblume und Sumpfvergissmeinnicht haben es sich nicht nehmen lassen, noch den Herbst einzuläuten, den das Riesen-Pfeifengras mit mannshohen Blütenrispen begrüßt.

Winter

Da ruht es nun, das Beet. Alles Leben hat sich zurückgezogen, um die kalte Jahreszeit geschützt in der Erde zu überstehen – die Zwiebelblüher, die Stauden und die Gräser. Wie Eichhörnchen haben sie Vorräte angelegt, in Knollen und Speicherorganen, um im Frühjahr durchstarten zu können – in eine neue Saison.

Pflanzen für das Blumenbeet in Blau und Violett

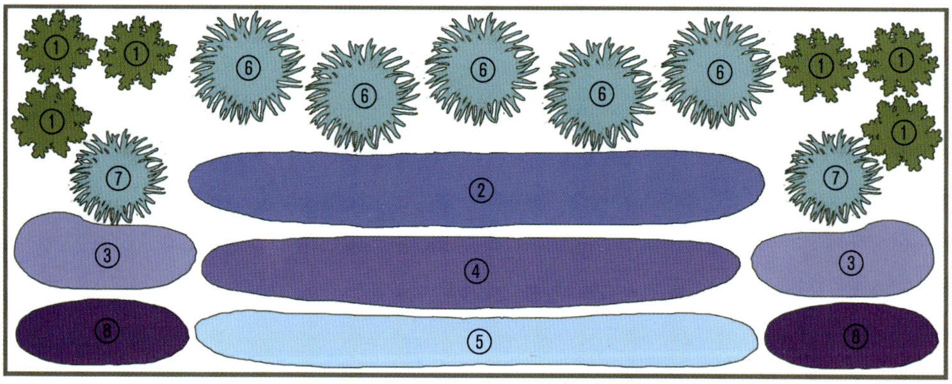

Maße des Blumenbeets: Länge 4 m, Breite 1,5 m

Pflanzenliste für das Blumenbeet in Blau und Violett

Nr.		Pflanzenname
①	6 ×	Königsfarn *(Osmunda regalis)*
②	18 ×	Wiesenschwertlilie *(Iris sibirica)*
③	6 ×	Kugelprimel *(Primula denticulata* 'Blaue Auslese')
④	12 ×	Dreimasterblume *(Tradescantia × andersoniana)*
⑤	15 ×	Sumpf-Vergissmeinnicht *(Myosotis palustris* 'Bill Baker')
⑥	6 ×	Riesen-Pfeifengras *(Molinia arundinacea)*
⑦	6 ×	Rasen-Schmiele *(Deschampsia cespitosa)*
⑧	60 ×	Schachbrettblume *(Frittilaria meleagris)*

BLÜTENSTAUDEN

Kugelprimel

Primula denticulata 'Blaue Auslese'

◑ ⬆30 ✿ 4–5

Die Kugelprimel gehört sicherlich zu den Arten, die häufiger in den Beeten zu finden ist – und das nicht erst seit heute. Schon vor über hundert Jahren pflanzte man sie auch in Gärten. Obwohl sie in Sorten gehandelt wird, wie eben 'Blaue Auslese', fällt die Farbe bei den einzelnen Exemplaren unterschiedlich aus. Das kommt daher, dass sie nicht vegetativ vermehrt wird, also durch Teilung oder Stecklinge, sondern generativ, also durch Samen. Das bringt dann bei dieser Sorte unterschiedlich blaue oder sogar ins Violett gehende Nachkommen. Die Kugelprimel mag Halbschatten. Ist der Boden ständig ausreichend feucht und die Pflanzstelle von Nachbarstauden beschattet, verträgt sie auch gelegentliche Sonneneinstrahlung.

Sumpf-Vergissmeinnicht

Myosotis palustris 'Bill Baker'

○–◑ ⬆20–40 ✿ 5–9

Wie sowohl der deutsche als auch der botanische Name verraten, handelt es sich beim Sumpf-Vergissmeinnicht um eine Verwandte des allseits bekannten, zweijährigen Frühlingsblühers *(Myosotis sylvatica)*. Ihnen gemein sind Blütenform und -farbe, nicht aber die Lebensdauer, denn das Sumpf-Vergissmeinnicht ist eine Staude, die alles andere als kurzlebig ist. Man benötigt auch keinen Sumpf, um die Pflanze im Garten anzusiedeln, ein stets feuchter Boden reicht aus. Eine andere, sehr langlebige Sorte ist 'Thüringen', ebenfalls hellblau blühend, aber nur von Mai bis Juni.

Wiesenschwertlilie

Iris sibirica

○ ⬆80 ✿ 6–7

Die Wiesenschwertlilie, auch als Sibirische Schwertlilie oder Wieseniris bekannt, ist eine heimische Pflanze, die wild in feuchten Wiesen wächst. Schon vor rund vierhundert Jahren holte man sie auch in die Gärten, wo man nach und nach zahlreiche Sorten und Auslesen züchtete. Mittlerweile gibt es sie in Weiß und Gelb, in verschiedenen Rottönen und unzähligen Nuancen und Schattierungen von Blau bis einschließlich Violett. An dieser Stelle wurde daher darauf verzichtet, aus der Vielzahl von Sorten einzelne vorzustellen. Im blauen/violetten Beet sollte sie natürlich in einer entsprechenden Farbe blühen – ob in hellen oder dunklen Tönen, kräftig gefärbt oder in Pastelltönen entscheidet der persönliche Geschmack. Eins haben alle Wiesenschwertlilien gemeinsam: Sie wollen in der Sonne stehen und der Boden muss stets ausreichend feucht sein. Im Garten kann man sie auch gut zum Verwildern an Teichränder pflanzen.

Runder geht es kaum. Nahezu perfekt geformt präsentiert die Kugelprimel 'Blaue Auslese' ihre Blütenbälle im ausgehenden Frühling. Ein feuchter Standort im Beet oder an einer Wasserstelle ist für sie ideal.

Blumenbeete auf feuchten Böden

Blütenstauden für Blumenbeete auf feuchten Böden

Name	Blüte	Höhe	Farbe	○+◑	Anmerkung
Kugelprimel *(Primula denticulata* 'Blaue Auslese')	4–5	30	Blau	x x	auch Violett
Sumpf-Vergissmeinnicht *(Myosotis palustris* 'Bill Baker')	5–9	20–40	Blau	x x	nass
Wiesenschwertlilie *(Iris sibirica)*	6–7	80	Blau	x	viele Sorten
Sumpf-Schwertlilie *(Iris laevigata)*	6–7	80	Blau	x	auch Violett, nass
Dreimasterblume *(Tradescantia × andersoniana)*	6–9	40	Blau	x x	auch Violett

Dreimasterblume

Tradescantia × andersoniana

○ ⬆40 ✿ 6–9

Bei einer so ausdauernd blühenden Staude könnte man schlussfolgern, dass sie gehegt, gepflegt und verwöhnt werden will, tatsächlich aber ist sie recht anspruchslos. Stets ausreichend feucht und dazu ein Platz an der Sonne, das ist alles.

Die Sorte 'Zwanenburg Blue' wird als blaue Sorte offeriert – je nach Standpunkt des Betrachters zeigt sie sich tiefblau oder dunkelblau, aber reines Blau gibt es bei der Dreimasterblume nicht. Auch bei 'Zwanenburg Blue' ist ein violetter Einschlag unverkennbar. So zeigen sich verschiedene andere Sorten in reinem Violett wie 'Concord Grape' oder 'Leonora', andere Rotviolett wie 'Valour' oder 'Red Grape'.

FARNE

Königsfarn

Osmunda regalis

○–● ⬆120–150 ✿ –

Der Königsfarn ist nicht nur einer der größten einheimischen Farne, sondern auch einer der beeindruckendsten. Da er uralt werden kann, wird er mit den Jahren immer stattlicher. Er ist ein Farn für alle Fälle, der sogar einen sonnigen Standort verträgt. Dabei sollte der Boden aber recht feucht sein, selbst gelegentliche Nässe schadet nicht. Staunässe oder stehendes Wasser um die Wurzeln (Pfütze oder Tümpel) verträgt er aber nicht.

Die Dreimasterblume mag zwar keine nassen Füße, aber einen feuchten Standort schätzt sie durchaus. Mit einem auffälligen Flor, der sofort ins Auge sticht, kann sie nicht dienen, dafür blüht sie ausdauernd monatelang.

Eine solche Zeichnung wie bei den Blüten der Schachbrettblume ist wohl einzigartig im Pflanzenreich.

GRÄSER

Rasen-Schmiele

Deschampsia cespitosa

○–◑ ⬆60–100 ✿6–7

Die Rasen-Schmiele, auch Wald-Schmiele genannt, ist in ganz Europa und auch in Asien heimisch, also auch bei uns in freier Natur anzutreffen. Der Standort muss ausreichend feucht sein. Von diesem Gras gibt es verschiedene Sorten, die aber alle zur gleichen Zeit blühen, in verschiedenen Nuancen von Gelb und Braun. Da sich diese Staude gerne selbst aussät, sollten die Blüten rechtzeitig abgeschnitten werden. Das muss aber niemandem wehtun, denn für die Vase oder als floristisches Beiwerk in einem Strauß sind sie bestens geeignet. Wie alle Gräser wird auch die Rasen-Schmiele erst im Frühjahr zurückgeschnitten.

Riesen-Pfeifengras

Molinia arundinacea

○–◑ ⬆60–200 ✿8–10

Man könnte sie als die Gräser-Päpste bezeichnen, die beiden deutschen Staudenzüchter Karl Foerster aus Potsdam und Ernst Pagels aus Leer, und so erinnern beim Riesen-Pfeifengras zwei Sorten, die beide ganz besonders pflanzenswert sind, an diese begnadeten Gärtner: 'Cordoba' von Pagels, mit überhängendem Wuchs und 'Karl Foerster', straff aufrecht wachsend. Beide Sorten sind gleichermaßen attraktiv und imposant. Es gibt noch weitere Sorten mit gleicher Blütezeit und ähnlicher Höhe. Welche Anforderungen hat nun die Staude? Ein ausreichend feuchter Boden, der nicht austrocknen sollte, das genügt diesen Riesen. Im Herbst erfreut Riesen-Pfeifengras das Auge mit seinen weithin sichtbaren, orange-bräunlich verfärbten Blättern.

BLUMENZWIEBELN

Schachbrettblume

Frittilaria meleagris

○–◑ ⬆30 ✿4–5

Das Schachbrettmuster ihrer Blütenglocken macht die Schachbrettblume unverwechselbar. Die bekannteste Art ist sicherlich die imposante Kaiserkrone *(Frittilaria imperialis)*. Der größte Feind der hübschen Zwiebelblüher, die der Volksmund auch »Kiebitzeier« nennt, ist die Trockenheit – zum einen im Beet und zum anderen bei der Lagerung der Knollen in den Regalen der Gärtnereien und Gartencenter im Herbst. Die Zwiebeln sollten möglichst schon Anfang September gekauft, dann über Nacht gewässert und gleich in die Erde gepflanzt werden. Wartet man bis Oktober, sind die angebotenen Zwiebelchen in der Regel vertrocknet.

Blumenbeete auf feuchten Böden

Eine Demo, ein Aufmarsch, eine Versammlung? Das ist bei Pflanzen eher unwahrscheinlich, sicher ist dagegen, dass der Boden feucht sein muss, damit sich die Scheincalla rundum wohlfühlt und so blühfreudig ist.

Es ist schon stattlich, das Greiskraut mit seinen schmückenden großen Blättern und den unübersehbaren langen gelben Blütenständen, die es von Juli bis September präsentiert.

Wenn sich eine solch anmutige Primel-Gesellschaft am Wasser eingefunden hat, tritt der Teich in den Hintergrund und ist nur noch die Kulisse für den gelben Blütenreigen. Warum hat Claude Monet eigentlich nur Seerosen gemalt?

Blumenbeete auf feuchten Böden

Frühling

Hier tritt eine Dreierrunde an, um der Sonne Konkurrenz zu machen. Am auffälligsten ist sicherlich die Scheincalla mit ihren markanten Blütentrichtern, die Trollblume zeigt butterblumenähnliche Blüten, und die Gauklerblume hält es wie die Kapuzinerkresse mehr mit trompetenartigem Flor.

Sommer

Das Beet ist zum leuchtenden Blütenmeer geworden, an dem selbst das Pfennigkraut als Bodendecker seinen Anteil hat. Alles gelb? Nein, die Etagenprimel tanzt aus der Reihe und hüllt sich in auffälliges Orange. Sie gehört jetzt zu den kleinsten Florträgern, sticht aber sofort aus den anderen heraus.

Herbst

Nur das Kreuzkraut punktet jetzt noch mit Blüten, aber fast stiehlt ihm die Morgenstern-Segge die Schau. Nach der eher unscheinbaren Blüte im Juli trägt das Gras jetzt Früchte, die aussehen wie die Miniaturen jener mittelalterlichen Waffen, mit denen sich die Ritter anno dazumal gern mal die Köpfe einschlugen.

Winter

Das warme Gelb im Beet ist verschwunden, und auch am Himmel macht sich die Sonne rar. Ein paar braune Blätter künden noch von der Pracht vergangener Tage. Das Gehirn hat sie gespeichert, der Fotoapparat hat sie festgehalten. Und im nächsten Jahr werden sie wieder real, die Sommerbilder.

Pflanzen für das Blumenbeet in Gelb und Orange

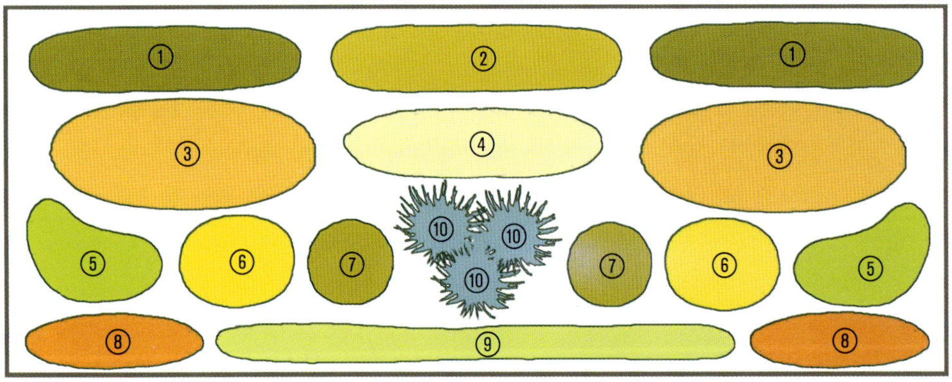

Maße des Blumenbeets: Länge 4 m, Breite 1,5 m

Pflanzenliste für das Blumenbeet in Gelb und Orange

Nr.	Pflanzenname
①	6 × Kreuzkraut *(Ligularia przewalskii)*
②	6 × Goldfelberich *(Lysimachia punctata)*
③	12 × Taglilie *(Hemerocallis*-Hybriden)
④	9 × Tibet-Primel *(Primula florindae)*
⑤	6 × Scheincalla *(Lysichiton americanus)*
⑥	6 × Trollblume *(Trollius europaeus)*
⑦	6 × Etagenprimel *(Primula bulleayana)*
⑧	10 × Gauklerblume *(Mimulus luteus)*
⑨	15 × Pfennigkraut *(Lysimachia nummularia)*
⑩	3 × Morgenstern-Segge *(Carex grayi)*

BLÜTENSTAUDEN

Scheincalla

Lysichiton americanus

○–◑ ⬆ 50 ✿ 4–5

Diese Pflanze wird man nicht bei jedem Staudengärtner finden, obwohl es sich um eine winterharte Staude handelt. Andererseits kommt es durchaus vor, dass die Scheincalla in einer Wasserpflanzengärtnerei angeboten wird, denn sie verträgt einen Wasserstand von 10 cm und wird auch als Sumpfpflanze gehandelt. Im Garten braucht man weder Sumpf noch Teich, um diese Staude ins eigene Beet zu pflanzen – ein dauerhaft feuchter Boden reicht aus. Dann kann man sich an der Scheincalla gleich doppelt erfreuen: Im Frühjahr an den auffälligen Blüten und anschließend an den erst später erscheinenden großen, gefleckten Blättern.

Trollblume

Trollius europaeus

○ ⬆ 50 ✿ 5–6

Diese Staude wurde nicht aus fernen Ländern eingeführt, sondern ist bei uns heimisch. In der freien Natur findet man sie vor allem auf feuchten Bergwiesen. Sie steht unter Naturschutz. Im Garten verlangt die Trollblume ebenfalls einen sonnigen Platz in einem guten Gartenboden, der ständig ausreichend feucht ist. Sie ist eine gute Bienenweide. Wer anstatt gelber lieber orangefarbene Blüten mag, kann *Trollius chinensis* 'Golden Queen' pflanzen. Sie wird bis 80 cm hoch und blüht etwas später (Juni bis Juli), ansonsten stellt sie die gleichen Ansprüche wie ihre europäische Verwandte.

Pfennigkraut

Lysimachia nummularia

○–◑ ⬆ 5–10 ✿ 5–7

Der botanische Name *Lysimachia* verrät schon, dass es sich um einen Vertreter aus der Gattung der Felberiche handelt, also um einen Verwandten des bereits beschriebenen Gold-Felberichs. Und was machen Felberiche? Sich ausbreiten. Das macht auch das Pfennigkraut, aber nicht als unkontrollierbare Wucherpflanze, sondern als idealer Bodendecker, der stets beherrschbar bleibt. Die robuste Staude ist in Sachen Standort nicht besonders wählerisch. Egal ob Sonne oder Halbschatten, normaler oder feuchter Boden, dem Pfennigkraut ist alles recht.

Gauklerblume

Mimulus luteus

○–◑ ⬆ 25–40 ✿ 5–9

Diese Gauklerblume wird auch »Gelbe Gauklerblume« genannt, was der botanische Name aber schon beinhaltet, denn die Beifügung »luteus« heißt schlicht und einfach gelb. Auch diese Pflanze ist so ein Kandidat, den man sowohl beim Staudengärtner als auch in der Wasserpflanzengärtnerei finden kann, denn die Staude

Eine »Riesen-Butterblume« im Beet? Nein, was da auf hohen Stängeln so dottergelb leuchtet, sind die schönen Blüten der hier heimischen Trollblume. Die wild wachsenden Bestände stehen unter Naturschutz.

Blumenbeete auf feuchten Böden

Blütenpflanzen für Blumenbeete auf feuchten Böden

Name	Blüte	Höhe	Farbe	○	◑	Anmerkung
Scheincalla *(Lysichiton americanus)*	4–5	50	Gelb	x	x	nass, blüht ab 3. Jahr
Trollblume *(Trollius europaeus)*	5–6	50	Gelb		x	Bienenweide
Pfennigkraut *(Lysimachia nummularia)*	5–7	5–10	Gelb	x	x	Bodendecker
Gauklerblume *(Mimulus luteus)*	5–9	25–40	Gelb	x	x	nass
Etagenprimel *(Primula bullesiana)*	6–7	40	Gelb	x	x	auch Orange
Frauenmantel *(Alchemilla × anthochlora* Syn. *A. vulgaris)*	6–7	25	Gelb	x	x	schönes Laub
Tibet-Primel *(Primula florindae)*	6–7	80	Gelb	x	x	Duft
Goldfelberich *(Lysimachia punctata)*	6–8	80	Gelb	x	x	breitet sich aus
Taglilie *(Hemerocallis*-Hybriden)	7–8	70	Gelb	x	x	auch Orange
Kreuzkraut *(Ligularia przewalskii,* Syn.: *Senecio przewalskii)*	7–9	60–120	Gelb	x	x	dekorative Blätter

verkraftet alle Standortbedingungen zwischen dauerhaft feuchtem Boden und 10 cm Wasserstand. Alt wird die Staude nicht im Garten, aber sie sät sich reichlich aus und sorgt so für Nachkommenschaft. Man schneidet daher Verblühtes nicht ab, sondern lässt Verwelktes stehen, damit der Samen ausreifen kann. Ein Winterschutz mit Fichtenreisig wäre gut.

Etagenprimel

Primula bulleyana

◑ ⬆40 ✿6–7

Diese Primel duftet und sie zeigt ihre eigenartig übereinander angeordneten Blüten erst im Sommer. Ansonsten unterscheiden sich ihre Ansprüche aber kaum von denen der übrigen Primel-Verwandtschaft. Der Boden sollte ausreichend feucht sein. Wird der Standort von den Pflanzennachbarn zumindest zeitweise beschattet, kommt die Etagenprimel auch mit ein paar Sonnenstunden zurecht, vorausgesetzt, dass die Erde noch nicht einmal kurzfristig trocken wird.

Tibet-Primel

Primula florindae

○–◑ ⬆80 ✿6–7

Die Mehrzahl der Primeln schätzt einen Platz im Halbschatten, doch die Tibet-Primel mag durchaus einen sonnigen Standort – vorausgesetzt, der Boden ist stets ausreichend feucht. Und noch in anderer Hinsicht ist diese Staude innerhalb ihrer Gattung bemerkenswert: Sie ist bezüglich der Wuchshöhe die größte Primel und gehört zu denjenigen Arten, die mit am spätesten blühen. Und sie duftet. Eine ganze Menge Gründe also, um sich diese schöne Pflanze in den eigenen Garten zu holen. Zumindest eine Pflanze, die einen Versuch wert sein sollte.

Laub und Blüten sind unverkennbar – eine Primel. Hier ist es die duftende, einen halben Meter hohe Tibet-Primel.

Das Kreuzkraut ist ein beeindruckender Blickfang im Beet.

Gefährlich sehen sie aus, die Früchte der Morgenstern-Segge.

Goldfelberich

Lysimachia punctata

○–◑ ⬆80 ✿ 6–8

Der Goldfelberich ist eine Staude für alle Fälle – er wächst sowohl in der Sonne als auch im Halbschatten, und er gedeiht in einem normalen Gartenboden ebenso wie in einem feuchten Beet. Warum findet man ihn dann nicht häufiger in den Gärten? Weil er einen starken Ausbreitungsdrang hat und zum Wuchern neigt. Da hilft dann nur, die Ausläufer von Zeit zu Zeit abzustechen. Weit weniger Eroberungspotenzial zeigen die Sorten 'Hometown Hero' und 'Alexander' mit panaschiertem Laub.

Taglilien

Hemerocallis-Hybriden

○–◑ ⬆70 ✿ 7–8

Gerade an einem sonnigen Standort fühlen sich die Taglilien in einem stets feuchten Boden sehr wohl, vor allem die Wildarten; Nässe vertragen sie allerdings nicht. Die Zahl der *Hemerocallis*-Hybriden ist fast unüberschaubar geworden, sodass es sinnvoll ist, sich seine Lieblingssorte(n) beim Staudengärtner vor Ort, aus dem Katalog oder im Internet selbst auszusuchen. Ein paar Wildarten der Taglilie sollen trotzdem empfohlen werden: *Hemerocallis citrina*, hellgelbe Blüten von Juni bis Juli, 90 cm, duftend; *Hemerocallis lilioasphodelus*, zitronengelbe Blüten von Mai bis Juni, 90 cm, duftend; *Hemerocallis middendorffii*, goldgelbe Blüten von Mai bis Juni, 90 cm.

Kreuzkraut

Ligularia przewalskii

○–◑ ⬆60–120 ✿ 7–9

Die Staude mag mit ihrem botanischen Zweitnamen polnisch klingen, aber sie ist nicht in Osteuropa zu Hause, sondern stammt aus Nordchina. Sie ziert das Beet gleich doppelt: Zum einen schmückt das auffallend geschlitzte Laub, zum anderen sind die schlanken Blütenkerzen ein echter Hingucker. Kenner halten sie daher für die eleganteste Art unter den Kreuzkräutern, obwohl es auch höher wachsende Züchtungen gibt. Die Pflanze will einen Boden, der stets ausreichend feucht ist.

GRÄSER

Morgenstern-Segge

Carex grayi

○–◑ ⬆50 ✿ 7

Dieses Gras ist im Prinzip ähnlich genügsam wie das Pfennigkraut, möchte aber, wenn es sonnig steht, einen feuchten Boden, der nicht austrocknet. Der eigentliche Schmuck der Pflanze sind nicht die unauffälligen grünen Blüten, sondern die markanten Früchte, die in der Zeit von August bis September erscheinen. Sie sehen der im Mittelalter gebräuchlichen Schlagwaffe ziemlich ähnlich, und so erhielt die Staude den Namen Morgenstern-Segge. Die Früchte sind ein dekoratives Element als floristisches Beiwerk, machen sich aber auch sehr gut in Trockensträußen.

Blumenbeete auf feuchten Böden

Weiße Iris im Vordergrund, weißer Fingerhut im Hintergrund. Perfekt gestaffelt, gelungen kombiniert. Nichts drängt sich auf, nichts buhlt um Aufmerksamkeit, die Anordnung strahlt Ruhe und gelassene Würde aus.

Blüten mit einem eleganten Knick – perfekt gebogen und anmutig geneigt. Ja, er zeigt Anstand, der feuchtigkeitsliebende Schnee-Felberich. Allüren hat er aber trotz seines nahezu einzigartigen Flors nicht.

Blumenbeete auf feuchten Böden

Frühling

Wenn der Frühling hier Einzug hält, wird er von Zwiebelblühern begrüßt, die den Lenz mit Blütenglöckchen einläuten. Sie sind nah miteinander verwandt, und gerade den Märzenbecher könnte man für ein Riesenschneeglöckchen halten, zumal er seinen Flor schon ab März zeigt.

Sommer

Noch ist das Sommertürchen präsent, aber die Stauden haben die Hauptrolle übernommen. Vor der grünen Kulisse des Königfarns tummeln sich Schnee-Felberich und Wiesen-Iris, Sumpf-Schafgarbe und Dreimasterblume. Ins Auge sticht aber auch das grün-weiß gestreifte Pfeifengras, das jetzt zur Blüte ansetzt.

Herbst

Noch blühen Schnee-Felberich, Dreimasterblume und Pfeifengras, dazu gestoßen ist das Riesen-Pfeifengras, dessen Blütenrispen alles andere überragen. Der Königsfarn hat ein kleidsames Gelb angelegt, der Schnee-Felberich prunkt in leuchtendem Rot. Und auch die Gräser werden sich in herbstliche Töne gewanden.

Winter

Stauden und Zwiebelblüher haben sich ebenso wie die Gräser verabschiedet. Die kalte Jahreszeit ist nicht ihr Metier, nun schlummern sie in der schützenden Erde dem nächsten Frühling entgegen. Wird er mild sein, kalt oder gar frostig? Egal, die innere Uhr wird die Pflanzen schon rechtzeitig wecken.

Blumenbeete auf feuchten Böden

Pflanzen für das Blumenbeet in Weißtönen

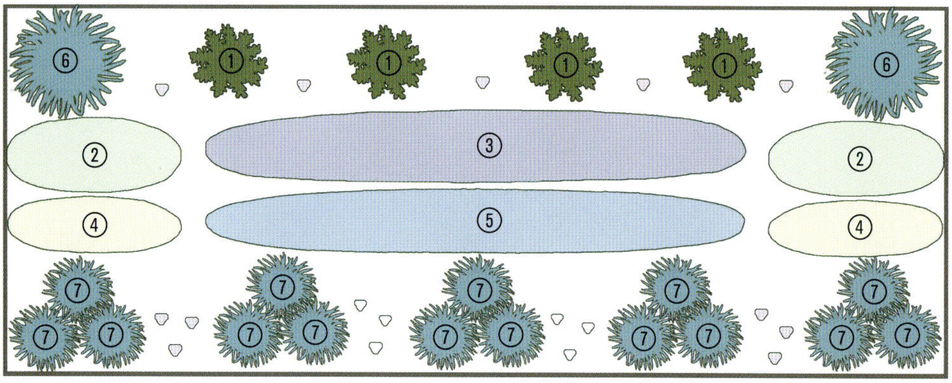

Maße des Blumenbeets: Länge 4 m, Breite 1,5 m

Pflanzenliste für das Blumenbeet in Weißtönen

Nr.		Pflanzenname
①	4 ×	Königsfarn *(Osmunda regalis)*
②	6 ×	Schnee-Felberich *(Lysimachia clethroides)*
③	12 ×	Wiesen-Iris *(Iris sibirica* 'Alba')
④	10 ×	Sumpf-Schafgarbe *(Achillea ptarmica)*
⑤	12 ×	Dreimasterblume *(Tradescantia × andersoniana* 'Innocense')
⑥	6 ×	Riesen-Pfeifengras *(Molinia arundinacea)*
⑦	19 ×	Pfeifengras *(Molinia caerulea* 'Variegata')
▽	60 ×	Märzenbecher *(Leucojum vernum)*
▽	30 ×	Sommertürchen *(Leucojum aestivum)*

Die Wiesen-Iris 'White Swirl' ist eine Verwandte der Schwertlilie, schätzt aber feuchten Boden.

BLÜTENSTAUDEN

Wiesen-Iris

Iris sibirica 'Alba'

○ ⬆60 ✿5–6

Die meisten Gartenfreunde kennen sicherlich die Schwertlilie *(Iris barbata)* oder haben diese prachtvollen Frühsommerblüher sogar in ihr Beet gepflanzt. Die Wiesen-Schwertlilie ist eine Verwandte, die aber im Gegensatz zur Schwertlilie feuchte Böden mag. Beide Arten verlangen aber einen vollsonnigen Standort. Auch von der in unseren Breiten heimischen Wiesen-Iris gibt es zahlreiche Züchtungen und Hybriden. An dieser Stelle soll nur eine weitere weiße Sorte genannt werden, da sie zu den bekanntesten gehört und auch von vielen Staudengärtnern angeboten wird: 'Viel Schnee', 90 cm hoch, Blütezeit wie 'Alba'.

Sumpf-Schafgarbe

Achillea ptarmica

○ ⬆30–50 ✿6–8

Die bei uns heimische Sumpf-Schafgarbe ist eher selten in den Gärten zu sehen, und wenn man sie doch mal dort oder in freier Natur antrifft, wird man sie kaum für eine Schafgarbe halten. Ihr Blattwerk ist nicht gefiedert wie das ihrer Verwandten, sondern ungeteilt und eher grasartig. Die Blütendolden mit ihren locker stehenden, an die Kamille erinnernden Einzelblüten zeigen nicht die flache, sonst typische Tellerform. Die Staude möchte einen sonnigen Standort mit dauerhaft feuchtem Boden. Sorten: 'Schneeball', gefüllt, 70 cm, Blüte Juni bis September; 'The

Mit ihrer Vorliebe für einen feuchten Standort schlägt die Sumpf-Schafgarbe 'Perrys White' etwas aus der Art.

Pearl', pomponartig gefüllt, 70 cm, Blüte Juli bis September.

Schnee-Felberich

Lysimachia clethroides

○–◑ ⬆80 ✿7–9

Der Schnee-Felberich präsentiert sich gleich in doppelter Hinsicht als Hingucker. Da sind zum einen die Sommermonate, wenn er seine eleganten weißen, ährenähnlichen Blütentrauben präsentiert, und dann ist da der Herbst, wo sein Laub eine atemberaubende rote Färbung zeigt. Die Staude bildet kurze Ausläufer, sodass die Pflanze nach und nach an Umfang zunimmt. Wem das missfällt, verkleinert oder teilt die Staude im Herbst oder Frühjahr. Der Schneefelberich mag einen feuchten Gartenboden und taugt sowohl als Bienenweide wie auch zum Schnitt für die Vase.

Typisch für die Dreimasterblume ist das schilfähnliche Laub, ideal für den Teichrand.

Dreimasterblume

Tradescantia × andersoniana 'Innocense'

○ ⬆50 ✿7–9

Die Gärtner zählen sie zwar nicht zu den Prachtstauden, aber größere Aufmerksamkeit in den Gärten hätte die Dreimasterblume trotzdem verdient. Sie blüht ausdauernd und durchaus ansehnlich, stellt keine besonderen Ansprüche und ihr schilfähnliches Laub macht sie zur idealen Bepflanzung von Teichrändern und an Bachläufen. Aber nicht ausschließlich, denn auch im Beet machen die Dreimasterblumen eine gute Figur. Vorausgesetzt, der Boden ist ausreichend feucht und die Pflanzstelle sonnig. Alternative weiße Sorte: 'Gisela'.

Blumenbeete auf feuchten Böden

Blütenpflanzen für Blumenbeete auf feuchten Böden

Name	Blüte	Höhe	○+◑	Anmerkung
Lungenkraut *(Pulmonaria officinalis* 'Sissinghurst White', Syn.: *P. saccharata)*	3–5	20	x	geflecktes Laub
Wieseniris *(Iris sibirica* 'Alba')	5–6	60	x	auch trocken
Sumpfschwertlilie *(Iris ensata* 'Alba', Syn.: *I. kaempferi)*	6–7	80	x	–
Sumpf-Schafgarbe *(Achillea ptarmica)*	6–8	30–50	x	nass
Schneefelberich *(Lysimachia clethroides)*	7–9	80	x x	leichter Winterschutz
Dreimasterblume *(Tradescantia × andersoniana* 'Innocence')	7–9	50		auch trocken

FARNE

Königsfarn

Osmunda regalis

○–● ⬆ 120–150 ✿ –

Der Königsfarn ist wohl der universellste aller hier heimischen Farne, denn von Sonne bis Schatten steckt er alles weg. Allerdings muss der Boden stets feucht sein, bei einem sonnigen Standort darf die Erde sogar nass sein. Die mächtige Staude ist schon in jungen Jahren beeindruckend, doch im Laufe der Zeit wird der Königsfarn immer imposanter und mächtiger. Da er uralt werden kann, ist er für den Gartenfreund praktisch eine Anschaffung fürs Leben. Und es macht einfach Freude, im Frühjahr zu beobachten, wie sich allmählich die frischgrünen Wedel entfalten.

GRÄSER

Pfeifengras

Molinia caerulea 'Variegata'

○–◑ ⬆ 30–50 ✿ 7–9

Ein kleiner Verwandter des Riesen-Pfeifengrases, der aber identische Ansprüche hat. In Deutschland trifft man die Art als Wildform häufig an, sie wird an ihren natürlichen Standorten 1,20 cm groß. Den wilden Vorfahren am nächsten kommt die Züchtung 'Edith Dudszus' mit einer Wuchshöhe von rund 100 cm. Die Sorte 'Moorhexe' hat etwa die Größe von 'Variegata', der wohl auffälligsten und buntesten Sorte mit weißgrünen Halmen. Die Staude wächst horstig, wuchert also nicht und sorgt auch optisch für Abwechslung im Beet.

Hier ist ein Vertreter aus der Familie der Pfeifengräser zu sehen, nämlich das Moor-Pfeifengras 'Dauerstrahl'. Im Herbst verfärbt es sich gelb.

Ein Schneeglöckchen? Oder gar ein Märzenbecher? Nein, es ist das Sommertürchen, das mit mehreren Glocken pro Blütenstand aufwartet.

Riesen-Pfeifengras

Molinia arundinacea

○–◑ ⬆60–200 ✿8–10

Das Riesen-Pfeifengras findet man wild wachsend teilweise noch in freier Natur, vorzugsweise in Süddeutschland. Die Exemplare, die man in Gärten und Parks antrifft, sind gezüchtete Gartensorten, die aber weder etwas von der Stattlichkeit der horstig wachsenden Gräser noch von ihrer Ursprünglichkeit eingebüßt haben. Allen gemein sind die beeindruckenden Blütenstände und die schöne Herbstfärbung. Die Staudengärtner bieten verschiedene Sorten an, die alle einen stets feuchten Boden in der Sonne oder im Halbschatten verlangen. Die Sorte 'Transparent' zeichnet sich durch einen besonders grazilen Wuchs aus und fügt sich gut ins feuchte Beete.

BLUMENZWIEBELN

Märzenbecher

Leucojum vernum

○–◑ ⬆25 ✿3–4

Wer einen Märzenbecher zum ersten Mal sieht, könnte ihn von der Farbe und Form her für ein zu groß gewordenes Schneeglöckchen halten, das versehentlich zu spät aufgestanden ist und den Start in die Saison verpasst hat. Wildwachsende Märzenbecher stehen unter strengem Naturschutz und sind vom Aussterben bedroht. Im Garten kann man der Art so ein sicheres Refugium bieten und zu ihrer Erhaltung beitragen. Die Zwiebeln, die man beim Gärtner oder im Gartencenter kauft, stammen aus Kulturmaterial und sind nicht der Natur entnommen. Der Zwiebelblüher möchte einen feuchten Boden, der nicht austrocknet.

Sommertürchen

Leucojum aestivum

○–◑ ⬆50 ✿5–6

Die große und einzige Verwandte des Märzenbechers, die ebenfalls noch wild in Deutschland vorkommt. Das Sommertürchen lässt sich trotz der Glockenform der Blüten nun gar nicht mehr mit einem Schneeglöckchen verwechseln, dazu ist es zu groß und blüht zu spät – und es trägt an jedem Stiel mehrere Blüten. Das Sommertürchen schätzt ein stets feuchtes Erdreich noch mehr als der Märzenbecher. Wie bei allen Zwiebelblühern gilt: Das Laub wird erst entfernt, wenn es welk geworden ist.

Blühende Bäume und Sträucher

Von Sträuchern, Kletterern & Co.

Sowohl Gehölze als auch Rankgewächse können ein Beet begleiten, prägen oder auch unverwechselbar machen. Ein »Gasthof zur Linde« hat sicherlich keine Eiche vor der Tür oder im Hof, und ein Biergarten ist meist von Kastanien beschattet. Bei einem Schwarzwaldgehöft erwartet man keine Birken im Hintergrund, sondern Tannen.
Was sagen uns nun die Begriffe? Ein Biergarten besagt lediglich, dass er sich im Freien befindet, und da können auch Sonnenschirme den Schutzpart von Kastanien, Platanen und Linden übernehmen oder ein an einem Gerüst gezogener Blauregen *(Wisteria)*. Niemand von uns wäre doch ernsthaft verstimmt, wenn ihm anstelle der Bäume Reklameschirme Schatten spenden, eine Ligusterhecke *(Ligustrum)* das Areal abgrenzt und in Blumentrögen Immergrüne wachsen.
Der »Gasthof zur Linde« ist durch den genannten Baum unverwechselbar, zum Schwarzwaldhof gehören Nadelgehölze. Das hat unsere Vorstellung geprägt, aber dass ein Biergarten nun unbedingt einen alten Baumbestand haben muss, ist nicht zwingend notwendig. Wenn er es hat, ist es eine willkommene Begleiterscheinung, kein Muss.
Akzente setzen oder ein Haus unverwechselbar machen können auch Rankpflanzen wie Efeu *(Hedera)* oder Wilder Wein *(Parthenocissus)*, wenn sie die ganze Fassade eingehüllt haben. Im Farbenbeet können sie solch einen eindrucksvollen Part allenfalls in begrenztem Umfang übernehmen. Dort werden Kletterer, Klimmer und Schlinger wohl eher dazu eingesetzt, um angrenzende Mauern, Palisaden oder Zäune zu beranken, oder um das Beet zur Straße oder zu anderen Gartenteilen hin abzugrenzen.

Zur Auswahl der Gehölze

Als Solitärgehölze wurden hier nur Bäume oder Sträucher aufgelistet, die nicht zu hoch und zu großkronig werden, also nicht zu viel Schatten werfen und damit den ganzen Garten dominieren würden. Auch wenn es kleinwüchsige Obstbäume gibt: Sie wurden bewusst weggelassen. Zwar bieten Apfel oder Kirsche zur Blütezeit einen herrlichen Anblick, doch sie gehören eher in den Nutzgarten. Vor allem bei der Ernte wird es sich kaum vermeiden lassen, auf Ihrem Lieblingsbeet herumzutrampeln, und herabfallende Äpfel werden nicht nur die eine oder andere Blüte abbrechen, sondern auch manchen Bodendecker beschädigen.

Immergrüne Pflanzen

In den folgenden Kapiteln stehen natürlich Blütengehölze im Vordergrund, dennoch schätzt mancher Gartenfreund auch immergrüne Pflanzen als ruhenden Pol im Beet. Baumgiganten, die zwanzig, dreißig Meter oder noch höher werden, scheiden bei den heutzutage immer kleiner werdenden Gärten ohnehin aus, deshalb möchte ich Ihnen hier einen kurzen Abriss über die zahlreichen Zwerggehölze und klein bleibenden Züchtungen geben.
Beginnen wir mit den Vorlieben der verschiedenen Nadelbäume: Fichte *(Picea)* mag es sonnig und schätzt feuchte Böden, Tanne *(Abies)* kommt gut mit normaler Gartenerde zurecht und verträgt Sonne wie Halbschatten gleichermaßen

Ein wenig neidisch scheint der Fingerhut zuzuschauen, wie diese beiden Klettergehölze im Halbschatten in die Höhe streben – die im Juni/Juli blühende Ramblerrose 'Veilchenblau' und die Clematis-Hybride 'Fireworks'.

Ein geradezu klassisches Beispiel dafür, wie elegant und formvollendet Gehölzschnitt aussehen kann.

gut, und die Kiefer *(Pinus)* ist ein Sonnenanbeter, der lieber trockene Erde mag. Äußerst schattenverträglich ist die (giftige) Eibe *(Taxus)*, die so gerne als Hecke oder Formschnitt-Gehölz gepflanzt wird. Ein wahrer Tausendsassa ist der Wacholder *(Juniperus)*. Er kommt mit nahezu allen Böden zurecht und akzeptiert von Sonne über Halbschatten bis Schatten so gut wie jeden Standort.
Wichtig für die Planung ist natürlich auch, welche Höhe die Zwerggehölze erreichen können. Die kleinsten Fichten bleiben deutlich unter einem Meter, dazu gibt es kriechende Formen. Tannen beginnen bei knapp einem Meter, und Zwergkiefern bleiben auch unter einem Meter. Wacholder bleibt bei einem Meter, und für die Eibe sind 60 cm das Minimum.

Immergrüne Laubgehölze

Es gibt durchaus immergrüne Laubgehölze, die kleinwüchsig daherkommen wie die Stechpalme *(Ilex)*, hier besonders die 1 m große gelblaubige Sorte 'Golden Gem', aber auch der schwach wachsende Falsche Säulenbuchsbaum *(Ilex crenata* 'Fastigiata') mit 1,50 m. Und nicht zu vergessen der echte Buchsbaum *(Buxus)* mit seinen zahlreichen Arten und Sorten, der auch und gerade ungeschnitten eine gute Figur macht. Die Stechpalme 'Golden Gem' will einen sonnigen Stand, Buchs ist für den Halbschatten ideal.
Im lichten Schatten fühlen sich natürlich auch die nicht kletternden Sorten des (giftigen) Efeu wohl, die übrigens keine Haftwurzeln besitzen. Aufrecht und säulenförmig zeigen sich die Züchtungen 'Congesta' (60 cm) und die doppelt so hohe Sorte 'Erecta'. Bis maximal 2 m hoch wird der rundlich wachsende, gut schnittverträgliche Strauch-Efeu *(Hedera helix* 'Arborescens'), der von September bis Oktober ansprechend gelblich-grün blüht und anschließend (giftige) schwarze Beeren trägt, die gerne von Vögeln gefressen werden.

Gehölze, Rank- und Kletterpflanzen

Auf den folgenden Seiten sind die Pflanzen nach ihren Blütezeiten aufgeführt, d. h. zuerst werden Winter- und Frühjahrsblüher genannt. Das ist m. E. sinnvoller als eine alphabetische Ordnung – egal, ob nach deutschen oder lateinischen Namen. Die angegebenen Größen können innerhalb der genannten Höhen variieren, abhängig von den Boden- und Standortverhältnissen. Die Symbole haben folgende Bedeutungen:
⬆ = Höhe in cm, ✿ = Blütezeit,
○ = sonniger Standort, ○–◑ = sonniger bis halbschattiger Standort,
◑ = Halbschatten, ◑–● = halbschattig bis schattig, ● = schattig.

In einem solchen Garten hält man sich gerne auf. Er bietet Abwechslungs fürs Auge und strahlt eine Eleganz aus. Vor allem die Koniferen sorgen für interessante Akzente.

Ziergehölze in Rosa und Rot

Schneeball
Viburnum tinus 'Gwenllian'
○–◑ ⬆200–250 ✿ 10–4

Dieses Gehölz gehört wohl zu den Schneeballsorten mit der längsten Blütezeit, zudem ist es immergrün, also das ganze Jahr über ein Blickfang. Der Standort sollte nicht trocken, aber auch nicht nass sein. Normaler Gartenboden sagt dem Schneeball zu.

Zierkirsche
Prunus subhirtella 'Autumnalis Rosea'
○ ⬆300–450 ✿ 11–4

Diese Zierkirsche wächst straff aufrecht mit überhängenden Zweigen. Besondere Ansprüche an den Boden stellt sie nicht, normaler Gartenboden genügt. Wie alle Kirschen ist auch die Zierkirsche schnittverträglich. Im Herbst färbt sich das Laub auffällig gelb-orange. Früchte wie z. B. der Zierapfel trägt sie nicht.

Duftschneeball
Viburnum × bodnantense 'Dawn'
○ ⬆200–300 ✿ 11–4

Dieser Schneeball wächst als Strauch reich verzweigt und aufrecht. Wie viele Schneeballarten möchte er möglichst wenig oder gar nicht geschnitten werden. Bemerkenswert ist sein herrlicher Duft. Normaler Gartenboden sagt dem Gehölz zu.

Zaubernuss
Hamamelis × intermedia 'Diane'
○–◑ ⬆bis 400 ✿ 12–2

Diese Zaubernusssorte steht stellvertretend für andere rote Hybriden von *Hamamelis × intermedia*. Darüber hinaus gibt es weitere Zaubernuss-Arten wie *Hamamelis mollis* oder *Hamamelis japonica*, die ähnlich wie die Art im gleichen Zeitraum oder davon abweichend blühen. Lassen Sie sich in Ihrer Baumschule beraten. Normaler Gartenboden genügt. 'Diane' duftet, ist aber, wie die anderen Zaubernüsse auch, sehr langsam wachsend und verträgt keinen! Schnitt.

Seidelbast
Daphne mezereum
◑ ⬆120 ✿ 2–4, Giftig

Wenn Sie kleine Kinder haben, sollten Sie auf dieses Gehölz im Garten verzichten, weil insbesondere die roten Beerenfrüchte sehr verlockend aussehen, aber wie alle Teile des aufrecht wachsenden Strauches sehr giftig sind. Seidelbast schätzt einen feuchten, leicht kalkhaltigen Boden. Die Blüten duften angenehm.

Zierapfel
Malus × purpurea
○ ⬆bis 500 ✿ 4–5

Von diesem Zierapfel gibt es zahlreiche Sorten. Sie alle wachsen kräftig, maximal jedoch bis 5 m. Die dunkelgrünen Blätter verfärben sich im Herbst braunrot. Je nach Sorte sind die Blüten karmin- bis weinrot, die Früchte sind tiefrot bis purpurfarben.

Zierapfel
Malus sargentii
○ ⬆bis 200 ✿ 4–5

Dieser klein bleibende Zierapfel verzweigt sich malerisch und geht sehr in die Breite. Den massenhaft auftretenden weißen Blüten folgen dunkelrote Früchte und eine auffallende Herbstfärbung. Zieräpfel *(Malus)* stammen vom Wildapfel *(Malus sylvestris)* oder von Kreuzun-

Der Schneeball *Viburnum tinus* 'Gwenllian' startet seinen Blütenreigen mit Knospen in auffälligem Rosa, die sich dann zu weißen, zart rosa Blüten öffnen.

gen damit ab. Die kleinen Früchte sind essbar, allerdings eher eine Augenweide als eine Gaumenfreude. Je nach Sorte überstehen die Äpfelchen sogar erste Fröste und halten lange am Baum. Sie blühen je nach Züchtung zwischen April und Juni und kommen gut mit normalem Gartenboden zurecht. Auch und gerade beim Zierapfel sollte man sich in der Baumschule beraten lassen.

Flieder, rot blühend

Syringa vulgaris

○ ⬆400 ✿5

Der gemeine Flieder, bei der Sortenbezeichnung vornehm als »Edelflieder« gehandelt, ist wohl der bekannteste und am häufigsten gepflanzte duftende Frühlingsblüher in unseren Gärten. Egal ob als Stamm oder als Busch, Flieder ist ein anspruchsloses Gehölz und toleriert sogar noch Halbschatten. Eigentlich ist Flieder aber ein Kind der Sonne, stehende Nässe mag er überhaupt nicht. *Syringa vulgaris* gibt es in unzähligen Sorten und in nahezu allen Farbschlägen.

Kanadischer Flieder

Syringa × prestoniae

○ ⬆200 ✿5–6

Vom Kanadischen Flieder sind verschiedene Sorten erhältlich, die in unterschiedlichen Rosatönen blühen. Alle Sorten duften.

Koreanischer Flieder

Syringa patula 'Kim'

○ ⬆200 ✿5–6

Koreanischer Flieder wächst eher kuppelförmig, die Herbstfärbung ist sehr ausgeprägt und zeigt sich oft purpurfarben. Duftende Blüten.

Japanische Säulenkirsche

Prunus serrulata

○ ⬆500–600 ✿5–6

Sie werden jetzt vielleicht verwundert sein, hier einen solchen Riesen zu finden. Die Säulenkirsche hat eine ganz schlanke, pyramidale Wuchsform, ihre Blüten duften angenehm und im Herbst besticht sie mit ihrer schönen Laubfärbung. Sie bevorzugt nährstoffreichen Boden.

Blutberberitze

Berberis thunbergii 'Atropurpurea'

○ ⬆200 ✿5–6

Die dornige Blutberberitze verlangt einen sonnigen Standort, weil sie im Schatten vergrünt. Sie ist außerordentlich schnittverträglich und lässt sich daher auf jede beliebige Größe stutzen, Blüten und Früchte sind bei regelmäßigem Schnitt allerdings kaum zu erwarten. Ungeschnitten zeigt sie eine reiche Blüte und einen üppigen Fruchtbehang. Sie hat im Austrieb bronzefarbenes Laub, das später dunkelrot wird und sich im Herbst karminrot verfärbt. Die anspruchslose Blutberberitze ist während der gesamten Vegetationsperiode ein auffälliger Blickfang im roten Beet.

Gefüllter Schneeball

Viburnum opulus 'Roseum'

○ ⬆bis 400 ✿5–6

Dieser Schneeball hat einen rundlichen Wuchs, die weißen, ballrunden Blüten werden beim Verblühen zartrosa. Im Herbst schmückt sich das Gehölz mit rotem Laub. Das Gehölz wird nur zwischen 100 und 150 cm breit, eignet sich daher sowohl für das Beet als auch zur Pflanzung in einer Natur-Hecke. Früchte trägt der Gefüllte Schneeball nicht, da seine Blüten steril sind.

So prachtvoll blüht der Zierapfel *Malus × purpurea* 'Eleyi' im Frühjahr.

Gewürzstrauch

Calycanthus floridus

○–◑ ⬆150–250 ✿5–7

Die außergewöhnliche Blütenfarbe des Gewürzstrauchs, die von Dunkelrot bis Mahagonifarben reicht, macht dieses duftende Gehölz wertvoll für jeden Garten. Dazu kommt die lange Blütezeit von Mai bis Juli, also bis in den Hochsommer hinein, ein Zeitpunkt an dem andere Sträucher ihren meist viel kürzeren floralen Auftritt schon hinter sich haben. Trockenheit mag der Gewürzstrauch nicht.

Baum-Oleander

× Chitalpa tashkentenis

○–◑ ⬆bis 400 ✿5–10

Bisher ein sehr seltener Gast in unseren Gärten. In jungen Jahren benötigt das Gehölz Winterschutz in Form einer Laub-

Typisch für den Indigostrauch sind die mimosenartigen Fiederblättchen und die aufrechtstehenden, an Mini-Blauregen erinnernden rosa Blüten.

abdeckung des Ballens oder einer Schilfmatte fürs Geäst. Später ist der Baum-Oleander zuverlässig winterhart. Mit seiner überaus langen Blütezeit ist er über ein halbes Jahr lang ein echter Blickfang im Beet.

Ballhortensie 'Endless Summer'

Hydrangea macrophylla

◑ ⬆100 ✿5–10

'Endless Summer' ist noch relativ neu auf dem Markt, und dennoch hat sie bereits Furore gemacht. Bei Ballhortensien *(H. macrophylla)* sitzen die Knospen für den nächstjährigen Flor dicht unter den diesjährigen, im Herbst vertrocknenden Blüten, d. h., sie blühen am alten Holz. Kappt man diese Knospen beim Herbstschnitt bewusst oder versehentlich, bleibt die Blütenpracht im nächsten Jahr aus. Auf Rispenhortensien *(Hydrangea paniculata)* trifft das jedoch nicht zu. Anders bei 'Endless Summer'. Diese Sorte blüht sowohl am alten als auch am neuen Holz, sie blüht also in jedem Fall, egal wie falsch der Schnitt auch war. Unglaublich ist auch die sehr lange Blütezeit von Mai bis Oktober. 'Endless Summer' bevorzugt ein halbschattiges Plätzchen und stets ausreichend feuchte Erde. Pflanzt man sie in sauren Boden, schlägt die Blütenfarbe um in Blau.

Herbstflieder

Syringa microphylla 'Superba'

○ ⬆180 ✿5–10

Dieser Herbstflieder passt wirklich in jedes Beet, zumal er auch nicht ausladend wächst. Mit Unterbrechungen blüht er tatsächlich bis zum Herbst. Die Blütenstände sind wesentlich kleiner als beim üblichen Flieder, können aber vom Duft her durchaus mithalten. Die intensiv duftenden Blüten sind im Aufblühen hellviolett und verblassen später zu hellem Perlmuttrosa. Ein kräftiger Rückschnitt im Frühjahr fördert eine reiche Blüte.

Weigelie

Weigelia 'Bristol Ruby'

○ ⬆250 ✿6–7 und 9–10

'Bristol Ruby' ist wohl die bekannteste, und die am schönsten in Rot blühende Weigelie. Sie ist gut schnittverträglich und fällt aus dem üblichen Rahmen, weil sie im Herbst nochmals ihren Flor zeigt, auch wenn dieser etwas schwächer ausfällt. Sie ist auch als deutlich kleiner bleibendes Stämmchen erhältlich. Der Schnitt erfolgt nach der zweiten Blüte.

Indigostrauch

Indigofera heterantha

○ ⬆180–250 ✿6–10

Ebenfalls ein Exot auf der heimischen Scholle, dabei ausgesprochen genügsam und von der Pflanzung an winterhart. Die kleinen, an Goldregen erinnernden Blüten stehen aufrecht, das fein gefiederte Blattwerk nimmt abends eine Schlafstellung ein. Es klappt dann zusammen wie eine Mimose bei Berührung, reagiert allerdings nicht auf mechanische Reize wie das Anfassen. Nach Sonnenaufgang entfalten sich die grünen Blattfiederchen wieder. Der Indigostrauch ist eine wertvolle Bienenweide. Als Schmetterlingsblütler, der wie Lupine, Erbse und Bohne mit Knöllchenbakterien in Symbiose lebt, die den Luftstickstoff in pflanzenverwertbaren Stickstoff (chemisches Zeichen N) umwandeln, mag er keinen! Stickstoff-Dünger, wie er in Hornspänen, aber auch in Kompost enthalten ist. Kurz: Düngen ist überflüssig und verkehrt.

Schmetterlingsflieder

Buddleja davidii

○ ⬆200–300 ✿7–9

Eigentlich muss man zu diesem Schmetterlingsmagneten nichts mehr sagen, so bekannt ist der Strauch mittlerweile. Ein blühender, in eine Schmetterlingswolke gehüllter Schmetterlingsflieder ist wahrlich ein prächtiger Anblick, hat aber keine Auswirkungen auf die Artenvielfalt oder den Bestand der Schmetterlinge, da er nicht als Futterpflanze für die Raupen dient. Inzwischen gibt es ihn in nahezu allen Farben, außer in Gelb. Er mag mageren, trockenen Boden, daher etwas Sand ins Pflanzloch geben, und kann im Spätwinter (Februar) kräftig zurückgeschnitten werden, damit lange Blütenkerzen ausgebildet werden. Sorten sind u. a. die rosafarbene 'Pink Delight' und die rot blühende 'Royal Red'.

Scheineller, Zimterle
Clethra alnifolia 'Rosea'
○–◑ ⬆200–300 ✿7–9

Das winterharte Gehölz ist allein schon wegen seiner späten Blüte ein unübersehbarer Blickfang im Beet. Bis zu 15 cm lange rosafarbene, duftende und aufrechte Blütentrauben, die an die Blütenstände von Kastanien erinnern, schmücken die Scheineller, die dazu noch Schmetterlinge anziehen. Das Gehölz verlangt eine ausreichende Bodenfeuchtigkeit, darf jedoch nicht nass stehen. Vor allem in den ersten zwei Jahren nach der Pflanzung soll der Blütenstrauch nicht trocken stehen, sonst kann er absterben. Damit schließt sich der Kreis der frühlings- und sommerblühenden Gehölze im rosa/rot blühenden Beet, und die anfangs beschriebenen Schneebälle und die Zierkirsche übernehmen den Blütenpart bis zum nächsten Frühjahr. Kommen wir jetzt zu den Kletterern.

KLETTERPFLANZEN UND RANKER

Die Waldrebe
Clematis in Arten und Sorten

Eine schier unglaublich vielgestaltige Fülle bietet die Waldrebe. Im Handel sind mehr als 400 Arten, Sorten und Hybriden erhältlich. Sie alle hier und in den anderen Farbbeet-Kapiteln auch nur annähernd aufzuführen, würde den Rahmen dieses Buches sprengen. Daher die Beschränkung auf ein paar allgemeine Angaben und Hinweise.
Waldreben bevorzugen von Haus aus Halbschatten, etliche kommen jedoch auch mit schattigen oder sonnigen Standorten zurecht, andere eignen sich für Standorte von Sonne bis Schatten. Alle Waldreben verlangen einen schattigen Fuß, mögen aber keine Wurzelkonkurrenz über und neben sich. Eine Abdeckung mit Rindenmulch, Kies, einer Dachpfanne oder einem Stein als Schattierhilfe bekommt der Clematis besser als eine Bepflanzung ihres Standortes.
Der Klimmer schätzt einen Boden, der gleichmäßig feucht ist. Nässe oder gar Staunässe verträgt er nicht, weil dann die Gefahr besteht, dass Wurzeln abfaulen. Andererseits gibt es durchaus Arten, die mit Trockenheit gut zurechtkommen.
Clematis gibt es in nahezu allen Farben von weiß über gelb, rosa, rot, violett bis blau und auch mehrfarbig. Die Blüten können klein ab etwa 2 cm Durchmesser über mittel- bis großblütig bis 15 cm Durchmesser sein. Sie blühen einfach, halb gefüllt und gefüllt, schalen-, stern-, glocken- und tulpenförmig, einige Clematis duften oder präsentieren einen auffälligen Fruchtschmuck. Die Früchte werden botanisch übrigens als Nüsschen bzw. Nüsse bezeichnet.
Ihren Flor zeigen sie je nach Art und Sorte im Frühjahr, zweimal jährlich im Früh- und Hochsommer, im Spätsommer, im Herbst oder sogar im Winter. Die Zwerge werden kaum höher als einen Meter, die Riesen schaffen es ohne Weiteres, selbst 12–15 m hohe Bäume zu erobern.
Da Clematis etwas holzige Ranken haben und im Winter nicht oberirdisch absterben wie die Stauden, werden sie zu den Gehölzen gezählt. Jede gute Baumschule bietet ein Sortiment der gängigsten und beliebtesten Waldreben an, die größte Auswahl finden Sie natürlich bei den Clematis-Züchtern und -Spezialgärtnereien, die die Pflanzen auch versenden (siehe Anhang).
Clematis sind Spreizklimmer, die sich mithilfe ihrer Blattstiele an einem Pflanzgerüst festhalten. Auch wenn sie Bäume erobern sollen, brauchen sie anfangs eine Kletterhilfe. Im Beet, an Obelisken und vor Wänden und Mauern sind Gitterkonstruktionen am besten geeignet, deren Stäbe einen Durchmesser von nicht mehr als 2–3 cm haben sollten, damit die Kletterorgane der Waldrebe sie »umfassen« können und Halt finden. Baustahlmatten, Plastiknetze oder Maschinendraht sind ebenfalls gut geeignet.

Clematis schneiden

Einen regelrechten Horror haben viele Hobbygärtner vor dem richtigen Schnitt von Clematis, weil die Regeln als furchtbar kompliziert gelten, dabei sind die Vorgaben ziemlich simpel: Frühjahrsblühende Clematis werden nicht geschnitten, es sei denn, sie verkahlen am unteren Teil der Pflanze stark. Dann können sie direkt nach der Blüte sogar bis auf 30 cm gestutzt werden und treiben im kommenden Jahr willig wieder durch. Die zweimal jährlich blühenden Hybriden werden im November/Dezember um ein Drittel eingekürzt, die Spätsommer- und Herbstblüher werden im November/Dezember bis

Die Clematis-Hybride 'Dr. Ruppel' blüht im Mai/Juni und nochmals von August bis September.

auf 30 cm über dem Boden abgeschnitten. So viel zu den angeblich ach so verwirrenden Schnittvorgaben.

Krankheiten

Eine gefürchtete, aber glücklicherweise nicht sonderlich häufige Krankheit ist die Clematiswelke. Sie wird durch einen Pilz hervorgerufen, der binnen weniger Tage die ganze Pflanze oberirdisch absterben lässt – sie vertrocknet regelrecht, trotz üppiger Wassergaben. Dagegen ist bis heute kein Kraut gewachsen. Deshalb pflanzt man Clematis deutlich tiefer, als sie im Topf gestanden haben, damit sie durch unterirdische Augen wieder austreiben können. Auch den neuen Austrieb kann die Clematiswelke wieder dahinraffen, denn der Pilz bleibt im Boden erhalten, befällt aber nicht die Wurzeln selbst – d. h., die Pflanze überlebt die Attacke unterirdisch. Eine Erste-Hilfe-Maßnahme ist es, alle oberirdischen Pflanzenteile sofort abzuschneiden. Die Chance, dass der neue Austrieb nicht befallen wird, liegt allerdings nur bei 50 : 50. Und irgendwann ist die Regenerationsfähigkeit der Pflanze erschöpft, sie ist dann wirklich tot. Relativ immun gegen den Pilz sind eher kleinblütige Wildarten und ihre Abkömmlinge, wie z. B. *Clematis viticella*. Auch beim Pflanzen gibt es Ausnahmen: Bergwaldrebe *(Clematis montana)*, Goldwaldrebe *(Clematis tangutica)*, Alpenwaldrebe *(Clematis alpina)* und *Clematis orientalis* werden nicht tiefer gesetzt, als sie im Topf standen. Sie sind anfällig für Nässe und möchten lieber etwas erhöht auf einem kleinen Hügel gepflanzt werden.
Bei entsprechender Arten- und Sortenauswahl blüht diese wohl prächtigste sommergrüne Kletterschönheit ohne Unterbrechungen von April bis November in Ihrem Garten. Gesellt man noch die immergrünen Winterblüher hinzu *(Clematis armandii, Clematis cirrhosa)*, beginnt der Blütenreigen schon im Februar, d. h., nur im Dezember und Januar können Sie sich nicht an den herrlichen Blüten erfreuen. Bitte beachten Sie: Die Winterblüher benötigen unbedingt einen Winterschutz, alle anderen Clematisarten sind ausgepflanzt in der Regel winterhart.

Etwas besonderes ist die rosa blühende *Wisteria floribunda* 'Rosea'. Sie benötigt ein stabiles Rankgerüst.

Wilder Wein
Parthenocissus tricuspidata
⬆ bis 1200

Wilder Wein passt deshalb ins rosa/rote Beet, weil sich sein grünes Laub im Herbst leuchtend rot verfärbt. Mit seinen Haftscheiben hält er sich an Wänden, Mauern und Sichtschutzwänden fest, benötigt also keine Kletterhilfe. Er ist schnell wüchsig und anspruchslos.
Die unscheinbaren gelb-grünen Blüten fallen kaum auf, später erscheinen dunkle Beeren als Früchte. Die Blüten werden gerne von Bienen angeflogen, die Beeren dienen Vögeln als Nahrung, zwischen dem Blattwerk finden zahlreiche Nützlinge Schutz. Der Wilde Wein ist also eine echte Naturgartenpflanze.
Im Gegensatz zum Efeu ist er nicht wintergrün und verliert – das soll nicht verschwiegen werden – sein Laub im Herbst. An der Wand bleibt ein dünnes Netzwerk aus spinnfadenartigen Trieben zurück, das im Frühjahr neu austreibt.

Rosafarbener Blauregen
Wisteria floribunda 'Rosea'
○–◑ ⬆ bis 800 ✿ 6–8

Dieser starkwüchsige Klimmer windet sich gerne an kräftigen Stäben und stabilen Spanndrähten in luftige Höhen, berankt aber auch Pergolen und Gerüste an Mauern und Hauswänden. Regenrohre sind für den Klettermaxe allerdings tabu, da er sie im Laufe der Zeit einfach zusammendrückt. Achten Sie beim Kauf darauf, dass die Pflanze veredelt wurde, denn dann blüht sie ab dem 2. oder 3. Standjahr. Sämlinge blühen erst viel später und oft auch spärlicher. Normaler, durchlässiger Gartenboden, der auch zeitweise etwas feuchter sein darf, sagt dem Klettergehölz am besten zu. Staunässe verträgt die Pflanze nicht. Alle Teile der Pflanze, auch Blätter und Blüten, können, wenn sie verzehrt werden, schwere Übelkeit hervorrufen!

Staudenwicke
Lathyrus latifolius
○–◑ ⬆ 200 ✿ 6–9

Im Gegensatz zur Duft- und Edelwicke *(Lathyrus odoratus)*, die einjährig sind und duften, ist die Staudenwicke ausdauernd, aber duftlos. Wie ihre einjährige Schwester, so benötigt auch die Staudenwicke eine Kletterhilfe wie Rankgitter, Maschendraht oder Zaun. Pralle Sonne mag sie nicht, 5–6 Sonnenstunden am Tag reichen aus. Staudengärtnereien führen die Sorten 'Rosa Perle' und 'Rote Perle'.

Ziergehölze in Blau und Violett

Naturgemäß ist die Auswahl an blauen bzw. violett oder lila blühenden Gehölzen und Kletterern begrenzt. Gemessen an anderen Farben ist Blau mit den verschiedenen Farbschlägen im Pflanzenreich ohnehin spärlicher vertreten, dennoch können Sie auch Ihr blaues/violettes Beet ganzjährig blühend erleben.

Flieder
Syringa vulgaris
○ ⬆400 ✿5

Der gemeine Flieder kommt mit seinen einfach und gefüllt blühenden Sorten in nahezu allen Farben als »Edelflieder« daher. Dessen ungeachtet ist er wenig empfindlich und verträgt sogar Halbschatten, blüht dort aber nicht so reich wie in der Sonne. Nässe behagt ihm ganz und gar nicht. Das Gehölz zeichnet sich nicht nur durch seine schönen Blütenkerzen aus, sondern natürlich vor allem durch den Duft, der den ganzen Garten erfüllen kann.

Persischer Flieder
Syringa × persica
○ ⬆180 ✿5–7

Dieser kleinwüchsige Flieder blüht etwas länger als der große Bruder und erträgt auch noch zeitweilige Trockenheit ganz gut. Er duftet ebenfalls.

Hortensie 'Endless Summer'
Hydrangea macrophylla
◑ ⬆100 ✿5–10

'Endless Summer' ist noch nicht lange auf dem Markt, und trotzdem hat sie unter den Ballhortensien Maßstäbe gesetzt, weil sie sowohl am alten als auch am neuen Holz blüht. Egal ob die Knospenanlagen für das nächste Jahr im Herbst versehentlich abgeschnitten wurden oder die Pflanze eingekürzt wird, sie blüht im nächsten Jahr zuverlässig von Mai bis Oktober und ist zudem bis minus 30 °C extrem frosthart. Grundsätzlich trägt sie rosa Blüten, wenn sie in saure Erde gepflanzt wird, blüht sie blau – Rindenhumus ins Pflanzloch geben! –, oder wenn sie mehrmals im Jahr mit sogenanntem Hortensien-Blau aus dem Gartenfachhandel gegossen wird. Dieses Ammonium-Aluminium-Sulfat erhalten Sie auch unter der Bezeichnung »Alaun« in jeder Apotheke. 'Endless Summer' mag Halbschatten und stets feuchte Erde.

Zwergflieder
Syringa meyeri 'Palibin'
○ ⬆bis 150 ✿6–7

Mit der wohl geringsten Höhe aller Fliedersträucher macht der Zwergflieder seinem Namen durchaus alle Ehre. Trotz seiner Kleinheit wartet der rundliche, langsam wachsende Strauch mit 10 cm langen, duftenden Blütenrispen auf. Er kommt gut mit normalem Gartenboden zurecht, mag aber keine Nässe.

Schmetterlingsflieder
Buddleja davidii
○ ⬆200–300 ✿7–9

Wie falsch die deutsche Namensgebung sein kann, zeigt sich ganz deutlich beim »Schmetterlingsflieder«. Zwar kennt ihn jeder unter diesem Begriff, aber wie uns der lateinische Name verrät, hat er mit dem eigentlichen Flieder nichts, aber auch gar nichts zu tun. Richtig ist allerdings, dass er ein Schmetterlingsmagnet

Der Duft von *Syringa vulgaris* 'Lothar Späth' erfüllt zur Blütezeit den ganzen Garten.

ist. Buddleja mag einen trockenen, nährstoffarmen Standort. Ein starker Rückschnitt im Februar sorgt für besonders lange Blütenstände. Die Baumschulen bieten verschiedene Sorten in den genannten Farbschlägen an.

Liebesperlenstrauch
Callicarpa bodinierii 'Profusion'
○ ⬆200 ✿7–8

Die Blüte des Liebesperlenstrauchs ist im Sommer wenig spektakulär, aber die im September ausfärbenden, in Büscheln an den Zweigen sitzenden Beerenfrüchte sind schon einzigartig im Pflanzenreich. Wie gelackt wirken die lilafarbenen, ins Pink spielenden Perlen und hüllen den anspruchslosen Strauch regelrecht ein. Diese Pracht hält bis zu den ersten Frösten an. Das Gehölz kommt mit normalem

Die auffällige Farbe der Früchte vom Liebesperlenstrauch ist wohl einzigartig.

So hübsch blüht er, der Kletterer mit dem furchtbaren deutschen Namen Klettergurke.

Gartenboden aus. Schädlinge und Krankheiten befallen den Liebesperlenstrauch nicht, er ist auch gut schnittverträglich, weswegen seine Zweige übrigens einen guten Vasenschmuck abgeben. Prädikat: sehr zu empfehlen!

KLETTERPFLANZEN UND RANKER

Klettergurke

Akebia quintata

○–◐ ⬆ bis 500 ✿ 4–5

Ein furchtbarer deutscher Name für diesen hübschen Kletterer, der sich auf die blauen, gurkenartigen Früchte bezieht. *Akebia* benötigt eine Rankhilfe, um in die Höhe zu kommen. Das geschieht anfangs nur sehr langsam, später wird das Wachstum rasanter. In den ersten ein, zwei Jahren ist die junge Pflanze für einen Winterschutz dankbar, später ist sie völlig frosthart.

Blauregen

Wisteria sinensis (Syn.: *W. chinensis*)

○–◐ ⬆ bis 1000 ✿ 5–6, Giftig

Dieser starkwüchsige Schlinger windet sich gerne an kräftigen Stäben und stabilen Spanndrähten hinauf in luftige Höhen, berankt aber auch Pergolen und entsprechende Gerüste an Hauswänden und Mauern. Von Regenrohren sollte man ihn fernhalten, da er sie zusammendrücken kann. Das lässt schon erahnen, welche Kraft in der Pflanze steckt. Blauregen bildet bis zu 30 cm lange, duftende Blütentrauben aus. In feuchtem, durchlässigem Boden gedeiht er am besten, er kommt allerdings auch mit normalem Gartenboden gut zurecht. Alle Pflanzenteile können bei Verzehr schwere Übelkeit hervorrufen!

Waldrebe

Clematis

Siehe auf Seite 179

Ziergehölze in Gelb und Orange

Im gelben Beet haben Sie wieder eine größere Auswahl an Gehölzen, auch und vor allem solche, die in der kalten Jahreszeit blühen. Und in diesen Monaten fehlt uns ja prächtiger Blütenflor ganz besonders, da bieten sich die dankbaren Winterblüher als Blickfang an. Dafür ist die Auswahl an Rankern allerdings sehr begrenzt.

Zaubernuss

Hamamelis × intermedia

○–◑ ⬆ bis 400 ✿ 12–2

Die Zaubernuss ist ein sehr langsam wachsendes, ausladendes Gehölz mit trichterförmigem Wuchs. Es bevorzugt volle Sonne, kommt aber auch mit Halbschatten noch gut zurecht. Staunässe wird nicht vertragen, normaler Gartenboden reicht aus. Im Herbst färbt sich das Blattwerk gelb-orange, die duftenden Blüten sind frosthart bis minus 10 °C. Bei jungen Pflanzen ist leichter Winterschutz empfehlenswert. Schnitt wird nur schlecht vertragen, daher ungestört wachsen lassen. Eine bekannte Sorte ist 'Arnold Promise'. Auch orangefarben blühende Züchtungen sind erhältlich, z. B. 'Jelena' und 'Vezna'.

Winterblüte

Chimonanthus praecox

○ ⬆ 200–300 ✿ 12–3

Das Gehölz beeindruckt nicht nur mit seinen hellgelben, an der Innenseite der Blütenblätter purpurfarbigen bis braun gestreiften Blütenglöckchen, sondern auch mit seinem starken Duft. Ein warmer, geschützter Standort sagt der Winterblüte besonders zu, in jungen Jahren ist aber Frostschutz nötig. *Chimonanthus* kann nach der Blüte geschnitten werden.

Mahonie

Mahonia × media 'Winter Sun'

◑–● ⬆ bis 200 ✿ 1–4

Der langsam wachsende Strauch mag keinen windigen oder von der Wintersonne beschienenen Standort, ist ansonsten aber sehr genügsam. Eine seltene Eigenschaft zeichnet die Mahonie zusätzlich aus: Sie gehört zu den ganz wenigen Immergrünen, deren Laub sich im Herbst gelbrot färbt. Sie ist also ganzjährig ein Blickfang im gelben Beet.

Kornelkirsche

Cornus mas

○–◑ ⬆ 400–550 ✿ 2–4

Die Kornelkirsche, die als kleiner Baum oder Strauch wächst, wartet gleich mit mehreren Besonderheiten auf: Spezielle Bodenansprüche stellt sie nicht, die gelben Blüten zeigen sich in kleinen Dolden. Das Herbstlaub ist Purpurrot und die kleinen, roten Früchte im Spätsommer sind essbar. Hinzu kommt die sehr gute Schnittverträglichkeit. Was will man mehr?

Forsythie, Goldglöckchen

Forsythia × intermedia

○ ⬆ 100–300 ✿ 3–4

Die Forsythie schätzt einen sonnigen Standort und ganz normalen Gartenboden, der nicht zu feucht sein sollte. Den Strauch zu beschreiben, hieße sicher Eulen nach Athen zu tragen – dieser prächtige Frühjahrsblüher leuchtet uns hierzulande praktisch aus jedem Garten entgegen. Die am meisten gepflanzte Sorte ist sicherlich 'Spectabilis', die bis 3 m hoch wird. Wesentlich kleiner und damit beettauglicher sind 'Boucle d' Or' und 'Maluch', die jeweils etwa 1 m hoch wachsen. 'Goldrausch' und 'Goldzauber' kommen auf ca. 1,80 m, 'Minigold' und 'Weekend' beenden ihr Höhenwachstum bei 2 m. Alle Arten sind sehr schnittverträglich. Geschnitten wird direkt nach der Blüte. Später wird nicht mehr zur Schere gegriffen, da sonst die schon im Frühsommer für die nächste Saison angelegten Blüten ebenfalls gekappt werden.

Glockenhasel, Scheinhasel

Corylopsis pauciflora

◑ ⬆ 150 ✿ 3–4

Mit ihren duftenden, in Trauben herabhängenden gelben Glockenblüten bietet die Glockenhasel im Frühling einen hübschen Anblick. Sie schätzt eher feuchten, sauren Boden. Rindenhumus ins Pflanzloch geben! Schädlinge und Krankheiten kennt sie nicht. Der Strauch wächst buschig, die Blätter sind im Austrieb bronzefarben und erscheinen erst nach den Blüten.

So filigrane, auffallend leuchtende Blütenkerzen traut kaum jemand der eher derb wirkenden *Mahonia × media* 'Winter Sun' zu.

Blühende Bäume und Sträucher

Fiederblättriger Traubenholunder

Sambucus racemosa 'Plumosa Aurea'

○–◑ ⬆200 ✿4–5

Gelbe Laubfarbe, gelb-grüne Blüten und ab Juli rote Beeren, die unangenehm schmecken und Übelkeit hervorrufen, von Vögeln allerdings gern gefressen werden. Der Traubenholunder hat eine kompakte Form, kann bei Bedarf allerdings kräftig zurückgeschnitten werden. Kalk im Boden mag er nicht. Traubenholunder ist schnell wüchsig und trotzt der Luftverschmutzung. Die beste Laubfärbung wird an einem sonnigen Stand erzielt, pralle Sonne wird aber nicht vertragen.

Gold-Ahorn

Acer shirasawanum 'Aureum'

◑ ⬆300 ✿4–5

Der Name ist Programm für die Laubfärbung, die sich im Herbst in einem leuchtenden Rot präsentiert. Aus den zur Blattfarbe kontrastierenden winzigen Blüten entwickeln sich im August Mini-Ahornfrüchte. Der rundliche Baum oder Strauch schätzt einen feuchten Boden und einen windgeschützten Standort. Ein unübersehbarer Blickfang im Beet!

Flieder

Syringa vulgaris

○–◑ ⬆400 ✿5

Als Edelflieder im Handel; in Gelb z. B. die Hybride 'Primrose'. Flieder kommt mit zeitweiser Trockenheit zurecht, ist industrie- und windfest und gedeiht auch noch im Halbschatten. Besser macht er sich jedoch in der Sonne. Schlecht bis gar nicht vertragen wird ein nasser Boden bzw. stehende Nässe. Flieder ist gut schnittverträglich, die Blüten duften. Da gelber Flieder selten zu sehen ist, ist 'Primrose' zur Blütezeit ein echter Hingucker. 'Primrose' ist übrigens die einzige gelbe Fliedersorte. Sie wurde nicht gezielt gezüchtet, sondern entstand durch einen Zufall.

Ranunkelstrauch

Kerria japonica 'Pleniflora'

○–◑ ⬆bis 200 ✿5–6 und 9

Wie der Zusatz 'Pleniflora' schon verrät, handelt es sich um eine gefüllt blühende Züchtung. Sommers wie winters sind die dünnen Zweige grün. Der Strauch wächst straff aufrecht und ist wüchsig, aber auch gut schnittverträglich. Der Ranunkelstrauch gedeiht in normalem Gartenboden. Von Krankheiten und Schädlingen wird er nicht heimgesucht.

Weigelie

Weigelia middendorffiana

○–◑ ⬆150 ✿5–7

Dieser aufrecht wachsende Strauch mit den glockenförmigen gelben Blüten, die im Inneren auffällige rote Flecken aufweisen, hat im Beet besondere Aufmerksamkeit verdient. Nicht von der Pflege her, denn die Weigelie ist genügsam, langlebig und kommt mit jedem normalen Gartenboden gut zurecht, nein, sondern wegen der Blüte. Wie beim Flieder ist die Farbe Gelb auch bei Weigelien sehr selten. Setzen Sie den Strauch daher als Solitär und nicht versteckt in eine Buschgruppe oder verborgen hinter hohen Pflanzen wie Chinaschilf *(Miscanthus)* oder Staudensonnenblumen *(Helianthus)*.

Goldregen

Laburnum × watereri

○ ⬆300–500 ✿5–6, giftig

Alle Pflanzenteile des Goldregens sind hochgiftig. Wenn Sie kleine Kinder haben, lassen Sie das Gehölz besser in der Baumschule stehen, ansonsten lohnt es

Der gelbe Flieder *Syringa vulgaris* 'Primrose' ist oft ein Objekt der Begierde, gehört aber zum Standardsortiment der Baumschulen.

Auch heute noch zählen gelb blühende Magnolien zu den Raritäten im Garten. Im Bild ist die Blüte von *Magnolia × brooklynensis* 'Elisabeth' zu sehen.

sich durchaus, Goldregen im eigenen Garten anzupflanzen. Die üppigen gelben Blütentrauben mit den wickenartigen Blüten bieten im Mai und Juni einen überwältigenden Anblick. Dem Goldregen ist eigentlich jeder Boden recht, wenn er nur nicht zu nass ist. Allergisch reagiert das Gehölz auf Schnittmaßnahmen, denn die Wunden heilen nur sehr schlecht. Die Sorte 'Vossi' ist besonders winterhart und besitzt zugleich die längsten Blütentrauben (50–60 cm). 'Vossi' wird in den Baumschulen auch in Kronenform angeboten (Stamm).

Magnolie

Magnolia × brooklynensis 'Yellow River'

○–◑ ⬆500 ✿ 5–6

Immerhin gut zehn Jahre benötigt das Gehölz, um die angegebene Höhe zu erreichen. Wie die meisten Magnolien schätzt sie einen eher sonnigen, windgeschützten Platz in nahrhaftem, saurem Boden; geben Sie Rindenhumus ins Pflanzloch! In den ersten zwei bis drei Jahren ist ein Winterschutz angebracht. Aufgrund der späten Blüte ist der Flor kaum spätfrostgefährdet. Muss eigentlich noch erwähnt werden, dass die Farbe gelb bei Magnolien selten ist?

Schmetterlingsflieder

Buddleja × weyeriana

○ ⬆200–300 ✿ 7–10

Und nun die nächste Überraschung: Ein gelb blühender Schmetterlingsflieder! Für einen Nichtfachmann ist es kaum vorstellbar, dass dieses Gehölz ebenfalls *Buddleja* im Namen führt. Erstens blüht der ausladende Strauch gelb, und zweitens sitzen die Blüten in kleinen, wie zusammengebundene Sträußchen wirkenden Halbkugeln auf der bis 30 cm langen Rispe. Der Boden sollte allenfalls normal feucht sein, keinesfalls nass. Trockenheit wird vertragen. Ein kräftiger Rückschnitt im Februar sorgt für eine reichliche sommerliche Blütenfülle. Die Sorten 'Golden Glow' und 'Sungold' zeigen orangefarbene Blüten.

Winter-Jasmin

Jasminum nudiflorum

○–◑ ⬆200–250 ✿ 12–4

An diesem anspruchslosen Gehölz scheiden sich die Geister – handelt es sich nun um einen Strauch oder um einen Kletterer? Er ist ein sogenannter Spreizklimmer, der sich mittels Sprossen an Rankhilfen emporhangeln kann. Fehlen Stützen, das können auch andere Büsche sein, bleibt er ein schlanker Strauch mit überhängenden Trieben. Es bleibt daher Ihnen überlassen, wie Sie den Winter-Jasmin einsetzen; hier ist er bei den Rankgewächsen gelistet. Wie so oft, erscheinen auch bei diesem Gehölz die zahlreichen Blüten vor dem Blattaustrieb. An den Boden werden keine besonderen Ansprüche gestellt, eine eventuelle Auslichtung erfolgt direkt nach der Blüte.

Waldrebe

Clematis

Siehe auf Seite 179

Auch so kann der Flor eines Schmetterlingsflieder aussehen – wenn er gelb blüht.

Ziergehölze in Weißtönen

Duftschneeball
Viburnum farreri (Syn.: *V. fragans*)
○ ⬆250–300 ✿11–4

Wer dieses aufrecht wachsende Gehölz im Garten hat, weiß, woher der deutsche Name kommt. Der Laubaustrieb nach der Blüte ist bronzefarben, im Herbst färben sich die Blätter purpurrot. Der Boden sollte auch im Sommer ausreichend feucht sein, aber nicht nass.

Winterheckenkirsche
Lonicera × purpusii 'Winter Beauty'
○–◑ ⬆200 ✿12–3

Die Blüten des rundlichen Strauchs duften sehr stark. Die Winterheckenkirsche gedeiht im normalen Gartenboden. Sie ist also völlig unproblematisch bezüglich der Pflege, aber ein wunderbares Duft- und Blütenerlebnis im meist trüben Winter.

Schneeforsythie
Abeliophyllum distichum
○ ⬆150 ✿1–4

Der deutsche Name ist diesmal sehr treffend, denn das Gehölz ist tatsächlich ein Verwandter der gelb blühenden Forsythie. Beide gehören zur Familie der Oleaceae (Ölbaumgewächse). Neben der Blütezeit und der Farbe gibt es noch einen weiteren Unterschied: Die Schneeforsythie duftet. Sie begnügt sich mit normalem Gartenboden.

Kupferfelsenbirne
Amelanchier lamarckii
○–◑ ⬆400 ✿4

Die Kupferfelsenbirne schätzt einen ausreichend feuchten, sauren Standort; dazu geben Sie Rindenhumus ins Pflanzloch! Anfangs sind die Blätter bronzefarben, später vergrünen sie. Die weißen Blüten sitzen in hängenden Trauben, aus denen sich später bereifte, blauschwarze Beeren entwickeln. Diese sind saftig, süß und essbar, lassen sich z. B. aber auch zu Kompott verarbeiten. Im Herbst schmückt sich der Großstrauch mit orangefarbenen und roten Blättern.

Mai-, Schneeglöckchenbaum
Halesia carolina (Syn.: *H. tetraptera*)
○–◑ ⬆400 ✿4–5

Das Gehölz verlangt einen feuchten, normalen bis sauren Boden. Junge Pflanzen sollten einen Winterschutz bekommen. Ansonsten ein unkomplizierter, schöner Frühlingsblüher.

Flieder
Syringa vulgaris
○–◑ ⬆400 ✿5

Ein alter Bekannter, der uns auch schon in anderen Kapiteln begegnet ist und als weißer Edelflieder in verschiedenen Sorten gehandelt wird. Normaler Gartenboden, notfalls Halbschatten und auch schon mal Trockenheit – der unverwüstliche Flieder stellt keine besonderen Ansprüche und trotzt auch Wind und Abgasen. Sehr schnittverträglich, natürlich duftende Blütenkerzen.

Gefüllter Duftjasmin
Philadelphus 'Virginal'
○–◑ ⬆200–300 ✿6

Duftjasmin gedeiht auf jedem Gartenboden und ist im Juni mit weißen, stark duftenden Blüten förmlich übersät. Das Gehölz ist rasch wachsend und an-

Bei so hübschen Blüten ist mal der deutsche Name poetisch: Mai- oder Schneeglöckchenbaum.

spruchslos, Schnitt nach der Blüte. Sehen Sie sich in der Baumschule auch mal die anderen *Philadelphus*-Arten und -Sorten an. Alle blühen weiß und duften mehr oder weniger stark. Sie finden eine große Auswahl zwischen 1–2 m Höhe. Alle Sommerjasmine passen prima ins weiße Blumenbeet.

Sommer-Magnolie

Magnolia sieboldii (Syn.: *M. parviflora*)

○–◑ ⬆300 ✿ 6–8

Während bei früh blühenden Arten die Blüten manchmal den Spätfrösten zum Opfer fallen, besteht die Gefahr bei der Sommer-Magnolie nicht. Ihre duftenden weißen Blüten mit dem roten Zentrum verwandeln sich im Herbst zu leuchtend roten Blütenständen. Im Gegensatz zu anderen Magnolien braucht die Sommer-Magnolie keinen sauren Boden, aber ausreichend Feuchtigkeit und einen windgeschützten Platz. Sie wächst langsam und sollte in den ersten zwei bis drei Jahren nach der Pflanzung etwas Winterschutz bekommen. Eine Laubdecke über dem Wurzelballen schätzt sie rund ums Jahr.

KLETTERPFLANZEN UND RANKER

Blauregen

Wisteria sinensis 'Alba' (Syn.: *W. chinensis*)

○–◑ ⬆bis 1000 ✿ 5–6, Giftig

Als schnell wüchsiger, mächtiger Schlinger benötigt der Blauregen ein stabiles Rankgerüst, zumal das Gehölz ein beachtliches Gewicht erreichen kann. Regenrohre taugen nicht als Kletterhilfe, sie werden zusammengedrückt. Die duftenden Blütentrauben werden bis zu 30 cm lang. Der Blauregen mag keine Bodentrockenheit, feuchter oder normaler Gartenboden sagt ihm zu. Alle Pflanzenteile rufen bei Verzehr schwere Übelkeit hervor!

Er gehört zu den Dauerblühern im Garten, der vitale Knöterich.

Staudenwicke

Lathyrus latifolius 'Weiße Perle'

○–◑ ⬆200 ✿ 6–9

Anders als die Duft- oder Edelwicke ist die Staudenwicke ausdauernd, sie schlägt also jedes Jahr wieder aus dem Wurzelstock aus. Sie mag keine pralle Sonne, ist ansonsten aber genügsam. Sie duftet nicht und benötigt eine Rankhilfe in Form eines Spaliers, Zauns oder Gitters. Sie eignet sich gut als Schnittblume. Wer Wert auf Vermehrung legt, lässt ein, zwei Blüten stehen. Die Schoten, die sich daraus entwickeln, lässt man ausreifen und gewinnt daraus Samen für das nächste Frühjahr.

Knöterich

Fallopia aubertii (Syn.: *Bilderdykia aubertii, Polygonum aubertii*)

○–◑ ⬆bis 1200 ✿ 7–10

Dieser rasant wachsende, weiß blühende Schlinger benötigt ein sehr stabiles Rankgerüst, da er verholzt und im Laufe der Zeit ein ziemliches Gewicht erreicht. Er verträgt nicht nur starke Rückschnitte, sondern verlangt regelrecht nach der Schere, wenn die schnell wachsende Pflanze nicht alles mit ihren langen Trieben überwuchern soll. Da er anspruchslos und auch mit halbschattigen Plätzen zufrieden ist, spielt er seine Wuchskraft praktisch in jeder Lage aus. Besser als im Beet ist er an Pergolen und Pavillons aufgehoben, die er in kurzer Zeit erobert und mit seinem Blätterwerk einhüllt.

Blühende Bäume und Sträucher

Ziergehölze und Kletterpflanzen in Rosa und Rot

Name	Blüte	Höhe	rosa/rot		Stand	Anmerkung
Bäume und Sträucher						
Schneeball *(Viburnum tinus* 'Gwenllian')	10–4	200–250	x		So.–hs.	immergrün, duftend, oft kleiner bleibend
Zierkirsche *(Prunus subhirtella* 'Autumnalis Rosea')	11–4	300–450	x		So.	schnittverträglich,schöne Herbstfärbung
Duftschneeball *(Viburnum × bodnantense* 'Dawn')	11–4	200–300	x		So.	mag keinen Schnitt, duftend
Zaubernuss *(Hamamelis × intermedia)*	12–2	bis 400		x	So.–hs.	rot blühende Sorten, mag keinen Schnitt
Seidelbast *(Daphne mezereum)*	2–4	120	x		Hs.	duftend, rote Beeren, alle Teile sehr giftig!
Zierapfel *(Malus × purpurea)*	4–5	bis 500	x	x	So.	rote Früchte, schöne Herbstfärbung
Zierapfel *(Malus sargentii)*	4–6	bis 200			So.	weiße Blüten, beerengroße rote Früchte
Hortensie 'Endless Summer'® *(Hydrangea macrophylla)*	5–10	100	x		Hs.	geschützte Sorte, bei saurem Boden blau blühend
Flieder *(Syringa vulgaris)*	5	400		x	So.	rot blühende Sorten, duftend
Herbstflieder *(Syringa microphylla* 'Superba')	5–10	180	x		So.	duftend, blüht ab Mai mehrmals bis Oktober
Kanadischer Flieder *(Syringa × prestoniae)*	5–6	200	x		So.	duftend, verschiedene Sorten erhältlich
Koreanischer Flieder *(Syringa patula* 'Kim')	5–6	200	x		So.	duftend, kuppelförmiger Wuchs, Herbstfärbung
Japanische Säulenkirsche *(Prunus serrulata)*	5–6	500–600	x		So.	schlanker Wuchs, duftend gibt verschiedene Sorten
Blutberberitze *(Berberis thunbergii* 'Atropurpurea')	5–6	bis 200			So.	Blüte gelb, bei Schnitt blütenlos, rotes Laub
Gefüllter Schneeball *(Viburnum opolus* 'Roseum')	5–6	bis 400			So.	weiße Blüten, später zartrosa, rote Herbstfärbung
Baum-Oleander *(× Chitalpa tashkentenis)*	5–10	bis 400	x		So.–hs.	anfangs Winterschutz, später recht winterhart
Gewürzstrauch *(Calycanthus floridus)*	5–7	150–250	x		So.–hs.	duftend, verträgt keineTrockenheit
Indigo-Strauch *(Indigofera heterantha)*	6–10	180–250	x		So.	Blüte rosa-pink, keinen Dünger/Kompost geben
Weigelia *(Weigelia* 'Bristol Ruby')	6–7 + 9–10	250		x	So.	Schnitt gleich nach der zweiten Blüte im Herbst
Schmetterlingsflieder *(Buddleja davidii)*	7–9	200–300	x	x	So.	rosa 'Pink Delight' – rot 'Royal Red'
Scheineller *(Clethra alnifolia* 'Rosea')	7–9	200–300	x		So.–hs.	duftend, verträgt keine Trockenheit
Kletterpflanzen						
Waldrebe *(Clematis)*	3–10	100–1500	x	x	So.–s.	Blütezeit, Farbe, Höhe, Standort je nach Art/Sorte
Wilder Wein *(Parthenocissus tricuspidata)*		bis 1200			So.–s.	selbst kletternd wie Efeu, rote Herbstfärbung
Rosa Blauregen *(Wisteria floribunda* 'Rosea')	6–8	bis 800	x		So.–hs.	benötigt stabiles Rankgerüst, giftig!
Staudenwicke *(Lathyrus latifolius)*	6–9	200	x	x	So.–hs.	rosa 'Rosa Perle' – rot 'Rote Perle'

Ziergehölze und Kletterer in Blau und Violett

Name	Blüte	Höhe	blau/violett		Stand	Anmerkung
Bäume und Sträucher						
Hortensie 'Endless Summer'® *(Hydrangea macrophylla)*	5–10	100	x		Hs.	Geschützte Sorte, saurer Boden, sonst rosa blühend
Flieder *(Syringa vulgaris)*	5	400	x	x	So.	duftend, Blütenfarbe je nach Sorte blau/violett
Persischer Flieder *(Syringa × persica)*	5–7	180		x	So.	verträgt zeitweilige Trockenheit, duftend
Zwergflieder *(Syringa meyeri* 'Palibin')	6–7	bis 150		x	So.	mag keine Nässe, duftend
Schmetterlingsflieder *(Buddleja davidii)*	7–9	200–300	x	x	So.	Blütenfarbe je nach Sorte blau oder violett
Liebesperlenstrauch *(Callicarpa bodinierii* 'Profusion')		200			So.	Blüten unscheinbar, lila Früchte ab 9 bis Winter
Kletterpflanzen						
Klettergurke *(Akebia quintata)*	4–5	bis 500		x	So.–hs.	Rankhilfe nötig, anfangs Winterschutz
Blauregen *(Wisteria sinensis)*	5–6	bis 1000	x		So.–hs.	stabile Rankhilfe nötig, duftend, giftig
Waldrebe *(Clematis)*	4–10	60–400	x	x	So.–s.	Blütezeit, Farbe, Höhe, Standort je nach Art/Sorte

Ziergehölze und Kletterer in Gelb und Orange

Name	Blüte	Höhe	gelb/orange		Stand	Anmerkung
Bäume und Sträucher						
Zaubernuss *(Hamamelis × intermedia)*	12–2	bis 400	x	x	So.–hs.	je nach Sorte gelb oder orange blühend
Winterblüte *(Chimonanthus praecox)*	12–3	200–300	x		So.	anfangs Winterschutz nötig, duftend
Mahonie *(Mahonia × media* 'Winter Sun')	1–4	bis 200	x		Hs.–s.	immergrün, im Herbst schöne Laubfärbung
Kornelkirsche *(Cornus mas)*	2–4	400–550	x		So.–hs.	rote essbare Früchte, schöne Herbstfärbung
Forsythie *(Forsythie × intermedia)*	3–4	100–300	x		So.	Höhe je nach Sorte unterschiedlich
Glockenhasel *(Corylopsis pauciflora)*	3–4	150	x		Hs.	duftend, mag feuchten, sauren Boden
Fiederblättriger Traubenholunder *(Sambucus racemosa* 'Plumosa Aurea')	4–5	200	x		So.–hs.	gelbes Laub, rote, ungenießbare Beeren ab Juli (Futter für Vögel), gut schnittverträglich
Gold-Ahorn *(Acer shirasawanum* 'Aureum')	4–5	300			Hs.	langsam wachsend, gelbes Laub, rote Fruchtstände
Flieder *(Syringa vulgaris* 'Primrose')	5	400	x		So.–hs.	bei sonnigem Stand blühfreudiger, duftend
Ranunkelstrauch *(Kerria japonica* 'Pleniflora')	5–6 + 9	bis 200			So.–hs.	gefüllte Blüten, Zweige sommers wie winters grün, schnittverträglich
Weigelie *(Weigelia middendorffiana)*	5–7	150	x		So.–hs.	seltene Blütenfarbe bei Weigelien, robust
Goldregen *(Laburnum × watereri)*	5–6	300–500	x		So.	verträgt keinen Schnitt, ganze Pflanze sehr giftig!
Magnolie *(Magnolie × brooklynensis* 'Yellow River')	5–6	500	x		So.–hs.	langsam wachsend, saurer Boden, anfangs Winterschutz
Schmetterlingsflieder *(Buddleja × weyeriana)*	7–10	200–300	x	x	So.	Blüte je nach Sorte gelb oder orange
Kletterpflanzen						
Winter-Jasmin *(Jasminum nudiflorum)*	12–4	200–250	x		So.–hs.	braucht Kletterhilfe, sonst überhängender Strauch
Waldrebe *(Clematis)*	1–12	200–700	x		So.–s.	Blütezeit, Höhe, Stand je nach Art/Sorte

Ziergehölze und Kletterer in Weißtönen

Name	Blüte	Höhe	Stand	Anmerkung
Bäume und Sträucher				
Duft-Schneeball *(Viburnum farreri)*	11–4	250–300	So.	Austrieb bronzefarben, rote Herbstfärbung, Duft
Winter-Heckenkirsche *(Lonicera × purpusii* 'Winter Beauty')	12–3	200	So.–hs.	starker Duft, wintergrün und unproblematisch im Garten
Schneeforsythie *(Abeliophyllum distichum)*	1–4	150	So.	gut schnittverträglich, Schnitt nach der Blüte, duftend
Kupferfelsenbirne *(Amelanchier lamarckii)*	4	400	So.–hs.	essbare, blauschwarze süße Beeren, schöne Herbstfärbung
Schneeglöckchenbaum *(Halesia carolina)*	4–5	400	So.–hs.	Winterschutz ist anfangs sinnvoll
Flieder *(Syringa vulgaris)*	5	400	So.–hs.	Bei sonnigem Standort blühfreudiger, Duft
Gefüllter Duftjasmin *(Philadelphus 'Virginal')*	6	200–300	So.–hs.	stark duftend, zahlreiche verschieden hohe Sorten erhältlich
Sommer-Magnolie *(Magnolia sieboldii)*	6–8	300	So.–hs.	duftend, Winterschutz anfangs sinnvoll
Kletterpflanzen				
Blauregen *(Wisteria sinensis* 'Alba')	5–6	bis 1000	So.–hs.	stabiles Rankgerüst nötig, duftend, giftig
Staudenwicke *(Lathyrus latifolia* 'Weiße Perle')	6–9	200	So.–hs.	Rankhilfe (Gitter o. Ä.) erforderlich, ausdauernd, taugt als Schnittblume
Knöterich *(Fallopia aubertii)*	7–10	bis 1200	So.–hs.	wuchsstarker Schlinger, stabiles Rankgerüst nötig

Blumenbeete anlegen und pflegen

Blumenbeete anlegen und pflegen

Anmerkungen vorab

»Von der Stirne heiß rinnen muss der Schweiß, soll das Werk den Meister loben«, dichtete einst Schiller. Das gilt auch für die Anlage eines rund ums Jahr blühenden Beetes, doch versprochen: Dieser Aufwand ist nur einmal zu Anfang nötig, danach können Sie – sofern Sie kälteresistent und frostfest sind – von Januar bis Dezember im Schaukelstuhl in Ihrem Garten die Schönheit des Blütenzaubers in Ihrer Lieblingsfarbe genießen.
Die schweißtreibende Arbeit hält sich meist in Grenzen, wenn auf dem Land vorher bereits etwas angebaut wurde, oder Sie maschinelle Unterstützung wie Fräse oder Motorhacke in Anspruch nehmen können/haben. Geräte, die man in Baumärkten gegen eine erschwingliche Gebühr ausleihen kann. Schließlich ist der Mensch von Natur aus eher bequem, lebte er doch nach der Schöpfungsgeschichte zunächst im Paradies und hatte sich um nichts weiter zu kümmern, als das Gebot zu befolgen: »Seid fruchtbar und mehret euch«, also um die Lust anstelle der Last. Wie das endete, ist ja hinlänglich bekannt.
Die Last des Broterwerbs ist geblieben, die Lust am Garten nimmt dagegen ständig zu. Immer mehr Menschen wünschen sich ihr eigenes kleines Paradies, das sie nach Lust – merken Sie: schon wieder Lust – und Laune gestalten können. Pflanzenzüchter, Gärtner und Industrie sorgen dafür, dass fast alle Wünsche erfüllt werden können.
Ja, Sie haben richtig gelesen: Industrie. Dazu folgende Anekdote: Vor einigen Jahren standen viele Gartenbesitzer ebenso vor einem Rätsel wie die professionellen Bambusgärtner. *Fargesia muriliae,* ein oft gepflanzter Schirmbambus, der deshalb besonders beliebt war, weil er horstig wächst und keine Ausläufer bildet, begann plötzlich nahezu weltweit zu blühen – ein Jahrhundertereignis! Nur: Freuen konnte sich keiner über das Spektakel, denn die Blüte bedeutete auch gleichzeitig das Ende der Pflanzen, der Bambus ging ein.
Selbst Botaniker und Experten konnten sich diese Blüte lange nicht erklären, bis dann bekannt wurde, dass sämtliche Bambuspflanzen im Labor von einer einzigen Mutterpflanze vermehrt worden waren. Dies geschah natürlich aus kommerziellen Gründen, denn die Nachfrage überstieg deutlich das Angebot. Gärtner konnten allein durch Teilung der Horste oder durch Stecklinge aus Rhizomstückchen die Nachfrage nicht befriedigen.
Da Bambus recht teuer ist, wurde die nahezu unbegrenzte Vermehrung im Reagenzglas zu einem lukrativen Geschäft. Das ist auch heute noch so. Und wann immer Bambus zum Schnäppchenpreis angeboten wird, handelt es sich mit großer Wahrscheinlichkeit um Laborklone. Renommierte Bambuszüchter und Liebhaber der exotischen Gräser setzen nach wie vor auf die guten alten Gärtnertugenden, die Vermehrung durch Teilung und Stecklinge. Und das hat halt seinen Preis. Wohlgemerkt, der Fall hat und hatte nichts mit der in Deutschland und Europa verpönten Gentechnik zu tun, der die Welt Retortenpflanzen wie Genmais und Anti-Matsch-Tomaten zu verdanken hat. Nein, es geht ganz einfach darum, mehr identische Klone heranzuziehen, als Mutter Natur das auf natürliche Art und Weise vorgesehen hat.
Ganz im Ernst: Wer sich ansieht, was Züchter aus einst unscheinbaren Wildstauden und Pflanzen geschaffen haben, kommt aus dem Staunen nicht mehr heraus. Es soll hier nicht die Rede sein von dornenlosen Brombeeren, gelben Himbeeren oder weißen Erdbeeren, sondern von den blühenden Pflanzen – und damit sind wir wieder beim Thema.
Das Rückgrat eines Beetes bilden Stauden, mehrjährige, teilweise sogar sehr langlebige Pflanzen wie etwa die Pfingstrose, die jedes Frühjahr aus dem überwinterten Wurzelstock neu austreibt und im Herbst oberirdisch abstirbt. Gräser gehören ebenso dazu, aber auch Farne und Bodendecker. Doch keine Regel ohne Ausnahme: Auch unter diesen Arten gibt es immer- und wintergrüne Vertreter, die selbst Väterchen Frost trotzen. Immergrüne wechseln ihr Laub langsam nach und nach, wintergrüne behalten das Blattwerk im Winter und ersetzen es im Frühjahr (mehr dazu auf Seite 15). Wintergrüne Stauden sind z. B. Purpurglöckchen *(Heuchera)*, Christrosen *(Helleborus)* oder diverse Elfenblumen *(Epimedium)*, immergrün beispielsweise einige Fetthennen *(Sedum)*, Blaukissen *(Aubrieta)* oder verschiedene Fackellilien *(Kniphofia)*. Anders als immergrüne Gehölze müssen sie aber in der kalten Jahreszeit in frostfreien Perioden nicht gegossen werden, denn die meisten schätzen eher trockene Böden und leiden mehr unter Winternässe als an mangelnder Feuchtigkeit.

Winterharte Gäste

Nahezu alle bei uns ausdauernden und winterharten Stauden stammen aus den gemäßigten Regionen der Erde – Europa, Asien und Nordamerika. Das hat die Menschen freilich nicht daran gehindert, auch pflanzliche Exoten einzuführen, die mit unseren Klimaverhältnissen in der kalten Jahreszeit überhaupt nicht zurechtkommen. Denken Sie nur an Dahlien, Gladiolen oder das Indische Blumenrohr *(Canna)*, ganz zu schweigen von den in Kübeln gepflegten Südländern wie Oleander, Zitrusgewächsen oder Wandelröschen, die frostfrei überwintert werden müssen. Ein paar wenige haben sich mit den hiesigen Witterungsverhältnissen zwar arrangiert, wie Montbretie und Ananasblume, beides Knollengewächse, sie sind allerdings in rauen Gegenden nicht zuverlässig frosthart und benötigen eine entsprechende Abdeckung z. B. mit Laub.

Der richtige Platz für das Beet

Im Prinzip können Sie Ihr dauerblühendes Beet an jeder Stelle Ihres Gartens anlegen. Die speziellen Ansprüche der jeweiligen Pflanzen erfahren Sie in den einzelnen Kapiteln dieses Buchs.
Generell kann man sagen, dass alle Gewächse bestimmte Anforderungen an den Boden, an Licht, Sonne und Feuchtigkeit stellen. Das muss man berücksichtigen, um eine optimale Blüte bzw. Pflanzenentwicklung zu erreichen, andererseits kann man gewisse Standortbedingungen verbessern oder ändern.
Bei Pflanzen, die ein saures Erdreich mögen, kann man durch Einbringen von Rhododendren-Erde, Rindenhumus – beides in jedem Gartenbaubetrieb oder im Gartencenter erhältlich –, Laub – vor allem Eichen- und Walnusslaub –, Nadeln von Kiefern, Fichten und Tannen in das Pflanzloch, den Standort entsprechend präparieren. Torf sollte aus ökologischen Gründen, dank der zahlreichen zur Verfügung stehenden Alternativen wie z. B. Rindenhumus, tabu sein. Trockenheitsliebenden Gewächsen verschafft man durch eine Kies-, Sand- oder Splittdränage in der Pflanzgrube akzeptable Bodenverhältnisse.
Anders ist es, wenn man Gegebenheiten vorfindet, die sich nicht oder nur schwer verändern lassen. In den meisten Bundesländern darf man beispielsweise einen gesunden Baum nicht einfach fällen, nur weil er zu mächtig geworden ist und Schatten auf den Garten wirft. Es käme auch niemand auf den völlig absurden Gedanken, sein Haus abzureißen, nur damit der Garten mehr Sonne abbekommt. Hier muss man sich eben mit der Realität sowie den Gegebenheiten abfinden und Kompromisse schließen.

Wohlfühlklima für Stauden

Wie bereits gesagt, besteht die in den einzelnen Kapiteln vorgeschlagene Bepflanzung für die Beete hauptsächlich aus Stauden. Stauden müssen nicht wie Gehölze, zu denen übrigens auch die Rosen zählen, geschnitten oder in Form gebracht werden. Auch müssen sie nicht wie einjährige Sommerblumen jedes Jahr neu gesät und gepflanzt werden. Trotzdem beeindrucken sie durch ihren reichen Flor. Sie sind langlebig und vielseitig, kurzum: Sie sind schön und pflegeleicht zugleich.

Ein Platz an der Sonne

Die überwiegende Zahl der bei uns angebotenen winterharten Stauden mag sonnige Standorte. Das heißt jedoch nicht, dass alle Stauden pralle Sonne und Trockenheit wollen oder gar vertragen. Etliche Pflanzen, die wir als Dauerbewohner in unserem blühenden Beet ansiedeln wollen, mögen einen Boden, der nicht austrocknet, oder einen Platz, an dem sie nicht den ganzen Tag über den sengenden Strahlen der Sonne ausgesetzt sind – vor allem in der Mittagszeit.
Südseite muss also nicht immer die erste Wahl sein, aber die Nordseite ist es noch weniger. Vor allem dann, wenn Sie in einer Gegend wohnen, die man als »rau« bezeichnet. Oft zeigt schon ein Besuch in einer nahen Baumschule, beim Stauden-

Mildes Meeresklima

Für uns völlig unbegreiflich, gedeihen viele Pflanzen trotz heftigem Wind und häufigem Schmuddelwetter gerade an Nord- und Ostsee ausgezeichnet. Die Erklärung ist einfach: Das Meer wirkt wie ein riesiger Wärmespeicher und sorgt auch im Winter und in den Übergangszeiten Frühjahr und Herbst für weniger frostige Temperaturen. Das können wir im Binnenland selbst durch einen noch so großen Teich nicht erreichen.

Hier sind lauter Sonnen-Anbeter unter sich. Hervorstechend im Beet sind die gelb-orangefarbenen Blütenkerzen der Fackellilie und die roten Blütenbüschel der Indianernessel.

Blumenbeete anlegen und pflegen

Im Schutz einer Mauer können sich die Temperaturen von der Umgebung deutlich unterscheiden.

gärtner in Ihrer Nähe oder auch in einem gut sortierten Gartenfachgeschäft vor Ort, was sich bei Ihnen anzupflanzen lohnt. Gartenkataloge von Versandgärtnereien sind eine interessante Alternative – vor allem, weil sie häufiger eine Pflanz- und Anwachsgarantie einräumen, die bisweilen sogar über eine Vegetationsperiode hinaus gewährt wird.

Mikroklima im Garten

Wir haben es in der Hand, ein gewisses Mikroklima zu schaffen – durch Hecken, Mauern, hölzerne Sichtschutzelemente oder Wände – egal, ob sie zu Hütten, Lauben, Garagen oder zum Haus gehören. Es ist geradezu unglaublich, wie sensibel die Vegetation bereits auf geringe Temperaturdifferenzen von ein, zwei Grad plus oder minus reagiert; Unterschiede, die nur ein Thermometer misst. Wir lernen daraus, dass das Wohlfühlklima für Menschen nicht unbedingt identisch sein muss mit dem für Pflanzen. Sie können sich ja mal den Spaß machen, zu verschiedenen Jahreszeiten jeweils morgens, mittags und abends die Temperatur an verschiedenen Stellen Ihres Gartens zu überprüfen – Sie werden mit Sicherheit überrascht sein …

Wie groß soll das Beet sein?

Egal, ob das Staudenbeet den Vorgarten schmücken oder seinen Besitzer im Garten erfreuen soll, gewisse Abmessungen sollten nicht über- oder unterschritten werden. Ist das Beet von beiden Längsseiten aus erreichbar, kann die Breite ca. 1,50 m betragen. Bei Pflegearbeiten kommt man somit an alle Stellen, ohne das Beet betreten zu müssen. Die Länge sollte in diesem Fall nicht mehr als 4 m betragen, da sonst leicht der Eindruck eines Schlauchs entsteht. Auf diesen sechs Quadratmetern kann man schon einiges an Pflanzen mit entsprechender Blütenpracht unterbringen – und natürlich auch an Geld investieren.

Trittsteine erleichtern die Arbeit

Soll das Beet großflächiger sein, also auch und vor allem in der Tiefe, ist es sinnvoll, im Schrittabstand Trittsteine einzubringen, die zur Bepflanzung passen und möglichst mit dem Bodenniveau abschließen. Graue Betonplatten bei roten Bodendeckern springen sofort als Fremdkörper ins Auge, hier wären roter Sandstein oder rote Ziegel angemessener.
Achten Sie darauf, dass die Trittsteine nicht wackelig verlegt sind, und dass sie eine raue Oberfläche haben, damit sie bei Nässe nicht zur Rutschbahn werden. Anfangs können Sie die Steine mit Sommerblumen in Töpfen kaschieren, später werden Sie die Platten allerdings von Zeit zu Zeit etwas freischneiden müssen, da die Bodendecker sie allmählich überwachsen.

Rund um den Boden

Zwar kann man sich den Boden nicht aussuchen, aber man muss sich auch nicht unbedingt mit den Gegebenheiten abfinden. Schwere, lehmige oder tonige Böden, die zudem kalt und feucht sind, kann man durch Einbringen von Sand und Kompost vom eigenen Komposthaufen oder vom örtlichen Kompostwerk auflockern. Hierfür eignet sich z. B. Maurersand, der in Baumärkten in 20 kg-Packungen erhältlich ist. Größere Sandmengen ordern Sie preiswerter kubikmeterweise bei einem Baustoffhändler in Ihrer Nähe. Sandböden, die kaum Wasser halten und wenig Nährstoffe bieten, lassen sich durch das Einarbeiten von Lehm, Kompost und Bodenhilfsstoffen verbessern. Torf eignet sich nicht dazu, und düngen tut er schon gar nicht, obwohl er oft als »Düngetorf« verkauft wird.

Mittel zur Bodenverbesserung

Die sogenannten Bodenhilfsstoffe werden immer noch viel zu selten eingesetzt. Es handelt sich dabei um Ton- und Gesteinsmehle – Steinbrocken aus Steinbrüchen und Basaltwerken, die fein zermahlen werden. Je nach Herkunft unterscheidet sich der Gehalt an Kalk, Kali und Magnesium nicht nur vordergründig nach der Gesteinsart, sondern auch nach regionalem Vorkommen. Allen gemein ist, dass sie reich an Spurenelementen sind. Auch verbessern sie die Bodenstruktur und erhöhen das Wasserspeichervermögen.

Anwendung im Garten

Tonmehl wie Bentonit ist ausgezeichnet geeignet, um in sandiger und trockener Erde für mehr Feuchtigkeit zu sorgen. Lava erhöht ganz allgemein die Bodenfruchtbarkeit. Eine Überdosierung der Gesteinsmehle ist durch die langsame Umsetzung im Boden nicht möglich. Regenwürmer und Mikroorganismen verarbeiten die Bodenhilfsstoffe zusammen mit organischem Material zu einer hervorragenden Humuserde. Das Einbringen der Bodenhilfsstoffe kann ganzjährig erfolgen – natürlich besonders bei Beet- und Gartenneuanlagen. Sie können jeder für sich oder auch in Mischungen zusammen mit Sand und Kompost eingearbeitet oder aufgestreut werden. Gesteinsmehle sind abgepackt im Gartenfachhandel und in den Gartencentern erhältlich.

Alleskönner Dauerhumus

Eine weitere, weniger bekannte Methode, um die Erde fruchtbarer und pflanzenfreundlicher zu aufzubereiten, ist das Ausbringen bzw. Einarbeiten von Dauerhumus-Produkten wie z. B. Azet Rasenaktivator®. Vielleicht liegt der mangelnde Bekanntheitsgrad auch an der etwas unglücklichen Namensgebung, denn das gekörnte Material lässt sich überall anwenden, egal, ob es sich um Gemüse- oder Staudenbeete handelt, um Obstbaumwiesen oder Beerenobstbestände. Der Dauerhumus besteht überwiegend aus schwer abbaubaren, aber rein biologischen Bestandteilen der Braunkohle, wird also nicht so schnell im Boden umgewandelt wie Hornspäne oder Kompost – daher wird er auch Dauerhumus genannt. Wie Kompost sorgt er für eine gute Bodenfruchtbarkeit und dient der Bodenverbesserung. Ihn gibt es abgepackt im Gartenfachhandel und in Gartencentern.

Finger weg von Kunstdünger

Gänzlich verzichten sollten Sie auf sogenannte Mineraldünger, früher Kunstdünger genannt. Zwar enthalten sie als sogenannte Spezialdünger, z. B. für Beerenobst, Kohl, Tomaten, Zierpflanzen, Rosen usw., alle für den entsprechenden Pflanzentyp erforderlichen Nährstoffe in optimaler Zusammensetzung, aber wo Licht ist, da ist auch Schatten. Die Vorteile von Mineraldünger: schnelle Wirksamkeit, abgestimmt auf die Pflanzengattung, ständige Verfügbarkeit und das manchmal aufwendige Einarbeiten des Komposts entfällt. Die Nachteile: viele.

Organisch-mineralische Dünger

Organisch-mineralische Dünger bestehen – wie schon der Name sagt – aus organischem und aus mineralischem Material. Erstere Bestandteile düngen mild und lange anhaltend, letztere sind sofort für die Pflanzen verfügbar, haben aber – durch die Mischung mit organischen Bestandteilen – deutlich weniger negative Auswirkungen als reine Mineraldünger. Man kann organisch-mineralische Dünger ab dem zweiten Jahr zur gezielten Düngung der Pflanzen einsetzen. Beachten Sie unbedingt die Dosierungsanleitung, vor allem dann, wenn der Boden anfangs mangels Kompostzufuhr noch nicht die Güte und Fruchtbarkeit aufweist wie die Gartenerde, die schon jahrelang bearbeitet wurde. Zur Erstversorgung bei der Beetneuanlage taugen weder organisch-mineralische Dünger noch reine Mineraldünger.

Bodenanalyse und pH-Wert

Kommen wir zurück zum gewöhnlichen Boden, der eher die Norm ist. Gartenprofis, die ihr Hobby mit wissenschaftlicher Akribie betreiben, Berufsgärtner und studierte Boden- und Pflanzenkundler werden bei dieser saloppen Formulierung jetzt sicherlich das Buch in die Ecke werfen, weil es einen solchen »genormten« Boden gar nicht gibt, aber wären die folgenden Angaben für Sie hilfreich?

Saurer Boden?
Kein Grund zur Verzweiflung. Werte deutlich unter pH 6 (sauer = pH 4,5 bis 5,5) werden von den sogenannten Moorbeetpflanzen wie Rhododendron bevorzugt, alkalische Böden, auf denen Kalk liebende Pflanzen gedeihen, beginnen bei etwa pH 7,5 und höher. Hier fühlen sich so unterschiedliche Gewächse wie Blaukissen, Sonnenröschen und Goldregen wohl.

Boden frisch, mäßig trocken, frisch bis feucht, trocken bis frisch, schwach sauer, alkalisch usw. Der Normboden sollte mäßig trocken bis frisch sein, also nicht zu trocken und nicht zu feucht. Und neutral. Nicht zu kalkhaltig, nicht zu torfig, also sauer oder gar moorig. Optimal ist ein pH-Wert (Säurewert) des Erdreichs zwischen pH 6 und pH 7 (pH 7 ist neutral). Insgesamt reicht die pH-Skala von 1 bis 14.

Sauer oder Neutral?

Der optimale pH-Wert ist für die Pflanzung wichtig, weil dadurch auch die Verfügbarkeit der Nährstoffe im Boden reguliert wird, ohne die auch das genügsamste Kräutlein nicht gedeihen kann. Der Grund dafür ist einfach: Saure oder alkalische Böden binden jeweils gewisse Nährstoffe, sodass sie trotz Zuführung von Dünger – außer von den erwähnten »Spezialisten« – von den Pflanzen nicht aufgenommen werden können. Das ist im neutralen Boden anders.
Ob Ihre Gartenerde im neutralen Bereich ist, können Sie sehr leicht nachprüfen. Es gibt im Handel unbegrenzt einsetzbare Testgeräte, die ohne Batterie arbeiten und schon für rund 10,– € erhältlich sind, aber auch Teststäbchen und Analysesets, mit denen sich Ihre Erde schnell und relativ preiswert überprüfen lässt.
Landesuntersuchungsanstalten und spezielle Labors, die sogar Schadstoffuntersuchungen des Bodens durchführen und Düngeempfehlungen geben, machen das zwar noch wesentlich genauer, aber es kostet auch etliche Euro mehr.

Den pH-Wert regulieren

Wenn Sie nun feststellen, dass Sie einen zu sauren Boden haben, können Sie das durch Aufstreuen von Kalk neutralisieren, aber bitte nicht nach dem Motto: Viel hilft viel. Alternativ oder zusätzlich kann man die Aushuberde des Pflanzlochs mit Kompost und einem Esslöffel mildem Algenkalk vermischen. Bei Stauden und Gräsern, Sträuchern und Bäumen verwenden Sie entsprechend mehr, je nach Größe des Pflanzlochs.
Übermäßig kalkhaltige Erde können Sie durch reichliche Kompostgaben oder durch Rindenhumus in den neutralen Bereich bringen. Dem Rindenhumus hierzu einige Hornspäne als Stickstoffspender beigeben, weil die Mikroorganismen im Boden sonst einen Teil des vorhandenen Bodenstickstoffs für den Abbau und die Umwandlung verwenden. Neutrales Erdreich wird wie erwähnt von den meisten Pflanzen bevorzugt.

Das schwarze Gold

Nun war bereits öfter von Kompost die Rede, und Sie werden sich fragen, was das eigentlich ist und wozu er taugt? Kompost besteht aus organischem Material, beispielsweise Laub, Küchenabfällen wie Reste vom Gemüseputzen, Kartoffelschalen o. Ä., im Garten abgeschnittenen Pflanzen und Stauden, Ast- und Zweighäckseln oder Rasenschnitt. Durch ein Millionenheer von fleißigen, teilweise mikroskopisch kleinen Helfern wird daraus wertvoller Kompost, der etwa ein Jahr nach der Kompostierung reif ist und dann angenehm nach frischem Waldboden riecht.

Kompost ist unverzichtbar

Kompost hat eine ganze Reihe von Vorteilen: Er verbessert die Bodenstruktur und fördert damit die im Boden enthaltenen Lebewesen und Mikroorganismen. Er speichert Wasser und sorgt für eine Stabilisierung des pH-Werts im neutralen Bereich und er sorgt für schnellere Bo-

Die wohl einfachste Art, um aus organischen Abfällen das »Gärtnergold« sprich Kompost zu gewinnen, ist dieser Lattenkomposter.

denerwärmung bei schweren Böden und stärkt die Widerstandsfähigkeit der Pflanzen gegen Krankheiten und Schädlinge. Kompost steigert den Humusgehalt im Boden – das A und O jedes jeglichen Pflanzenlebens – und er düngt natürlich. Er ist reich an Phosphor, wichtig für die Blüte- und Fruchtbildung, Kali, welches das Zellgewebe stärkt, also Zweige und Stängel. Außerdem enthält er viele Spurenelemente, die jedes Gewächs zwar nur in sehr kleinen Mengen braucht – in Spuren eben –, die jedoch unverzichtbar sind. Stickstoff, unerlässlich für alles Grüne, als Motor für das Wachstum der Triebe und Blätter, steckt ebenfalls im Kompost, aber nicht im Übermaß. Kurzum: Kompost ist der wertvollste Dünger und das beste Bodenverbesserungsmittel – und dazu völlig kostenlos.

Tipps aus der Kompost-Praxis

Bei der Neuanlage eines Gartens werden Sie nicht gleich auf eigenen Kompost zurückgreifen können. Da in den meisten Städten und Gemeinden mittlerweile Bioabfall separat gesammelt wird, können Sie jedoch bei den örtlichen Abgabestellen oder bei Firmen, die mit der Kompostierung des Biomülls beauftragt wurden, Kompost auch in größeren Mengen kaufen. Häufig trägt er sogar ein Gütesiegel, ist also auf Schadstoffrückstände hin untersucht und frei von Unkrautsamen.
Falls auf Ihrem Gründstück bereits Bäume stehen, können Sie das Herbstlaub für eine Flächenkompostierung nutzen. Verteilen sie es als 10–20 cm dicke Schicht auf den Beeten und streuen Sie Kompostbeschleuniger aus dem Gartenfachhandel oder Hornmehl darauf. Anfeuchten und etwas Erde darüber verteilen – fertig. So wird verhindert, dass der Wind alles wieder davonwirbelt.
Bis zum nächsten Frühjahr ist diese Schicht je nach Witterung bereits kompostiert oder in noch nicht ganz verrotteten Rohkompost umgewandelt, der nun leicht in den Boden eingearbeitet werden kann. Am schnellsten zersetzen sich Blätter von Obstbäumen, das Laub von Eichen und Nussbäumen braucht wegen seines hohen Gerbsäuregehalts deutlich länger, um zu Blattkompost zu werden. Man kann angerottete Blätter von Eichen und Walnussbäumen dort einarbeiten, wo Pflanzen mit einer Vorliebe für saure Böden ihren Standort bekommen sollen, oder Sie legen einen simplen Laubkomposter an. Dazu brauchen Sie lediglich vier Eckpfähle, die Sie mit Kükendraht umzäunen. Die Größe ist beliebig, aber er sollte nicht höher als 1 m sein. Hierin sammeln Sie das Blattwerk der genannten Gehölze und schichten es auf. Zwischen die einzelnen Lagen streuen Sie Hornspäne. Die Mikroorganismen bekommen so zusätzliches Futter, um die kohlenstoffreichen Blätter zu zersetzen. Nach etwa drei Jahren ist auch dieses Laub zu Kompost geworden.
Bei »normalem« Boden wird Kompost nicht untergegraben, sondern auf dem Beet verteilt. Als Starthilfe für die kommende Vegetationsperiode sind Frühjahr und Herbst die günstigsten Zeitpunkte, man kann ihn jedoch das ganze Jahr über anwenden. Einfach dünn auf die Erde aufstreuen – fertig. Sinnvoll ist es, ihn an trüben Tagen mit bedecktem Himmel oder leichtem Regen auszubringen. Bei praller Sonne würden die im Kompost enthaltenen Mikroorganismen regelrecht verbrennen und absterben, sodass ein Teil der Wirkung verloren ginge bzw. sich die Umwandlung verzögerte.

Zusätzliche Düngemittel

Gärten, die jahrelang mit Kompost versorgt wurden, benötigen keine zusätzliche Düngung, auch nicht beim Pflanzen ins Pflanzloch! Bei Neuanlagen ist jedoch zusätzlich zum Kompost die Gabe von Hornspänen sinnvoll (siehe unten). Kompost hat den Vorteil, dass er seine wertvollen Inhaltsstoffe nach und nach bedarfsgerecht an die Pflanzen abgibt, bei Hornspänen ist es ähnlich. Die darin enthaltenen Düngebestandteile (10–14 % Stickstoff, 5–6 % Phosphor) liegen wie beim Kompost und anderen organischen Düngern wie Guano, Stallmist oder getrocknetem Rinderdung in gebundener Form vor, müssen also durch Bodenlebewesen erst aufgeschlossen und für die Gewächse verfügbar gemacht werden.
Die Gefahr, dass Pflanzen überdüngt werden, wie es bei Mineraldünger passieren kann, besteht hier also so gut wie nicht.
Schneller als Hornspäne wirkt Hornmehl, das sind gemahlene Hornspäne. Schnell wirkend ist auch Blutmehl (10 % Stickstoff, 1,2 % Phosphor). Knochenmehl ist reich an Phosphor (12–18 %), Guano bietet neben 6 % Stickstoff und 12 % Phosphor auch noch 2 % Kali.

Wildwuchs eindämmen

Ganz am Anfang einer Beetanlage steht natürlich die Bodenbearbeitung. Steine, Abfälle und Bauschutt müssen aus dem Erdreich entfernt werden, Unkräuter ebenfalls. Das ist freilich leichter gesagt als getan, denn manche Vertreter dieser Wildpflanzen haben die üble Eigenschaft, selbst aus kleinsten im Boden gebliebenen Wurzelstückchen neue Pflanzen zu bilden.
Inzwischen ist aber auch gegen diese hartnäckigen Störenfriede ein Kraut gewachsen. Totalunkrautvernichter mit systemischer und Kontaktwirkung wie z. B. Roundup®, Finalsan® Unkrautfrei oder Bayer Giersch-Frei® werden auf das Unkraut gesprüht. Der Wirkstoff verteilt sich in der ganzen Pflanze über die Blätter bis zur Wurzel und bringt sie zum Absterben. Die genannten Mittel sind nicht bienengefährlich und biologisch abbaubar. Bitte beachten sie dennoch unbedingt die Anwendungsvorschriften auf der Packung und die eventuell damit verbundenen Auflagen und fragen Sie – nein, nicht Arzt oder Apotheker –, sondern Ihren Gartenfachberater im Fachhandel.

Praktisch: Mulchfolien

Preiswerter, voll biologisch und ganz ohne Beachtung von Auflagen und Packungsbeilagen, dafür allerdings nicht so schnell, geht es mit einer schwarzen Mulchfolie aus dem Gartencenter. Das kann eine günstige Plastikfolie sein, die zwar Regen und Sauerstoff durchlässt, aber kein Licht. Alle Pflanzen unter der Folie gehen dann aufgrund von Lichtmangel ein, Abdeckungen mit Pappe erfüllen denselben Zweck. Pappe hat den Vorteil, dass sie binnen eines Jahres verrottet; wesentlich länger hält auch billige Folie nicht. Dennoch erfüllen beide ihren Zweck. Vom Herbst bis zum nächsten Spätsommer als lückenlose Abdeckung auf dem Land gelassen, sorgen sie so für einen unkrautfreien Boden, der nur darauf wartet, zum Beet zu werden.

Phacelia, wie der Bienenfreund botanisch heißt, ist ein wahrer Bienenmagnet.

Umgraben, Hacken oder Fräsen?

Handelt es sich bei dem Gartengrundstück um einen Bauplatz, auf dem gerade Ihr Haus errichtet wurde, ist der Boden meist verdichtet. Dann lassen Sie besser den Spaten im Schuppen, denn abgesehen davon, dass die Arbeit schweißtreibend und mit Schwielen und Blutblasen an den Händen verbunden ist, sehen Sie beim Fortgang der Arbeit kaum Fortschritte. Besser, schneller und gründlicher geht es, wenn Sie sich gegen eine geringe Gebühr im Baumarkt eine Fräse oder Motorhacke ausleihen. Das ergibt natürlich nur dann Sinn, wenn Sie vorher Unkraut, Steine und Unrat entfernt haben.

Wann wird umgegraben?

Der Spaten kann zum Einsatz kommen, wenn es sich um ein seit Kurzem brachliegendes Gartengelände oder um ein ähnliches Stück Land handelt. Bei normalen Böden im Garten, die schon jahrelang bepflanzt und bearbeitet wurden, reicht eine Grabegabel, eine Gartenkralle oder ein sogenannter Sauzahn zur Bodenauflockerung und -belüftung.

Vom herbstlichen Umgraben der Beete ist man mittlerweile ganz abgekommen, weil es die Welt der im Erdreich vorkommenden Mikroorganismen im wahrsten Sinne des Wortes auf den Kopf stellt. Die so nützlichen Kleinstlebewesen, die in den oberen Schichten angesiedelt sind, benötigen wie wir Menschen Sauerstoff, um existieren zu können, für die Bewohner tieferer Schichten ist Sauerstoff dagegen tödlich. Graben wir nun um, befördern wir die Sauerstoffatmer nach unten, wo sie ersticken, und die unten wohnenden Mikroorganismen gehen zugrunde, weil sie den für sie giftigen Sauerstoff an der Oberfläche nicht vertragen.

Je nach Gegebenheiten kommt man jedoch ums Umgraben nicht herum, beispielsweise bei einem schweren Boden mit hohem Lehm- oder Tonanteil. Das geschieht nur im Herbst und auch nur grobschollig. Durch die Frosteinwirkung im Winter werden diese Brocken regelrecht gesprengt und feinkrümelig (Frostgare). Im Frühjahr reichen dann Kultivator und Rechen, um den Boden aufzulockern und glatt zu harken.

Grüne Gartenhelfer

Wenn Sie weder dem Einsatz mit dem Spaten noch dem von lärmenden Maschinen wie Fräsen und Motorhacken etwas abgewinnen können, können Sie natürlich auflockern lassen und so zwei Fliegen mit einer Klappe schlagen. Pflanzen Sie im April Frühkartoffeln. Sie machen den Boden herrlich locker, unterdrücken Unkraut und liefern Ihnen im Juli eine Menge schmackhafter Knollen. Späte Sorten, die sich zur Einkellerung eignen, sollten Sie nicht anbauen, weil das Land Ende August geräumt sein muss. Dann beginnen nämlich die Vorbereitungen für Ihr Lieblingsfarben-Beet.

Wem selbst das Ein- und Ausbuddeln der Kartoffeln noch zu mühsam ist, wer Nudelesser oder Reisfan ist, der kann alternativ zu Gründünger greifen, beispielsweise zu *Phacelia* (Bienenfreund). Im März oder April dicht aussäen, um eine geschlossene Pflanzendecke zu erhalten, leicht einharken, eventuell angießen – fertig. *Phacelia* unterdrückt Unkraut, durchlüftet und lockert mit den über einen Meter tief reichenden Wurzeln den Boden. Im Sommer blüht die Pflanze unermüdlich in lavendelblau. *Phacelia* ist eine wahre Bienenweide, daher der deutsche Name »Bienenfreund«. Im August können Sie *Phacelia* einfach abschneiden und die Pflanzen auf den Kompost geben. Die Wurzeln verbleiben im Boden, wo sie verrotten, den Boden düngen und zu Humus werden. Sie brauchen keine Angst zu haben, dass sich *Phacelia* aussät und selbst zum Unkraut wird – die Pflanze und ihre Samen sind nicht winterhart. Spätestens mit Frosteinbruch ist es mit der Pracht vorbei.

Beete planen und gestalten

Je nachdem, wann Ihnen die Idee kommt, Ihr Lieblingsbeet anlegen zu wollen, haben Sie also den ganzen Winter und den kommenden Sommer Zeit, zu planen und auszuwählen, was Sie pflanzen wollen. Auch die Beetvorbereitung kann ohne Zeitdruck erfolgen.

Der erste Schritt

Sinnvollerweise bringen Sie zunächst Ihre Vorstellungen zu Papier, und zwar maßstabsgerecht. Es muss kein Millimeterpapier sein, karierte Blätter aus einem Block tun es auch.
Praktisch ist der Maßstab 1 : 10. Zwei Kästchen (1 cm) entsprechen damit 10 cm im Beet. Ist das Beet 4 m lang und 1,5 m breit, benötigen Sie zwei aneinandergeklebte DIN-A-4-Blätter. Und benutzen Sie zumindest für Ihre Skizze einen altmodischen Bleistift, so einen, der sich einfach wegradieren lässt.
Die endgültige Fassung wird Ihnen vielleicht nicht auf Anhieb gelingen. Damit Sie Ihren Plan nicht bei jeder Änderung wegwerfen müssen, sollte er anfangs variabel sein. Ein Solitärgehölz oder Leitgewächs, das Sie in Ihr Beet pflanzen wollen, können Sie getrost schon einzeichnen, denn alles andere gruppiert sich ja drumherum.

Immer mit der Ruhe

Berücksichtigen müssen Sie, dass in Stammnähe nur solche Gewächse gepflanzt werden, denen der Wurzeldruck nicht viel ausmacht und die trockenheitsverträglich sind. Das trifft für etliche Gräser zu, aber auch für zahlreiche Polsterstauden, Bodendecker und einige Vertreter von Geranium, dem Storchschnabel. Wichtig ist ein ausreichender Abstand der Stauden zueinander. Bei Solitärpflanzen als Blickfang im Beet nimmt man z. B. vom Chinaschilf *(Miscanthus)* nur ein Exemplar, bei hohen Stauden rechnet man mit 4–6 Stück pro Quadratmeter, bei niedrigen und Polsterstauden 6–10 und bei Bodendeckern können es bis zu 20 sein. Wenn Sie die Bodendecker sehr dicht pflanzen, geht das natürlich mächtig ins Geld. Bei sechs Quadratmetern wären das bereits 120 Pflanzen. Bei einem Durchschnittspreis von 2,50 € sind somit 300,– € zu berappen, bei einem Stückpreis von 3,– € sogar 360,– €.
Gut, Sie hätten natürlich bei so einer dichten Pflanzung praktisch bereits im ersten Jahr den Boden bedeckt und unkrautfrei, aber weniger tut's auch. So können Sie die Bodendecker durchaus etwas lockerer im Beet verteilen, denn sie breiten sich ja von alleine aus. Schließlich benötigen Sie ja auch noch freie Plätzchen, um Blumenzwiebeln einzusetzen. Ihnen schadet es nicht, überwachsen zu werden, wie die langjährige Erfahrung zeigt.

Die ersten Jahre

Nach der Pflanzung und auch im Folgejahr kann durchaus der Eindruck entstehen, dass die Bepflanzung etwas kümmerlich wirkt. Lassen Sie sich davon nicht täuschen. Viele Stauden explodieren regelrecht im dritten Standjahr, und wenn Sie die Pflanzen dann zu dicht gesetzt haben, beginnt unter den Gewächsen ein Hauen und Stechen um Nährstoffe, Licht und Wasser. Setzen Sie einfach Einjährige in der passenden Blütenfarbe in eingesenkten Töpfen dazwischen, wenn Ihnen das Beet anfangs zu kahl erscheint und Sie üppige Fülle haben möchten. Vergessen Sie aber nicht das Gießen!
Auch einjährige Gräser, wie z. B. Hasenschwanzgras *(Lagurus)* machen sich ausgezeichnet im Beet, bei dem der deutsche Name die Form des Blütenstands sehr treffend beschreibt. Die meisten dieser Gräser können Sie selber säen.

So akribisch genau wie hier muss der eigene Pflanzplan nicht aussehen, aber ein Lineal ist durchaus nützlich.

Der Pflanzplan

Zurück zur Gartenplanung. Ihr Plan liegt vor Ihnen auf dem Tisch, das Solitärgehölz ist eingezeichnet, die Pflanzen sind samt ihren botanischen Namen auf dem Wunschzettel aufgelistet. Jetzt kann die Stellprobe für die einzelnen Gewächse kommen.
Greifen Sie zu Ihrer Spielsammlung und entnehmen Sie ihr ein paar Würfel und die Mensch-ärgere-dich-nicht-Figuren. Der Würfel kann jetzt stellvertretend für eine Chinaschilfpflanze *(Miscanthus sinensis)* auf dem Plan postiert werden, gelbe Figürchen für Stauden, grüne für Gräser, rote für Blumenzwiebeln usw.
Sie können für Stauden aber auch gleich drei Farben verwenden wie gelb, rot und blau, um unterschiedliche Höhen darzustellen oder verschiedene Blütephasen, kurz, Sie können Ihrer Fantasie freien Lauf lassen.
Ist dann die Stellprobe zu Ihrer Zufriedenheit ausgefallen, klopfen Sie Ihren

Blumenbeete anlegen und pflegen

Pflanzplan fest. Nummerieren Sie Ihren Pflanzen-Wunschzettel, getrennt nach Stauden, Gräsern und Blumenzwiebeln in fortlaufender Reihenfolge und tragen Sie nun auf Ihrem Plan anstelle der Figuren farbige Kreise ein, z. B. einen grünen Kreis für Gräser. In diesen Kreis schreiben Sie dann die Ziffer der Pflanze ihres Wunschzettels, die dort ihren Platz haben soll.

So konkret wie möglich

Das können Sie natürlich noch perfektionieren durch Ergänzungen im oder am Kreis, z. B. »H 90, B 5–6 = Höhe 90 cm, Blütezeit Mai–Juni«, sodass Sie wirklich alle Informationen sofort auf einen Blick sehen können. Sinnvoll ist es, den Plan samt Pflanzen-Wunschzettel auch nach der Bepflanzung noch aufzubewahren. Soll später noch etwas nachgepflanzt oder umgesetzt werden, wissen Sie sofort, an welcher Stelle sich was befindet. Das ist insofern wichtig, weil besonders die Zwiebelblumen den größten Teil des Jahres unsichtbar für uns unter der Erde liegen. Viele Arten verwildern oder samen sich aus und bilden so im Laufe der Jahre stattliche Horste, die man ohne Plan vielleicht unbeabsichtigt zerstören würde. Aber auch die Stauden selbst, die man sinnvollerweise im Frühjahr oder Herbst teilt und umsetzt, lassen als blatt- und blütenlose Gesellen im Beet nicht erkennen, um welche Art oder Sorte es sich dabei handelt.

Und noch mehr Tipps

Nach dem Einpflanzen kann es sinnvoll sein, die Sticker mit Namen und Abbildung neben die Pflanzen ins Beet zu stecken, um bei einem Ausfall durch ungünstige Witterung, Schneckenfraß, Wurzelschädigung durch Engerlinge oder Wühlmausattacken im Frühjahr gleich entsprechend nachkaufen zu können. Auf Dauer gesehen wirken die bunten Bildchen im Beet allerdings nicht sehr dekorativ, zumal sie im Laufe der Zeit verblassen, unansehnlich werden und zerbrechen.
Übrigens: Computererfahrenen bleibt es natürlich unbenommen, den Pflanzplan mit Hilfe moderner Technik farbig am Bildschirm zu gestalten und Staudengärtner und Baumschulen in ihrer Nähe per Internet zu suchen.

Gestaltungsprinzipien

Zurück zur zu dichten Staudenpflanzung. Es sieht nicht besonders schön aus, wenn sich die Pflanzen gegenseitig durchdringen oder überwuchern, zumal konkurrenzstarke Gewächse schwächere auf Dauer ohnehin unterdrücken oder ganz verdrängen werden. Da hilft dann nur: Ausgraben und verpflanzen, wodurch sicherlich ein paar Stauden, Bodendecker und die unsichtbar im Boden lagernden Blumenzwiebeln auf der Strecke bleiben. Es versteht sich von selbst, dass man so imponierende Stauden wie etwa Chinaschilf *(Miscanthus)* einzeln an exponierte Stelle setzt, andere Pflanzen kann man in kleinen Tuffs von drei, fünf oder mehr pflanzen. Tipp: Wählen Sie immer eine ungerade Zahl. Stauden wirken am besten, wenn sie in Gruppen oder Grüppchen von ihresgleichen daherkommen, für die sogenannten Solitäre gilt das nicht. Drei rote Pfingstrosen *(Paeonia)* nebeneinander »erschlagen« zur Blütezeit im Mai den Rest Ihres roten Beetes. Und bis zum Frostbeginn sind es dann nur noch mächtige grüne Büsche, die Jahrzehnte alt werden und sich nur ungern verpflanzen lassen.

Kontraste und Farben

Bleiben wir bei Rot. Man kann durchaus drei Indianernesseln *(Monarda)* zusammensetzen, aber bitte nur die gleiche Sorte im identischen Farbton. Sie wissen ja: Rot ist nicht gleich Rot. Blutrot, Weinrot, Lachsrot, Kardinalrot, Scharlachrot, Himbeerrot, Feuerrot – es gibt Dutzende von Abstufungen, und selten wirken zwei Farbtöne nebeneinander harmonisch – selbst bei der gleichen Pflanzenart. Setzt man sie dagegen an beide Enden des Beetes, kann das durchaus ein Anblick sein, der das Auge erfreut.
Harmonie der unterschiedlichen Tönungen ergibt sich durch die Auflockerung mit Gräsern, aus dem Kontrast unterschiedlicher Wuchshöhen und den verschiedenen Blütezeiten. Sonnenbraut *(Helenium)* wird als rote Sorte (Hybride 'Rubinzwerg') 70–90 cm hoch und blüht von Juli bis August. Daneben kann durchaus eine rot blühende Hohe Fetthenne *(Telephium*-Hybride 'Indian Chief') stehen. Sie misst nur 50 cm und bringt ab August/September bis Oktober Farbe ins Beet. Beide zeigen außerhalb ihrer Blütezeit ein ausgleichendes grünes Blattwerk, und ihre unterschiedlichen Rottöne kommen einander nicht ins Gehege. So sollten Sie auch planen: Ständig soll in Ihrem Lieblingsbeet etwas blühen – nacheinander, nebeneinander oder an verschiedenen Stellen.

Die Wirkung von Farben

Ein paar Worte noch zu den Farben. Weiß, die Farbe der Reinheit und der Jungfräulichkeit, schafft Weite und Helligkeit, kann allerdings auch ein wenig kühl oder steril wirken, wenn sie flächig auftritt. Da im weißen Beet aber die Höhe, Form und Blütezeit der Pflanzen variiert, entsteht dieser Eindruck nicht. Es wirkt frisch und sauber, aber auch fast adelig distanziert.
Gelb, die Farbe des Sonnenlichts, ist das Symbol für den Sommer. Manche Gelbtönungen wirken aufwühlend und können einem regelrecht auf die Nerven gehen, andere wirken vornehm, viele besänftigend, doch die meisten stimmen heiter. Eingestreute orangefarbene Tupfer wirken auflockernd, fallen aber auch viel stärker ins Auge. Aufgrund der unterschiedlichen Gelbabstufungen im gelben Beet überwiegt ein Gesamteindruck: Es wirkt positiv auf Herz und Gemüt.

Orange – Wärme

Orange schafft ein Gefühl von Wärme und Behaglichkeit, gleichzeitig setzt es regelrecht Signale: »Schau zu mir!« Durch einen mehr oder weniger großen Rotanteil in der Blütenfarbe wirkt es anheimelnder als viele gelbe Töne. Orange ist keine Farbe für jedermann. Dem einen ist sie zu fordernd und zu augenfällig, andere schätzen die wohltuende Harmonie, mit der sich Gelb und Rot zu dieser neuen Farbe vereinen, wieder andere mögen das Farbgemisch nicht und bevorzugen stattdessen lieber die reinen Grundfarben Gelb oder Rot. Gleichgültig lässt Orange jedenfalls niemandem.

Rot – Aufmerksamkeit

Rot signalisiert Gefahr, heischt um Aufmerksamkeit und ist unübersehbar, die Farbe der Liebe und des Blutes. Keine andere Farbe wirkt so aggressiv, aber zugleich spricht keine andere Farbe so sehr unser Gemüt an. Rot in den verschiedensten Tönungen, Formen und Höhen im roten Beet setzt flammende Signale, lässt es leuchten und lodern.
Rosa wirkt positiv und strahlt Freundlichkeit aus. In der Sonne verblasst es oft durch die Helligkeit, als Frühlingsblüher in der sonnenarmen Zeit bringt Rosa Heiterkeit in den Garten und die Vorfreude auf die Farbenpracht des Sommers. Pink wirkt aufdringlicher, fordernder, aber es setzt im Gegensatz zu Rosa selbst in praller Sonne noch Akzente.

Blau und Violett – Ruhe

Blau wirkt dagegen beruhigend und macht gelassen. Es ist die Farbe der Treue. Blau kann kühl daherkommen, emotionslos, distanziert, aber auch beglückend. Ein blauer Himmel – himmelblau – ein schöner Sommertag leuchtet im Beet. Blau schafft Raum und Weite und gaukelt dem Auge Größe vor.
Violett wirkt durch seinen Rotanteil wärmer als blau und kann im Sonnenlicht regelrecht leuchten. Es nimmt, in ein blaues Beet gepflanzt, der Farbe ein wenig von ihrer Strenge und lockert auf, ohne das Konzept umzukehren oder zu verwässern.

Wuchshöhen staffeln

Ein gewisses Augenmerk verlangt die Höhenstaffelung der Stauden, die das Grundgerüst Ihres Beetes bilden. Schließt es mit einer Hecke oder Mauer ab, ist eine Staffelung hinten hoch, in der Mitte halbhoch und im Vordergrund niedrig sinnvoll. Handelt es sich um ein Beet in Insellage, das von allen Seiten einsehbar ist, können Sie die höchsten Pflanzen in der Mitte konzentrieren und die Höhe nach vorne und hinten, links und rechts abfallen lassen.

Hügel und Senken

Ein zusätzliches Gestaltungselement bildet der Boden selbst. Was aber ist ein Beet? Eine ebene Fläche? Das ist im Gemüsegarten sicherlich sinnvoll, aber wo steht geschrieben, dass das auch für ein Zierbeet Gültigkeit haben muss? Schaffen Sie einfach durch kleine Mulden und Aufschüttungen Bewegung in Ihrer Pflanzung, die dann auch von den Bodendeckern logischerweise nachvollzogen wird. Das müssen und sollen keine riesigen Erdbewegungen sein. 10–20 cm Höhenunterschied reichen schon zur Auflockerung aus – einfach fünf Spaten voll Erde weggenommen und daneben aufgeschüttet. Vor dem Bepflanzen sollten Sie aber 14 Tage warten, damit sich die Erde setzen kann.
Augenmaß sollten Sie dann bei der Beetbepflanzung zeigen. Es wirkt nicht eben natürlich, wenn Chinaschilf *(Miscanthus)*, das ohnehin Mannshöhe und mehr erreichen kann, auf einem solchen aufgeschütteten Kegel wie auf einem Feldherrenhügel thront. Verbannen Sie das Gras in die Senke daneben und schmücken Sie die Kuppe mit klein bleibenden Stauden, die auch trockenheitsverträglich sind – der Miniberg trocknet nämlich schneller aus als das umgebende flache Erdreich.

In diesem Beet herrscht eitel Sonnenschein. Sonnenauge, cremefarbige Schafgarbe, Löwenmäulchen und Tagetes strahlen um die Wette.

Gräser und Bodendecker

Gräser sind ein unverzichtbares Gestaltungselement in jedem dauerblühenden Beet. Sie gehören zu den Stauden und zeigen teilweise selbst beeindruckende Blütenpracht – denken Sie nur an das allseits bekannte Pampasgras –, und verzaubern mit ihrem filigranen Blattwerk und ihrer differenzierten Färbung. Dabei sorgt ihre Struktur nicht nur für eine gewisse Leichtigkeit im Beet, sondern auch für eine Auflockerung. Farbtöne, die sich nicht gut vertragen, lassen sich durch Gräser optisch trennen und Sie schaffen somit eine wohltuende Harmonie innerhalb Ihrer Pflanzung.

Blumenbeete anlegen und pflegen

Ein schwungvoll modelliertes Beet mit sauber abgestochenen Rasenkanten. Tulpen und Schneeball geben sich hier ein farbenfrohes Stelldichein.

Bodendecker als Rahmen

Ein anderes, die Harmonie betonendes Element ist ein einheitlicher Bodendecker. Er schafft sozusagen den passenden Rahmen für das Gesamtkunstwerk »Blühendes Beet«. Lassen Sie mich den folgenden Kapiteln schon mal vorgreifen und dabei bei dem roten Beet bleiben, weil gerade die verschiedensten Rottöne am schwierigsten unter einen Hut zu bringen sind. Hell- und Dunkelblau kann man getrost nebeneinander präsentieren, Maisgelb in Kombination mit Dottergelb erschreckt niemanden, aber Feuerrot neben Blutrot treibt manchem Ästheten die Zornesröte ins Gesicht. Dann sind es schon drei Rottöne, die sich beißen.
Ein Bodendecker im roten Beet könnte die Fetthenne *(Sedum cauticolum*-Hybride 'Robustum') sein. Sie wird nur 10 cm hoch, verträgt wie alle Fetthennen Trockenheit und lässt sich zudem leicht selbst vermehren. Das Blattwerk ist ansehnlich Schieferblau mit rötlichem Rand, und von August bis September ist Ihr Lieblingsfarbenbeet ein einziger karminrot blühender Teppich.
Die genannte Fetthenne hat einen Verwandten, *Sedum spurium* 'Fuldaglut'. Gleiche Höhe, gleiche Blütenfarbe, dunkelrote Blätter, Blütezeit Juni bis Juli. Diesen Farbeffekt des Bodendeckers können Sie nun gewissermaßen »emporschweben« lassen durch den Einsatz von Pflanzen, die die Blattfarbe von 'Fuldaglut' in etwa aufgreifen und in die Höhe tragen, wie die fuchsrote Segge *(Carex buchananii)*, Purpurglöckchen *(Heuchera micrantra* 'Palace Purple') mit eher unscheinbarer weißlicher Blüte und die Hohe Fetthenne *(Sedum Maximum*-Hybride 'Matrona'), die 60 cm hoch wird und von August bis Oktober rosa Blütenschirme zeigt, die Ihr Beet auch noch im Winter zieren.

Zwiebel- und Knollenpflanzen

Ohne Zwiebelblumen lässt sich kein Beet gestalten, das rund ums Jahr blühen soll. Gleichgültig, ob es sich bei den in die Erde eingegrabenen Wurzeln um Rhizome, Knollen oder Zwiebeln handelt – auf den botanischen Unterschied soll hier nicht weiter eingegangen werden –, ohne sie fehlen ganz einfach markante Farbflecke im Beet.
Sie sind es, die den Frühling einläuten: Schneeglöckchen, Winterlinge oder Vorfrühlings-Alpenveilchen. Und was wäre ein April ohne das sonnige Gelb der Osterglocken, das uns signalisiert, dass der Winter vorbei ist? Und wer wollte die Farbenpracht der Tulpen missen?
Es sind aber nicht nur die Frühlingsboten unter den Zwiebelgewächsen, die uns erfreuen. Unter ihnen gibt es auch Sommer- und Herbstblüher, und allen ist gemein, dass sie ihr Laub einziehen, d. h., es vergilbt und kann dann abgeschnitten werden. Kappt man die noch grünen Blätter, kann die Zwiebelpflanze für die nächste Saison nicht ausreichend Nährstoffe einlagern und wird so geschwächt, dass sie im nächsten Jahr lediglich grün austreibt, nur noch kümmerlich oder gar nicht blüht, und eventuell sogar gar nicht mehr erscheint.

Dornige Schönheit

Solitär in einem solchen Beet könnte die Blutberberitze *(Berberis thunbergii* 'Atropupurea') sein. Das dornige Gehölz wird bis zu 2 m hoch, hat im Austrieb bronzefarbenes, danach dunkelrotes Laub, das sich im Herbst karminrot verfärbt. Es ist sehr schnittverträglich, blüht reich und hat einen üppigen Fruchtbehang. Ziehen Sie beim Schneiden aber bitte Handschuhe an! Natürlich passen auch noch alle anderen rosa und rot blühenden Pflanzen mit grünem Blattwerk in dieses rote Lieblingsbeet, denn die rotlaubigen Gewächse können sowohl eine Art Insel bilden als auch einzeln oder in Dreiergruppen Akzente setzen.

Herbstzeitlos schön

Eine Überraschung hat die Herbstzeitlose zu bieten. Sie blüht im Herbst wunderschön, treibt allerdings erst im kommenden Frühjahr die beeindruckenden Blatthorste aus, mithilfe derer sie Kraft für die nächste Blüte tankt, und vergilbt dann im Frühsommer. Vorsicht, sie ist in allen Teilen giftig! Die Herbstzeitlose ist auch ein gutes Beispiel, um zu zeigen, welch ein Kraftwerk so eine Zwiebel ist. Einfach auf einen Untersetzer gestellt, ohne Wasser und ohne Erde, schiebt die Herbstzeitlose ihre zauberhafte Blüte aus der Knolle und besticht mit beinahe sommerlicher Pracht. Hinterher muss sie allerdings ins Beet gepflanzt werden, damit Sie auch im nächsten Jahr ihren Flor bewundern können. Es gibt übrigens ein- und mehrblütige Blütenstände.

Pflanzen auswählen und kaufen

Das Thema Auswahl und Kauf von Pflanzen wurde ja bereits angeschnitten. Was Ihnen dieses Buch in den Beiträgen zu den einzelnen Schwerpunkten nur als farbige Abbildung zeigen kann, können Sie im Frühling, Frühsommer oder Sommer schon mal persönlich in Augenschein nehmen – im Gartencenter, beim Staudengärtner oder in der Baumschule. Lassen Sie sich beraten, welche Pflanzen am besten mit den klimatischen Bedingungen Ihrer Gegend zurechtkommen, sehen Sie sich Bäume und Sträucher sowohl als Containerpflanzen als auch als wurzelnackte Exemplare an. Letztere sind deutlich preiswerter, allerdings ohne die Sicherheit zu bieten, dass sie auch anwachsen.
Oft blühen die überwinterten Stauden schon im Container. So können Sie sich von Blütenform und -farbe selbst ein Bild machen, ebenso von der Struktur der Gräser, dem Aussehen der Bodendecker und der Wuchsform von Gehölzen. Vielleicht ist Ihnen der eine Strauch zu sperrig, das weiß-grüne Gras zu synthetisch oder das Pink der Staudenblüte zu aufdringlich. Besser es jetzt schon vom Wunschzettel zu streichen, als später wieder aus dem Beet zu verbannen.

Neuheiten gründlich anschauen

Schauen Sie sich ruhig auch mal die Gewächse an, die nicht in meiner Beetliste vorkommen die in Begleitpflanzentabellen beschrieben sind. Dazu gehören Rosen *(Rosea)*, Rittersporn *(Delphinium)*, Stockmalve *(Alcea)*, Eisenhut *(Aconitum)* und Fingerhut *(Digitalis)*. Vielleicht gefällt Ihnen ja die eine oder andere Art so sehr, dass Sie diese unbedingt haben wollen. Oder Sie verlieben sich in eine der jährlich auf den Markt kommenden Neuzüchtungen, die hier noch gar nicht beschrieben werden konnte. Bitte schrauben Sie Ihre Erwartungen an diese Neuheiten anfangs nicht zu hoch. Erstens sind sie meist deutlich teurer als bewährte, zum Standardsortiment gehörende Sorten, zweitens müssen sie Wuchskraft, Resistenzen gegen Krankheiten und Schädlinge sowie ihre Ausdauer in zigtausenden Gärten mit den unterschiedlichsten regionalen Wetterbedingungen und Bodenverhältnissen noch beweisen. Drittens kann es Ihnen passieren, dass die anfangs hochgejubelte Züchtung schon ein Jahr später sang- und klanglos vom Markt verschwunden ist, weil sie den Ansprüchen nicht genügte.
Auch Fehlinformationen bezüglich der Größe in ausgewachsenem Zustand und Anforderungen an den Standort sind nicht ausgeschlossen – egal, ob es sich um eine Neuheit handelt oder um ein Gewächs, das nur bisher noch nicht als Gartenbewohner geführt wurde. Mir ging es jedenfalls so. Mein Indigostrauch *(Indigofera heterantha)*, ein echter Hingucker mit rosa-pinkfarbigen kleinen Kerzenblüten und sehr langer Blütezeit von Juni bis Oktober, wurde mit 1,20 m bis 1,50 m Endhöhe angegeben. Diese wurde in den Gartenkatalogen mittlerweile auf 1,50 m bis 1,80 m korrigiert. Tatsächlich ist mein knapp ein Jahrzehnt altes Exemplar schon höher als 2,20 m. Der Strauch ist übrigens auf Seite 178 beschrieben.

Erfahrungen sammeln

Ein anderer Fall – die Große Sterndolde *(Astrantia major)*. Eine blutrot blühende, alles andere als preiswerte Neuzüchtung hatte es mir angetan, flugs wurden drei Exemplare geordert, weil das Piktogramm angab: »Standort sonnig«. Eigentlich ist *Astrantia* eine typische Halbschatten-Pflanze, aber gut, offensichtlich war das die Neue nicht, also ab in die Sonne, ins rote Beet.
Astrantia erlebte das Ende der Vegetationszeit nicht und ging ein. Die Standortangabe wurde zwischenzeitlich abgeändert und siehe da, an halbschattigen, fast

Auch Gartencenter bieten eine große Anzahl von Stauden an, reichhaltiger und vielfältiger ist allerdings die Auswahl beim Staudengärtner.

schattigen Plätzchen gedeihen die nachgekauften, blutrot blühenden *Astrantia major* bestens. Tja, auch solche Erfahrungen gehören zum Gärtnerleben.

Zwiebelpflanzen

Kommen wir von den Sträuchern und Stauden zu den eigentlich unverzichtbaren Zwiebelblühern. Auch hier können Sie sich vorab informieren. Fahren Sie doch einmal zur Tulpenblüte nach Holland oder besuchen Sie im Frühjahr einen Betrieb, der sich auf die Zucht von Blumenzwiebeln spezialisiert hat. Das Internet und Anzeigen der Firmen in den Gartenzeitschriften sind bei der Adressensuche hilfreich. Und die Blütezeit von Schwertlilien *(Iris)* können Sie im Mai in jeder Staudengärtnerei live erleben.
Parks, botanische Gärten und Gartenschauen bieten ebenfalls viele praktische Anregungen sowie auch örtliche oder überregionale Pflanzentauschbörsen, bei denen oft seltene Exemplare zu haben sind. Das sollen nur ein paar Tipps und Anregungen sein, denn Internet und Pflanzenkataloge bleiben Ihnen ja immer noch – und dieses Buch natürlich.

Prachtstauden und Gräser

Sogenannte Prachtstauden, die durch ihre Größe, Höhe oder sonstige auffällige Merkmale sofort in Auge fallen, geben als Einzelexemplare durchaus eine gute Figur ab. Auch imposante Gräser wie Chinaschilf *(Miscanthus)* taugen dazu, allen anderen Vertretern sollte man mindestens zwei Exemplare der gleichen Sorte zur Seite stellen.
Kann man die Knollen der relativ teuren Türkenlinie *(Lilium martagon)* noch als Einzelexemplar ins Beet setzen, ebenso wie die asiatischen, meistens als Hybrid-Lilien im Dreier-Pack angebotenen Pflanzen, ist bei den frühlingsblühenden Zwiebelgewächsen Großzügigkeit angesagt. Schneeglöckchen *(Galanthus)* wirken ziemlich mickrig und wenig auffällig, wenn sie nur zu dritt im Februar ihre weißen Blütenglöckchen zeigen.

Attraktion und Hingucker

Manchmal sind es nur Details, Kleinigkeiten eigentlich, die aus einem Allerweltsbeet einen echten Hingucker machen. Wenn Sie z. B. Ihr Lieblingsbeet als Vorgarten anlegen wollen, können Sie das spiegelbildlich tun, aber auch links und rechts neben der Haustür zwei Beete in unterschiedlichen Farben bepflanzen, wie Rot und Gelb, Blau und Weiß. Sollen prägende Bäume oder Sträucher den Eingangsbereich zieren, bietet sich bei der Kombination Rot/Gelb der Flieder ebenso an wie bei Blau/Weiß, denn es gibt ihn in allen vier Farben.
Bei zwei Farbbeeten links und rechts jeweils in Rot und Gelb soll Ihnen ein Kuriosum aus dem Erfinderstübchen der Gärtner nicht vorenthalten bleiben, denn es gibt einen Baum, der wunderbar zu beiden Farben passt. Es handelt sich botanisch gesehen um *Laburnocytisus adamii*, die deutschen Namen Adams Goldregen und Geißkleebohnenbaum verdankt er seinen Samenschoten, die Namen sind aber beide mehr oder wenig unglücklich. Vielleicht klingt meine Wortschöpfung »Goldgeißregen« ein wenig griffiger und plausibler. Wie kam es nun zu diesem Gehölz aus aus menschlicher Schöpfung? Anfang des 19. Jahrhunderts kam ein französischer Gärtner mit Namen Adam auf die Idee, den purpurnen Geißklee *(Cytisus)* auf einen Goldregen *(Laburnum)* zu pfropfen. Merken Sie, woher der botanische Name *Laburno-cytisus* kommt? Damals galt das Unterfangen keineswegs als abenteuerlich, denn seinerzeit zählten beide Pflanzen zur gleichen Gattung.
Gesagt, getan, das Experiment funktionierte tatsächlich, aber mit völlig überraschendem Ausgang. Beide Elternteile verschmolzen ihre Erbanlagen nicht zu einem einheitlichen neuen Gehölz, sondern Geißklee und Goldregen führen in der neuen Pflanze einen lautlosen Kampf um die Vorherrschaft, mit dem Resultat, dass die inneren Gewebeteile des Goldgeißregens vom Goldregen, die äußeren vom Geißklee gebildet werden. Bei der Blütenform – wickenartige, hängende Blütentrauben – setzte sich der Goldregen durch, doch der Geißklee ließ sich nicht unterkriegen. Ein Teil dieser Blütentrauben blüht in Gelb, ein Teil in Pupurfarbe.

Hätten Sie's gewusst?
Hätten Sie gewusst, dass etliche Zwiebelblumen botanisch zu den Stauden gehören? Botanik hin, Botanik her, hier im Buch sind sie unter den Zwiebelgewächsen aufgelistet, schließlich wollen Sie nur Ihr Lieblingsbeet bepflanzen und keine Gärtnerlehre beginnen.
Auch Krokusse *(Crocus)*, Tulpen *(Tulipa)*, Osterglocken *(Narcissus)*, Hyazinthen *(Hyacinthus)* und Winterlinge *(Eranthis)* geben wenig her, wenn sie nur spärlich gesetzt werden. Auch wenn sie in einer Reihe wie Zinnsoldaten gepflanzt werden, sehen sie eher unnatürlich aus. Vorteilhafter ist es, sie in Gruppen zu setzen. Pflanzen Sie ruhig die gesamte Menge an Zwiebeln an eine Stelle, die in den handelsüblichen Packungen enthalten sind.

Ansprüche und Vermehrung

Die Ansprüche des Goldgeißregens an Standort und Bodenverhältnisse sind identisch mit denen des Goldregens. Die Wachstumshöhe beträgt 2–3 m, die Blütezeit dauert von Juni bis Juli. Die Gärtner nennen *Laburno-cytisus* einen Pfropfbastard, die Botaniker bezeichnen ihn als Periklinalchimäre. Den Goldgeißregen kann man nicht vegetativ vermehren, sondern Goldregen und Geißklee müssen immer neu gepfropft werden. Die Vermehrung über Samen funktioniert zwar, allerdings wächst daraus stets ein Goldregen.

Pflanzen, aber richtig

Während es Blumenzwiebeln meist ziemlich egal ist, bei welchem Wetter sie in die Erde kommen, sofern man sie nicht in der Sonne liegen lässt, stellen Stauden, also auch Gräser und Bodendecker sowie Gehölze – vor allem winter- und immergrüne – etwas höhere Ansprüche. Der Himmel sollte während der Pflanzung am besten bedeckt sein, pralle Sonne ist auch im September/Oktober eher ungünstig. Selbst den Containerpflanzen fehlen ja noch ausreichende Wurzelkontakte ins umgebende Erdreich zur Feuchtigkeitsaufnahme, um den Wasserverlust durch zu starke Verdunstung bei Sonne auszugleichen.

Der richtige Zeitpunkt

Der sinnvollste Zeitpunkt für die Beetanlage ist der September. Spätestens dann müssen Madonnenlilien und Herbstblüher wie Herbstzeitlose und Herbstkrokusse im Boden sein. Wollen Sie darauf verzichten, ist auch der Oktober noch günstig, von einer späteren Pflanzung ist jedoch abzuraten. Die Erde beginnt dann schon auszukühlen und die Pflanzen schalten beim Wurzelwachstum um auf Sparflamme und stellen es schließlich ganz ein.

Vorteile der Herbstpflanzung

Wissenschaftler haben das Wurzelwachstum bei frisch gepflanzten Obstbäumen einmal genau gemessen. Von 3 mm pro Tag Anfang September steigert es sich auf 8 mm zu Oktoberbeginn und reduziert sich auf 1 mm im November, bei Frost rührt sich gar nichts mehr. Auch die im Frühjahr blühenden Zwiebelgewächse bilden ihre Wurzeln schon im Herbst aus, denn der Zeitraum, in dem sie Nährstoffe aufnehmen und einlagern können, ist extrem kurz.

Goldene Regeln für die Pflanzung

Die erste Regel ist: Ballenpflanzen gleich nach dem Kauf durchdringend wässern und vor dem Einpflanzen so lange tauchen, bis keine Luftblasen mehr aufsteigen. Rosen und wurzelnackte Gehölze werden mehrere Stunden lang gewässert und schattig aufbewahrt, dann am besten sofort pflanzen. Die zweite Regel: Knospen und Blütenstände vor dem Pflanzen abschneiden, selbst wenn Ihnen das Herz noch so sehr blutet. Diese entziehen der Pflanze nur unnötig Kraft, die sie besser zur Wurzelbildung und als Überwinterungsreserve braucht.

Nun könnte man meinen, dass dieser Aspekt bei den heutzutage üblicherweise in 9 × 9 cm Containern angebotenen Stauden vernachlässigbar ist, denn sie bringen ja bereits einen gut entwickelten Wurzelballen mit. Stimmt, allerdings besteht die Gefahr, dass der Ballen bei Frost hochgedrückt wird, weil die Wurzeln noch nicht ins Erdreich eingewachsen sind und die Pflanze scheinbar erfriert. Tatsächlich ist sie vertrocknet. Es wäre nicht nur ums Geld schade.
Der größte Vorteil einer Herbstpflanzung ist zweifellos, dass Sie praktisch alles in einem Aufwasch erledigen können. Gehölze, wie auch Rosen, egal ob laubabwerfend oder immergrün, Stauden, Rankgewächse und Bodendecker nebst Zwiebeln der Herbst- und Frühjahrsblüher – sie alle kommen jetzt ins Beet.

Stauden pflanzen

Stauden werden so eingepflanzt, wie sie im Topf standen, der Ballen muss mit dem umgebenden Erdreich abschließen. Sie werden nicht angehäufelt und nicht

Stellprobe im Beet. Die Stauden bleiben dabei noch im Container, das Gehölz (mit lockerem Ballen) wird zuerst platziert.

tiefer oder höher gesetzt. Das Pflanzloch sollte großzügig bemessen sein, sodass lockere Erde eingefüllt werden kann und von allen Seiten vom Aushub umgeben wird. Eine Pflanze, der Sie nur ein knappes Loch in den verdichteten Boden gegraben und sie dort regelrecht hineingepresst haben, wird zumindest in den ersten Jahren alles andere als eine Augenweide sein – oder sie wird zum Wegwerfartikel werden.

Auf die Wurzeln achten

Mickrige Pflanzen sollten Sie beim Einkauf ebenso links liegen lassen wie solche, bei denen die Erde sauer, faulig oder modrig riecht – diese standen zu nass und sind mehr tot als lebendig, also ein

Fall für den Kompost oder die Biotonne. Exemplare, bei denen der Topf kaum durchwurzelt ist und die Erde sehr locker wirkt, ebenfalls. Fazit: Gut durchwurzelte Ware ist erste Wahl.
Nun können Sie ja vor dem Kauf nicht jede Pflanze aus dem Topf ziehen und nachsehen. Wenn Sie zu Hause beim Austopfen erkennen, dass Sie einen völlig durchwurzelten Container erwischt haben, müssen Sie die Pflanze nicht gleich wegwerfen. Schneiden Sie vom Bodenfilz einen guten Zentimeter mit einem scharfen Messer ab und rauen Sie das weiße Wurzelgeflecht an den Seiten mit einer Handharke, einer Gabel oder einem ähnlichen Gegenstand einfach auf.
Das klingt nun unglaublich grob und brutal, weil es doch immer heißt, dass der Wurzelballen unversehrt in die Erde gebracht werden soll. Das ist zwar richtig, bei Wurzelfilz stimmt diese Regel aber nicht. Zimperlichkeit ist hier nicht angebracht. Durch die Verletzung des Filzes wird die Pflanze nämlich dazu angeregt, neue Wurzeln und Wurzelverzweigungen zu bilden. Sie entwickeln sich nach dem Einpflanzen in die Erde neu und dienen wirklich der Verankerung im Boden und der Versorgung der Pflanze.

Gehölze pflanzen

Was kommt nun zuerst in den Boden? Die Gehölze! Sie benötigen die größten Pflanzlöcher, bei einer Gartenneuanlage sind sie mit einer angemessenen Kompostgabe zu versehen und – junge Bäume – brauchen einen Stützpfahl. Das sagt Ihnen allerdings auch Ihre Baumschule. Ist eine solche Stütze erforderlich, wird sie nach dem Ausheben der Pflanzgrube zuerst in den Boden geschlagen, damit das Wurzelwerk des Gehölzes nicht geschädigt wird.
Danach setzen Sie Ihr Bäumchen in die Pflanzgrube und postieren es möglichst so, dass der Stützpfahl den Stamm vor auskühlenden Nord- und Nordostwinden schützt. Wie bei Stauden setzt man das Gehölz nie tiefer, als es in der Baumschule gestanden hat. Gerade bei veredelten Stämmchen ist es wichtig, dass die Veredelungsstelle immer über dem Boden liegt. Sie könnten sonst später eine Enttäuschung erleben, wenn die aufgepfropfte Veredelung der schwach wachsenden Unterlage selbst Wurzeln ausbildet und der Zwergstamm plötzlich zum Hochstamm wird.
Bei der Pflanzung eines Bäumchens oder eines Strauchs ist es sinnvoll, das zusammen mit einem Helfer zu tun. Einer hält das Gehölz so, dass es gerade steht, der zweite schaufelt die Erde ins Pflanzloch. Ab und zu sollte während des Einpflanzens bei wurzelnackter Ware am Gehölz gerüttelt werden, damit sich das Erdreich auch zwischen den Wurzeln verteilt. Danach wird die Erde festgetreten und gewässert.
Mit der berühmten Kara-Acht-Schlinge, die Sie wahrscheinlich aus öffentlichen Neuanpflanzungen kennen, werden Baum und Stützpfahl dann miteinander verbunden. Die dafür verwendete Schnur sollte elastisch sein und nicht scheuern, Draht ist also denkbar ungeeignet. Naturmaterial wie Kokos, Sisal oder Ähnliches sind für diesen Zweck bedeutend besser geeignet. Tipp: Fragen Sie in Ihrer Baumschule, die auch entsprechende Stützpfähle bereithält, nach geeignetem Material.

Keine Regel ohne Ausnahme

Oben konnten Sie lesen, dass Containerstauden und -gehölze so eingepflanzt werden sollen, dass der Wurzelballen mit dem Bodenniveau abschließt. Und dazu jetzt die berühmten Ausnahmen: Wurzelnackte Rosen setzt man so, dass sich die Veredelungsstelle 5 cm unter der Oberfläche befindet. Und Clematis kommen 7–8 cm tiefer in den Boden, als sie im Topf stehen.

Rankhilfen für Kletterpflanzen

Stauden und Sträucher benötigen keinen besonderen Aufwand, lediglich manche Kletterpflanzen wie Waldrebe *(Clematis)* und einige andere benötigen eine Rankhilfe. Wilder Wein *(Parthenocissus)* und Efeu *(Hedera)* halten sich mit ihren Saugscheiben bzw. Haftwurzeln am Untergrund fest und kommen ohne fremde Hilfe in die Höhe. Waldrebe *(Clematis)*, Geißblatt *(Lonicera)*, Blauregen *(Wisteria)* & Co. schaffen dies ebenso wenig wie die Kletterrosen *(Rosa)*. Alle genannten benötigen Rank- und Stützgerüste aus Holz, Draht, Kunststoff oder Metall; bei Blauregen, Rosen und Geißblatt sollten sie massiv und stabil sein. Die Rankhilfen sollten vor der Pflanzung installiert werden – mit 10–15 cm Abstand zu Hauswänden und Mauern – erst dann kommen die Klimmer, Kletterer und Ranker in den Boden.

Zwiebel- und Knollenpflanzen setzen

Nun zu den den Blumenzwiebeln, von denen ja schon die Rede war. Nach einer Faustregel sollen sie doppelt so tief in die Erde, wie die Knolle dick ist, was allerdings die Madonnenlilie *(Lilium candidum)* gar nicht mag. Sie merken: Keine Regel ohne Ausnahme. Das ist die schlechte Nachricht. Und gleich die gute: Auf den Zwiebelblumenpackungen ist in der Regel eine piktogrammartige Pflanzanleitung abgebildet, die narrensicher ist. Also gleich weiter im Text.

Gefräßige Nager im Garten

Die meisten Blumenzwiebeln sind für Wühlmäuse ein gefundenes Fressen. Narzissen oder Osterglocken *(Narcissus)* bleiben unbehelligt, Kaiserkronen *(Frittilaria)* & Co. sollen die gierigen Nager sogar vertreiben sowie auch manche Wolfsmilchgewächse *(Euphorbia)*. Dieses Gerücht ist scheinbar unausrottbar. Offensichtlich

Starthilfe
Viele Zwiebelblüher sind ihrem Ursprung nach Steppenpflanzen, kommen also mit sommerlicher Trockenheit wesentlich besser zurecht als mit Nässe. Sie bekommen eine Dränageschicht in die Pflanzgrube, also eine Handvoll Sand oder Kies, damit das Wasser besser ablaufen kann. Darauf geben wir etwas Erde oder bei Gartenneuanlagen ein Erde-Kompost-Gemisch. Erst dann wird die Zwiebel eingesetzt. Hyazinthen *(Hyacinthus)* mögen es so, Tulpen *(Tulipa)* und genauso Lilien *(Lilium)* sind dankbar, wenn die Erde im Beet locker ist und nicht so schnell austrocknet.

schreiben da etliche Gärtner und Gartenbuchautoren seit Generationen voneinander ab, denn da ist wohl mehr der Wunsch der Vater des Gedankens. Sie werden tatsächlich nicht angenagt, aber das war's auch schon.
Als Schutz vor den gefräßigen Untergrundaktivisten bietet der Handel seit Jahr und Tag Pflanzkörbe aus Plastik an. Sie sind nur nützlich für die Hersteller und die Vertreiber. Als meine kunststoffgeschützten, im vorangegangenen Herbst gepflanzten Tulpen vor zig Jahren im Frühjahr nicht austrieben, waren die Pflanzkörbe leergefressen und sahen aus wie der Palast der Winde in Jaipur. Von allen Himmelsrichtungen her waren sie zernagt, und ihr Inhalt eine leichte Beute für die gierigen Fellträger geworden.
Wirklichen Schutz bietet dagegen ein Korb aus feinmaschigem Kükendraht, den Sie selbst zurechtschneiden und formen können. Diese Arbeit könnten Sie beispielsweise an langen Winterabenden in Angriff nehmen, ungeübte Drahtbieger sollten dabei allerdings Handschuhe tragen. Rankhilfen sollten stets so gewählt werden, dass sie ihren jeweiligen Zweck erfüllen, den Pflanzen Stütze und Halt geben und möglichst lange haltbar und pflegeleicht sind.

Tipps aus der Praxis

Folgende Reihenfolge der Pflanzung hat sich als sinnvoll herausgestellt: Zuerst die Gehölze, danach die Stauden sowie auch die Gräser, anschließend die Bodendecker und zum Schluss die Blumenzwiebeln.
Nützlich bei dieser Arbeit sind in jedem Fall Gartenhandschuhe. Sie schützen zarte Damenhände vor Schwielen und Hautverletzungen, vor Attacken der im Boden lebenden Ameisen und vor Hautkontakt mit Pflanzen, die Allergien auslösen können. Auch die derben Fäuste all jener verwegenen Jäger, die als echte Männer die Bösewichte im Computerspiel gleich reihenweise auslöschen, sind für einen solchen Schutz dankbar.
Einen sogenannten Blumenzwiebel-Pflanzer, das sind tütenförmige, konisch zulaufende Metallgeräte, sollten Sie beim Regal liegen lassen und stattdessen nicht eine, sondern besser zwei Pflanzschaufeln kaufen. Nicht, um stereo mit beiden Händen arbeiten zu können, sondern einfach deshalb, weil es zu zweit eben doppelt so schnell geht.
Und zwei von diesen unverwüstlichen, dazu preisgünstigen Mörteleimern aus Kunststoff sollten Sie sich leisten, sie erhalten diese in jedem Baumarkt. Wenn Sie eine Pflanzgrube ausheben, schütten Sie die anfallende Erde – eventuell mit Kompost vermischt – dort hinein und danach wieder ins Pflanzloch. So müssen Sie keine Häufchen auf dem Beet anlegen, was spätestens nach dem Einbringen der Bodendecker und dem Setzen der Blumenzwiebel dazu führen würde, dass Sie ungewollt einige Gewächse zuschütten und sie beim Freischaufeln verletzen oder gar ruinieren.

Schutz vor Kälte

Die Arten, die hier heimisch sind, kommen allemal mit unseren Wintern zurecht, viele Pflanzen, die aus gemäßigten Zonen stammen und hier angesiedelt wurden, haben sich unserem Klima angepasst oder sind durch gezielte Züchtungen entsprechend abgehärtet worden.
Und ganz andere Minusgrade sind Gewächse gewohnt, die von nördlichen Breitengraden unserer Erde stammen.
Doch bleiben noch genügend Pflanzen, die einen Winterschutz benötigen.
Kommen wir daher noch einmal zurück zu den Plastik-Pflanzkörben, welche die Wühlmäuse als Blumenzwiebelschutz so erheitert haben. Nach meinen Erfahrungen sind sie doch zu etwas nütze, und zwar als Winterschutz für nicht immer ganz zuverlässig winterharte Pflanzen oder für Gewächse, die in der kalten Jahreszeit unter zu reichlichen Niederschlägen, sprich Nässe leiden. Das wird bei der Artenbeschreibung aber ganz ausdrücklich erwähnt.
Fichten- oder Tannenreisig, das oft als Winterabdeckung empfohlen wird, hat ja nun nicht die Funktion einer wärmenden Daunendecke, sondern dient eher der Schattierung, also dem Schutz vor den starken Temperaturwechseln zwischen Nachtfrost und Wintersonne, aber auch, um einen Teil der Niederschläge abzuleiten. Diesen Part erfüllen die verschieden großen Pflanzkörbe durchaus ähnlich zuverlässig wie das stachelige Grün.
Über die Pflanzen gestülpt und mit einem Stein beschwert, können sie nicht wegfliegen, beschatten und fächern wie Zweige und Nadeln eisige Winde auf, schattieren und leiten Niederschläge ab. Gleichzeitig lassen sie genügend Licht und Luft an die Pflanze heran, sodass sie nicht erstickt oder verfault. Vorteile: unverrottbar, leicht, stapelbar und deshalb platzsparend aufzubewahren. Es muss nicht jährlich Abdeckreisig gekauft und dann entsorgt oder gehäckselt und kompostiert werden.
Wer ein wärmendes Mäntelchen möchte, wie z. B. die Inkalilie *(Alstroemeria)*, der bekommt es ebenfalls. Dazu füllen wir den Plastikkorb mit trockenem Herbstlaub, stülpen ihn über die Pflanzstelle, beschweren ihn mit einem Stein – fertig. Dieser begrenzte Schutz für einzelne Exemplare ist meist wesentlich sinnvoller, als das ganze Beet im Herbst mit einer di-

cken Laubdecke zu polstern. Zahlreichen Stauden, insbesondere winter- und immergrünen, bekommt das nämlich ganz und gar nicht. Sie ersticken oder verfaulen und gehen schließlich ein.

Was Sie noch wissen sollten

Einige hartnäckige Vorurteile machen immer noch die Runde. Eines ist, dass frisch bepflanzte Beete, überhaupt offener Boden, mit Rindenmulch abgedeckt werden müssen. Was ist nun Rindenmulch und was unterscheidet Rindenmulch von Rindenkompost? Was Rindenkompost ist, wurde bereits erwähnt – kompostierte Baumrinde, in der Regel von Nadelgehölzen. Sie taugt im Garten durchaus als Torfersatz. Rindenmulch ist gewissermaßen das frische, unkompostierte Produkt aus zerkleinerter Nadelrinde und steckt voller Gerbsäure.

Vorsicht mit Rindenmulch

Wie langjährige Untersuchungen ergeben haben, taugt Rindenmulch als Bodenbelag für wenig genutzte Wege, aber nur in den wenigsten Fällen als Beetabdeckung. Im Rosenbeet darf Rindenmulch nur im Abstand von 50 cm zum Fuß der Gehölze ausgebracht werden, weil sie die Säure nicht vertragen. Bodendecker bleiben bei einer Rindenschicht klein und horstig, weil sie in ihrem natürlichen Ausbreitungsdrang gehindert werden. Rindenmulchauflagen bremsen und unterdrücken, dass sich unter- oder überirdische Ausläufer bilden bzw. Fuß fassen können. Sie schaffen ein verändertes Bodenmilieu durch Ansäuerung der Erde.

Eine Bodenabdeckung aus Rindenmulch vertragen die meisten Stauden und Gehölze nicht. Waldpflanzen wie z. B. Farne dagegen kommen damit recht gut zurecht.

Den meisten Stauden geht es wie den Rosen, nur wenige Pflanzen, die von ihrem natürlichen Standort eine Bodenbedeckung gewöhnt sind, kommen mit dem Rindenmulch zurecht. Dazu zählen Waldpflanzen wie z. B. Farne. Rhododendron mag eine solche Auflage ebenfalls, etliche andere Gehölze tolerieren Rindenmulch, allerdings nicht direkt am Stamm, wie auch die Rosen.

Eigentlich haben die Rindenmulch-Befürworter nur ein einziges Argument: Rindenmulch unterdrückt Wildkräuter und er sorgt dafür, dass der Boden nicht so rasch austrocknet – nur selten hört man ein Wort darüber, dass Rindenmulch der Erde während seiner Umwandlung zu Humus Stickstoff entzieht, genau genommen sind es natürlich die Mikroorganismen im Boden.

Tatsächlich erfüllen andere Materialien diesen Part deutlich besser und sind wesentlich pflanzenverträglicher. Sie können z. B. ein Unkrautvlies im Beet auslegen, das Wildkräuter garantiert unterdrückt. Für die Pflanzung machen Sie einfach Kreuzschlitze hinein und bedecken das Vlies anschließend mit einer 3–5 cm dicken Schicht Kies oder Schotter, den es in verschiedenen Tönungen und Körnungen gibt. Das Vlies lässt Regen und Sauerstoff durch, aber keine aufkeimenden Unkräuter.

Und falls Sie dennoch Rindenmulch einsetzen wollen, zum Beispiel in einem Waldbeet: Hände weg von Sonderangeboten wie »Drei Säcke zum Preis von einem«. Dieses Material fault oft schon in der Verpackung und verbreitet in Ihrem Garten ausgebracht wochenlang einen üblen Geruch. Besser sind Sie da im Gärtnerfachbetrieb beraten, auch wenn der Rindenmulch dort seinen Preis hat. Besonders zierend und lange haltbar ist rötliche Pinienrinde, sie ist aber eben nicht gerade billig. Auch gefärbter Rindenmulch ist in unterschiedlichen Farben im Handel erhältlich. Er wird mit Lebensmittelfarbe eingefärbt, die ungiftig, ungefährlich und biologisch völlig abbaubar ist. Er verliert jedoch im Laufe der Zeit an Leuchtkraft und zeigt nach etwa drei Jahren kaum noch Farbe.

Kräftig wässern nicht vergessen!

Ist alles im Boden, wird angegossen, besser noch eingeschlämmt. Das macht man, damit sich beim Pflanzen entstandene Hohlräume im Boden durch intensives Wässern schließen und die Wurzeln rundum Kontakt mit dem Erdreich bekommen.

Gießen Sie mit der Gießkanne gründlich und ausgiebig. Zumindest um die gesetzten Gewächse herum sollte der Boden durchdringend gewässert werden. Eiskaltes Wasser aus der Leitung, besonders wenn es noch stark gechlort ist, ist dafür nicht die erste Wahl. Wenn Sie ein großes Fass oder eine Regentonne zur Verfügung haben, sollten Sie das Gefäß zwei Tage vor der Bepflanzung mit Leitungswasser füllen, damit es abgestanden ist. Anschließend können Sie damit unbesorgt gießen – mit Regenwasser sowieso.

Jetzt ist das Werk also vollbracht, und nachdem alle Pflanzen versorgt sind, können Sie sich als Besitzer, Architekt und Baumeister Ihres Lieblings-Farbenbeetes einen guten Schluck gönnen. Ist es rot, wäre ein Schoppen Rotwein angesagt, bei gelb ist natürlich ein kühles Bier gerade richtig, blau stimmt auf einen Curaçao ein, und weiß? Da macht's die Milch. Oder ein Gläschen mit milchigem Likör oder Schnaps, falls es denn nicht alkoholfrei sein soll.

Adressen, die Ihnen weiterhelfen

Die nachstehende Auflistung von Firmen und Bezugsquellen erhebt wie die Kurzbeschreibung des Sortiments keinen Anspruch auf Vollständigkeit und beinhaltet weder eine Bewertung noch eine Beurteilung. Es wurde versucht, eine gewisse Bandbreite aufzuzeigen, die alle in diesem Buch genannten Gehölze, Stauden, Gräser, Farne und andere Pflanzen anbietet und auch einige Spezialgärtnereien beinhaltet.
Nahezu alle Versandgärtnereien bieten alternativ zu ihren Internetseiten Kataloge an, die aber kostenpflichtig sein können. Nehmen Sie bei Bedarf mit den Firmen per E-Mail oder Telefon Kontakt auf, um die Kosten für Katalog und Versand zu erfragen. Auch wenn Sie mich jetzt für altmodisch halten: Es ist doch wesentlich gemütlicher, sich im bequemen Sessel zu räkeln und die bunten Seiten eines Prospekts durchzublättern, als am Schreibtisch zu sitzen und sich durch elektronische Seiten zu klicken, die man schnell wieder vergisst. Ein Katalog ist halt ein Nachschlagewerk im besten Sinne des Wortes. Sie wissen ja: Was man schwarz auf weiß besitzt, das kannst man getrost nach Hause tragen – wie dieses (farbige) Buch.

Versandgärtnereien

* Katalog lieferbar

*** Albrecht Hoch**
Potsdamer Str. 40
14163 Berlin
Tel.: 030/802 62 51
Fax: 0303/802 62 22
www.albrechthoch.de
Blumenzwiebel, Staude, Iris, Taglilien

*** Bakker**
22922 Ahrensburg
Tel.: 04102/49 91 11
Fax: 04102/49 91 22
www.bakker.de
Blumenzwiebeln, Stauden, Gehölze, etwas Gartenbedarf

*** Gustav Schlüter**
Bahnhofstr. 5
25335 Bokholt
Tel.: 04123/20 21
Fax: 04123/70 88
www.garten-schlueter.de
Blumenzwiebeln, Heide, Stauden, Gehölze und Gartenbedarf

*** Baumschule Hachmann**
Brunnenstr. 68
25355 Barmstedt
Tel.: 04123/20 55
Fax: 04123/66 26
www.hachmann.de
Spezialgärtnerei für Rhododendren, Ahorn, Heide

Staudengärtnerei Alpine Raritäten
Jürgen Peters
Auf dem Flidd 20
25436 Uetersen
Tel.: 04122/3312
www.alpine-peters.de
Stauden, alpine Raritäten, Leberblümchen, Christ- und Lenzrosen

*** Clematiskulturen F. M. Westphal**
Peiner Hof 7
25497 Prisdorf
Tel.: 04101/741 04
Fax: 04101/78 11 13
www.clematis-westphal.de
Spezialgärtnerei für Clematis

*** Rühlemanns Kräuter & Duftpflanzen**
Auf dem Berg 2
27367 Horstedt
Tel.: 04288/92 55 58
Fax: 04288/92 85 59.
www.ruehlemanns.de
www.kraeuter-und-duftpflanzen.de
Kräuter, Stauden, Exoten, Junggehölzen, Kletterpflanzen und Samen

*** Sperli-Sämereien**
Samentraum Gassmann
Inh. F. Stellfeldt
Berckstr. 30
28359 Bremen
Tel.: 0421/22 37 94 30
Fax: 0421/22 37 94 33
www.samentraum.de
Samen für Blumen, Stauden, Kräuter, Rasen, Gemüse, auch Gartenzubehör

*** Gärtner Pötschke**
Beuthener Str. 4
41561 Kaarst
Tel.: 01805/51 72 13
Fax: 01805/77 70 83
www.poetschke.de
Blumenzwiebeln, Heide, Stauden, Gehölze und Gartenbedarf

*** Anzuchtbaumschule Atrops**
Feldstr. 12
47509 Rheurdt
Tel.: 02845/60 99 56
Fax: 02845/60 99 57
www.baumschule-atrops.de
Spezialgärtnerei für Buchsbaum

*** NaturaGart**
Riesenbecker Str. 63
49479 Ibbenbüren
Tel.: 05451/593 40
Fax: 05451/59 34 19
www.NaturaGart.com
Blumenzwiebeln, Stauden, Gehölze, Sumpf- und Wasserpflanzen, Teichbedarf, Teichbau, Zubehör

*** Syringa Duftpflanzen und Kräuter**
Bachstr. 7
78247 Hilzingen
Tel.: 07739/14 52
www.syringa-samen.de
Kräuter, Duftpflanzen und entsprechende Samen

*** Staudengärtnerei Gräfin von Zeppelin**
79295 Sulzburg-Laufen
Tel.: 07634/697 16
Fax: 07634/65 99
www.graefin-zeppelin.de
Stauden, Gräser, Farne, Kräuter; große Auswahl an Iris, Taglilien und Pfingstrosen

*** H. Kerstin Gartenorchideen**
Am Kirchenfeld 8
86316 Friedberg
Tel.: 0821/278 19 04
www.gartenorchideen.de
Spezialgärtnerei für winterharte Gartenorchideen

*** Ing. G. Beckmann KG**
Simoniusstr. 10
88239 Wangen
Tel.: 07522/974 50
Fax: 07522/974 51 50
www.beckmann-kg.de
Gewächshäuser, Gartenbedarf, Zubehör, Regenwasserbehälter, Bewässerung

*** Staudengärtnerei Dieter Gaissmayer**
Jungviehweide 3
89257 Illertissen
Tel.: 07303/72 58
Fax: 07303/421 81
www.staudengaissmayer.de
Stauden, Gräser, Farne, Wasserpflanzen und Kräuter

Rosenschulen mit Versand

*** W. Kordes' Söhne**
Rosenstr. 54
25365 Klein-Offenseth
Tel.: 04121/487 00
Fax: 04121/847 45
www.kordes-rosen.com

*** Rosen Welt Tantau**
Tornescher Weg 13
25436 Uetersen
Tel.: 04122/70 84
Fax: 04122/70 87
www.rosen-tantau.de

*** Noack-Rosen**
Im Waterkamp 12
33334 Gütersloh
Tel.: 05241/201 87
Fax: 05241/140 85,
www.noack-rosen.de

*** Bioland-Rosenschule Ruf**
Zum Sauerbrunnen 35
61231 Bad Nauheim
Tel.: 06032/818 93
www.rosenschule-ruf.de

*** Rosen-Union**
Steinfurther Hauptstr. 27
61231 Bad Nauheim-Steinfurth
Tel.: 06032/96 53 01
Fax: 06032/862 20
www.rosen-union.de

Informationen, wo Sie in Ihrer Wohnortnähe Staudengärtnereien und Baumschulen finden, bekommen Sie über die nachstehenden Adressen:

Deutschland

Bund deutscher Staudengärtner
Godesberger Allee 142–148
53175 Bonn
Tel.: 0228/810 02 55
www.stauden.de

Bund deutscher Baumschulen
Bismarckstr. 49
25421 Pinneberg
Tel.: 04101/205 90
www.bund-deutscher-baumschulen.de

Österreich

Bundesfachsektion Baumschulen
Haidestr. 22
1110 Wien
Tel.: 0176/926 60
www.baumschulinfo.at

Bundesverband der Österreichischen Gärtner
Haidestr. 22
1110 Wien
Tel.: 0176/926 60,
www.gartenbau.at

Schweiz

In der Schweiz gibt es für Ihre Anfragen nur eine Adresse:

Verband Schweizerischer Baumschulen
Zürcherstr. 17
5210 Windisch
Tel.: 056441/57 33
www.vsb.ch

Zum Schluss bleibt mir nur noch, Ihnen noch viel Spaß und gutes Gelingen bei der Anlage Ihres von Januar bis Dezember blühenden Beetes in Ihrer Lieblingsfarbe zu wünschen!

Stichwortverzeichnis

Seitenzahlen mit * verweisen auf Abbildungen

Über den Autor

Falk-Ingo Klee ist seit seiner Kindheit begeisterter Hobbygärtner. Schon früh werkelte er voller Freude im Garten. Als gelernter Groß- und Außenhandelskaufmann blieb ihm neben seiner Tätigkeit in einem Gießener Autohaus viele Jahre lang nur wenig Zeit für sein »grünes Hobby«, aber seit etwa zehn Jahren widmet er sich dem Thema intensiv. Seine besondere Liebe gilt den blühenden Pflanzen auf dem Balkon und im Beet.

Bildnachweis

Bieker: 39, 45u, 179
Borstell: 1, 4, 21, 23u, 28o, 40o, 50o, 52, 78o, 86o, 91, 115o, 123, 182r, 184, 185o, 186
Buckley J./The Garden Collection: 171
Chugg T./The Garden Collection: 176
Eddison L./The Garden Collection: 78u
GBA/Bolton: 135
GBA/Engelhardt: 182l
Herwig, Modeste: 10, 33, 37, 59o, 71u, 14o, 18o, 187, 198, 199
Herwig, Modeste/Barrington Court (UK): 55o
Herwig, Modeste/Ilmington Manor (UK), Rosa 'Albertine', Rosa 'Charles de Mills': 71u
Herwig, Modeste/Location: Chelsea Flower Show (UK): 55u
Herwig, Modeste/Merriment Gardens (UK): 193
Herwig, Modeste/Mottisfont Gardens (UK): 194
Lawson A./The Garden Collection: 29u, 95, 178
Marianne Majerus Garden Images/A. Lawson: 16o, 17u, 28u, 93u, 108u, 108o, 116u, 175o
Marianne Majerus Garden Images/Marianne Majerus: 2/3, 5, 12/13, 15, 16u, 40u, 41, 65, 75, 77, 97o, 97u, 106, 107, 116o, 117, 136/137, 138, 141o, 141u, 154, 157, 165, 174, 175u, 202, 203
Marianne Majerus Garden Images/Marianne Majerus/Jill Billington: 122u
Marianne Majerus Garden Images/Marianne Majerus/Kathy Brown: 79
Marianne Majerus Garden Images/Marianne Majerus/Beth Chatto: 122o
Marianne Majerus Garden Images/Marianne Majerus/Wyken Hall: 87
Marianne Majerus Garden Images/Marianne Majerus/Barbara Hunt: 156u
Marianne Majerus Garden Images/Marianne Majerus/Ulf Nordjfell: 128u
Marianne Majerus Garden Images/Marianne Majerus/Piet Oudolf: 170
Marianne Majerus Garden Images/Marianne Majerus/RHS Rosemoor: 96u
Marianne Majerus Garden Images/Marianne Majerus/Julie Toll: 70u
Marianne Majerus Garden Images/B. Smith/Clare Agnew: 164
Reinhard: 51, 84, 93o, 102, 115u, 127, 133r, 162, 163r, 163l, 168, 169o
Rogers G./The Garden Collection: 177
Romeis: 23o, 29o, 34, 35, 38, 64, 155
Seidl: 45o, 62, 134, 147, 170
Stocken Tomkins N./The Garden Collection: 148u, 149
Strauß: 26, 36, 47, 50u, 53, 66/67, 71o, 85, 86u, 109, 114, 121, 181, 183, 185u, 190/191, 201
Sutherland N./The Garden Collection: 161
Timmermann: 6/7, 14, 54o, 54u, 59u, 70o, 83, 104/105, 128o, 129, 133l, 145, 148o, 156o, 172/173, 196, 205, 208
www.gaissmayer.de: 48, 49, 60, 61, 92, 101, 103, 113, 144, 153
www.graefin-v-zeppelin.com: 25
Zinnert/www.pflanzenfundgrube.net: 169u

Alle anderen Fotos stammen vom Autor

Grafiken: Sylvia Bespaluk

Bibliographische Information Der Deutschen Nationalbibliothek

Die Deutsche Bibliothek verzeichnet diese Publikation in der Deutschen Nationalbibliografie; detaillierte bibliografische Daten sind im Internet über http://dnb.d-nb.de abrufbar.

Autorisierte Sonderausgabe 2011 für Reader's Digest Deutschland, Schweiz, Österreich, Verlag Das Beste GmbH, Stuttgart, Zürich, Wien

Umschlagfoto:
mauritius images/GAP

Lektorat: Dr. Thomas Hagen
Redaktion: Redaktionsbüro Wolfgang Funke, Augsburg
Herstellung: Hermann Maxant
Layout: Anton Walter, Gundelfingen
DTP: agentur walter, Gundelfingen

Gedruckt auf chlorfrei gebleichtem Papier

Printed in China

ISBN 978-3-89915-804-5